내 보증금을 지키는
전월세 계약 상식

내 보증금을 지키는 전월세 계약 상식

지은이 문지영

발행일 2022년 09월 27일

펴낸이 한건희

펴낸곳 주식회사 부크크

출판사등록 2014.07.15.(제2014-16호)

주소 서울특별시 금천구 가산디지털1로 119 SK트윈타워 A동 305호

전화 1670-8316

이메일 info@bookk.co.kr

ISBN 979-11-372-9616-9

www.bookk.co.kr

내 보증금을 지키는

전월세 계약 상식

문지영 지음

BOOKK

이 책에 관심을 가진 여러분은 혹시 다음 사항에 해당되지 않으신가요? 하나라도 해당이 되신다면 이 책이 도움이 될 거라고 생각합니다.

- 사회 초년생이라 전월세 계약(임대차 계약) 방법을 잘 모른다.
- 전월세 계약에 대해 잘 몰라도 부동산 중개인이 알아서 잘 해줄 거라고 생각한다.
- 등기부등본과 건축물대장을 어떻게 봐야하는지 잘 모른다.
- 등기부등본에 근저당권이 없으면 괜찮다고 알고 있다.
- 전월세 계약 시 주의할 점을 알고 싶은데 뭘 찾아봐야 할지 모르겠고, 집을 구할 때 어떤 과정을 거쳐야 하는지도 잘 몰라서 헤매고 있다.
- 전세자금대출이 필요한데 막연하고 두렵게 느껴진다.
- 전입신고와 확정일자를 받아놓기만 하면 보증금이 안전하다고 알고 있다.
- 뉴스를 보니 전세 사기로 피해를 본 사람들이 많은데, 전세 사기에 당하지 않고 내 보증금을 안전하게 지킬 수 있는 방법을 알고 싶다.

사실 위에 나열한 사항은 다 저에게 해당되는 사항이었습니다. 사회 초년생 때는 전월세 계약에 대해서 아는 것도 없고, 알아보고 싶어도 뭘 찾아봐야 할지도 모르겠고, 주변에 조언을 주거나 계약할 때 도와주실 어른도 안 계셨고, 그냥 등기부등본에 근저당만 없으면 안전하다는 정보 하나만 가지고, 내가 잘 몰라도 부동산 중개인이 알아서 잘 해줄 것이라 믿고 월세 집을 구해서 그 집에 오래 살았습니다. 형편이 넉넉하지 않아 다른 곳으로 이사 가지 않고 그 집에서 계속 살다보니 부동산에 관심이 없는 채로 시간이 흘러갔습니다.

시간이 지나 이사할 필요성을 느껴 집을 구하기 위해 정보를 찾으려고 하니 뭐부터 찾아야 할지 모르는 데서 오는 막막함이 있었습니다. 인터넷상에 정보는 넘치지만 여기저기 흩어져있고, 내가 원하는 정보를 찾는 데는 시간이 오래 걸렸습니다. 평소에 크게 관심이 없던 분야여서 관련 용어는 낯설고 어려웠습니다.

정보를 찾다 보니 전세 사기로 전 재산이나 다름없는 전세보증금을 날린 사람들의 뉴스 기사가 보였습니다. 전세 사기 유형을 보니 부동산 중개인이나 중개보조인이 사기를 친 경우도 있었습니다. 전세 사기를 피하는 방법을 찾아보았지만 기초 지식이 없어서 이해가 잘되지 않았습니다. 이해하고 싶어 자료를 찾고 공부를 시작했고, 지식이 쌓이니 전세로 살던 집이 경매에 넘어가 전세보증금을 찾기 위해 만삭의 몸으로 법원을 드나들며 고생한 친구의 일이나 전세 사기 피해를 입은 분들이 어떤 상황이었는지 이해가 되었습니다.

세입자를 지켜주는 법이 있지만 법은 어렵고, 제도에는 조금씩 허점이 있어서 완벽하게 세입자의 보증금을 지킬 수 있는 방법은 없었습니다. 정말 작정하고 사기를 치면 어쩔 수 없다는 누군가의 이야기도 보았습니다. 그렇다고 해도 자신의 재산을 지키기 위해 할 수 있는 최대한의 노력은 해야 합니다.

임대차 계약과 관련된 법과 제도를 알고 있는 상태에서 주체적으로 계약을 하는 것과 잘 모른 채 불확실한 상태로 계약을 하는 것에는 큰 차이가 있습니다. 잘 알지 못한 상태에서 계약을 하면 나는 계약의 주체임에도 불구하고 다른 사람한테 끌려 다니게 될 수도 있고, 미연에 방지할 수 있었던 불상사를 마주하게 될 수도 있습니다.

자료를 조사하면서 전월세로 집을 구할 때 어떤 것을 주의해야 하고, 계약 시 꼭 알아야 하는 지식이나 주의할 점을 한 곳에 모아놓은 곳이 있으면 좋겠다는 생각을 했습니다. 혹시 과거의 저와 같이 전월세 계약에 대해 막막함과 불안함을 가지고 계신 분이 있다면 그 마음의 짐을 더는 데 도움이 되면 좋겠다는 생각이 들었습니다. 전세 사기로 피해를 보는 안타까운 일이 없었으면 하는 바람도 있었습니다. 전월세 계약과 관련하여 어려운 부분을 쉽고 자세하게 풀어서 이러한 지식을 잘 모르는 분들도 차근차근 읽다보면 이해할 수 있는 자료가 있으면 좋겠다고 생각해서 글을 쓰게 되었습니다.

　저는 부동산 전문가는 아닙니다. 하지만 전월세 계약이나 보증금을 안전하게 지키기 위해 세입자가 알아야 할 법이나 상식에 대해 잘 모르던 때가 있었기 때문에 그때의 저와 비슷한 어려움을 겪고 계신 분들의 마음을 헤아리고 그분들에게 꼭 필요한 글을 쓸 수 있다고 생각합니다. 처음에는 용어나 내용이 어렵고 생소하게 느껴지겠지만, 차근차근 책을 읽어나가다 보면 어느새 개념이 익숙해지고 이해가 되어 실생활에서 활용할 수 있거나 더 알고 싶은 정보를 찾는데 이 책이 실마리가 되어 줄 거라고 생각합니다.

　부디 이 책이 독자분들께 도움이 될 수 있기를 바랍니다.

저자 문지영

차례

PART 02
집 구하기

PART 03
계약하기

PART 04
이사하기

PART

01

기초지식
쌓기

CHAPTER 01

기본 용어 알아보기

임대차(賃貸借)란?

임대차(賃貸借)는 임대인이 임차인에게 목적물(집)을 사용할 것을 약정하고, 임차인이 임대인에게 그 대가로서 차임(물건을 빌려 쓰고 치르는 값)을 지급할 것을 내용으로 하는 계약을 말합니다.

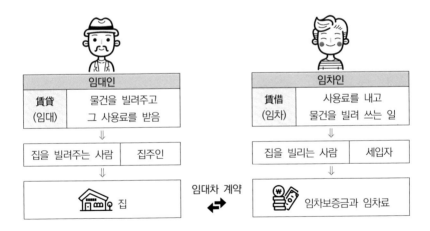

임대차 계약은 한 번에 큰 금액을 임차보증금으로 맡기고 일정 기간 동안 집을 빌려서 사는 전세 계약과 전세보다는 적은 금액의 임차보증금을 맡기고 월단위로 임차료를 지불하며 사는 월세 계약이 있습니다. 임차보증금은 임대차 계약 기간 만료 후 집주인에게 집을 돌려줄 때 전액을 돌려받습니다.

CHAPTER 02

다세대주택? 다가구주택?
주택의 종류 알아보기

주택의 종류

건축법상 주택의 종류는 크게 공동주택과 단독주택으로 나뉩니다.

공동주택		종류			
각 호수별로 소유자 존재	⇒		아파트	5층 이상	연면적 제한 없음
			연립주택	4층 이하	연면적 660㎡ 초과
			다세대주택	4층 이하	연면적 660㎡ 이하

단독주택		종류			
전체 건물의 소유자 존재	⇒		단독주택	보통 1세대가 거주할 수 있는 건축물로 면적상 제한 없음	
			다가구주택	3층 이하	연면적 660㎡ 이하, 개별 취사시설 가능
			다중주택	3층 이하	연면적 330㎡ 이하, 개별 취사시설 불가능

공동주택은 하나의 건축물의 벽, 복도, 계단, 그 밖의 설비의 전부 또는 일부를 여러 세대가 공동으로 사용하면서 각 세대마다 독립된 주거생활이 가능한 구조로 된 주택을 말합니다. 구분소유가 가능하여 건물 안에 있는 각각의 집마다 소유자가 다르고, 등기도 개별적으로 되어있습니다. 아파트를 생각하면 이해하기 쉬울 것입니다.

단독주택은 일반적으로 한 세대가 단독으로 생활하기 위한 시설 및 규모를 갖춘 주택을 의미하지만, 건축법상의 단독주택은 일반적인 단독주택 외에도 다중주택, 다가구주택, 공관을 포함하는 개념입니다.

다가구주택은 19세대 이하가 거주할 수 있는 건물로 내부 공간에 각각의 호수를 임의로 부여한 것일 뿐, 등기부등본상에는 하나의 건물과 토지 밖에 나오지 않습니다. 쉽게 말하면 건물 안에 여러 호실이 있다고 해도 건물 전체의 소유자만 존재합니다.

주택의 종류를 알아야 하는 이유

주택의 종류에 따라 등기부등본이나 건축물대장을 발급받을 때 선택사항이 다르고, 전세자금대출을 받거나 전세보증금 반환보증에 가입하려고 할 때 세부사항이 달라지기도 하며, 주택이 경매로 넘어갔을 때 권리관계의 복잡도가 달라지기 때문에 알고 있어야 합니다. 여기서 '권리'란 해당 주택에 얽혀있는 법적인 권리를 말하며, 이러한 권리들은 그 주택의 등기부등본에서 확인할 수 있습니다.

주택의 종류 중에서 다세대주택과 다가구주택은 명칭이 비슷하여 헷갈리기 쉬운데, 주택이 경매에 넘어갔을 때 이해관계인들이 돈을 돌려받는 방식을 예로 들어 차이점을 설명해 보겠습니다.

다세대주택

각 호수별로 소유자가 있어, 집마다 개별적으로 등기되어 있습니다.
⇒ 한 호수에서 문제가 발생했을 때 해당 호수와 관련된 권리관계만 따지면 됩니다.

다가구주택

단독 소유만 가능한 단독주택이므로 건물 전체가 등기되어 있습니다.
⇒ 이 건물에 법적인 문제가 발생했을 때 건물에 얽혀있는 권리뿐만 아니라 이 건물에 살고 있는 다른 세입자들과도 권리관계를 따져야 합니다.

먼저 다세대주택의 경우를 살펴보겠습니다.

다세대주택
각 호수별로 소유자가 존재함

⇓

301호 집주인 A씨	302호 집주인 B씨	303호 집주인 C씨
201호 집주인 D씨	202호 집주인 E씨	203호 집주인 F씨
101호 집주인 G씨	102호 집주인 H씨	103호 집주인 I씨

⇒

임대차 계약의 예시

* 301호의 임대차 계약
  : 집주인 A씨 ↔ 세입자 j씨
 	
* 202호의 임대차 계약
  : 집주인 E씨 ↔ 세입자 p씨

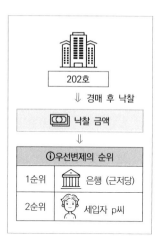

202호의 집주인인 E씨는 이 집을 담보로 은행에서 돈을 빌렸고, 이 집을 임차한 세입자인 p씨도 있습니다. 집주인이 빌린 돈을 갚지 않아 은행이 이 집을 경매에 넘겼고, 경매를 통해 이 집을 팔아서 나온 돈은 ⓘ우선변제의 순위에 따라 먼저 은행이 돈을 돌려받고, 그 다음에 세입자 p씨가 임차보증금을 돌려받게 됩니다.

ⓘ 우선변제의 순위

집이 경매가 되었을 때 이해관계가 있는 사람들이 돈을 돌려받는 데도 순서가 있습니다. 경매 후 집이 낙찰되면 법원에서 낙찰 대금을 가지고 이 순서에 따라 차례대로 돈을 나눠주는데, 순위가 앞선 사람에게 먼저 돈을 주고, 남은 돈에서 다음 순위인 사람에게 돈을 주는 방식입니다. 내가 앞선 순위일수록 내 돈을 온전히 돌려받을 가능성이 커지기 때문에 우선변제의 순위가 중요합니다.

📢 우선변제의 순위가 정해지는 방식은 101쪽에서 자세히 다루고 있습니다.

다음으로 다가구주택의 경우를 살펴보겠습니다.

다가구주택
건물 전체의 소유자가 존재함

⇓

건물주인 S씨		
301호	302호	303호
201호	202호	203호
101호	102호	103호

⇒

임대차 계약의 예시
* 301호의 임대차 계약   : 집주인 S씨 ↔ 세입자 g씨
* 202호의 임대차 계약   : 집주인 S씨 ↔ 세입자 k씨

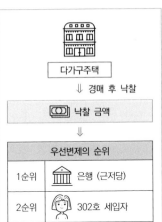

다가구주택

⇓ 경매 후 낙찰

💷 낙찰 금액

우선변제의 순위	
1순위	🏛 은행 (근저당)
2순위	302호 세입자
3순위	201호 세입자
4순위	103호 세입자
5순위	102호 세입자
⋮	⋮
마지막	303호 세입자 (나)

다가구주택의 집주인 S씨가 집을 담보로 은행에서 돈을 빌렸는데 그 돈을 갚지 못해서 집이 경매에 넘어갔습니다. 경매를 통해 이 집을 팔아서 나온 돈은 우선변제의 순위에 따라 은행 빚을 갚는 것과 다가구주택에 있는 전체 세입자의 임차보증금을 돌려주는 데에 쓰입니다. 다가구주택은 먼저 입주해서 살고 있는 세입자들이 나중에 입주하는 세입자보다 기본적으로 우선변제의 순위가 앞섭니다. 우선변제의 순위대로 돈을 나눠주다 보면 뒤에 있는 순위일수록 임차보증금을 손해 보거나 돌려받지 못할 가능성이 큽니다.

그렇기 때문에 다가구주택을 팔았을 때의 가격(매매가)이 선순위 권리의 금액(앞의 예에서는 집주인이 은행에서 빌린 돈)과 선순위 세입자들(먼저 입주해서 우선 변제의 순위가 앞선 세입자들)의 임차보증금을 돌려주고도 내 임차보증금을 돌려줄 만큼의 여유가 있는지 파악할 수 있다면 계약을 해도 되는 집인지 가늠해 볼 수 있을 것입니다.

주택의 매매가는 여러 부동산 중개인에게 물어보아 대략적으로 알 수 있고, 선순위 권리의 금액은 등기부등본을 통해 확인할 수 있지만 선순위 세입자들의 임차보증금은 그 금액이 얼마인지 집주인이 공개하는 경우가 많지 않고, 구두로 공개하더라도 그 진위를 알 수 없습니다.

확정일자 부여기관에 가서 '임대차 정보제공 요청서'를 작성하여 '확정일자 부여현황'을 열람한다면 선순위 세입자들의 보증금이 얼마나 되는지 정확하게 알 수 있지만, 계약을 체결하려는 자가 열람하려면 임대인의 동의가 필요하기 때문에 계약 전에 확인이 어려울 수 있습니다.

다세대주택도 해당 주택에 얽혀있는 권리관계가 어떠한지에 따라서 위험성을 따져야겠지만, 다가구주택은 선순위 세입자들의 정보를 파악하기 어렵다는 점에서 다세대주택보다는 위험성을 안고 있는 집이라는 것을 꼭 알고 있어야 합니다.

> ☠ 다가구주택의 집주인이 "먼저 들어온 세입자들이 다 월세 계약이라서 보증금 금액이 크지 않으니 전세로 들어와도 안전하다."는 식으로 얘기를 해서 임대차 계약을 했는데, 알고 보니 선순위 세입자들이 다 전세 계약이었고, 선순위 보증금의 합이 집의 매매가를 초과하여 집이 경매에 넘어갔을 때 임차보증금을 돌려받지 못했다는 경우가 있기 때문에 잘 알아봐야 합니다.

주택의 종류를 알 수 있는 방법

건물의 외형만 보고는 주택의 종류를 알 수 없으므로 해당 주택의 등기부등본의 표제부나 건축물대장을 통해 확인합니다.

CHAPTER 03

집 구할 때 반드시 확인해야 할 서류인 등기부등본

등기부등본(등기사항전부증명서)이란?

등기부등본은 부동산에 관한 권리관계 및 현황이 기재되어 있는 공적 장부입니다. 등기부등본의 발급과 열람은 부동산의 소유자나 직접적인 관계자가 아니더라도 수수료만 지불하면 누구나 확인할 수 있습니다.

등기부등본은 왜 확인해야 할까?

전세나 월세 집을 구할 때 집의 구조가 어떠한지, 주변 환경이 생활하기 좋은지 등도 중요하지만 가장 중요한 것은 임대차 계약이 끝난 후에 온전하게 내 임차보증금을 돌려받는 것이라고 생각합니다.

그러기 위해서는 집을 알아볼 때 내 임차보증금을 안전하게 돌려받을 수 있는 집인지 따져봐야 할 텐데, 그 집의 기본적인 정보는 물론 소유자가 누구인지, 이 집에 법적인 분쟁이 진행되고 있지 않은지, 집주인이 이 집을 담보로 빌린 빚이 얼마나 있는지 등을 알 수 있는 서류가 등기부등본입니다. 공인중개사 사무실을 통해 집을 구하면 공인중개사가 등기부등본을 보여주지만, 공인중개사로 인한 사기 사건도 일어나므로 임차인 스스로도 등기부등본을 확인할 필요가 있습니다.

주택의 구분에 따른 등기부등본의 종류

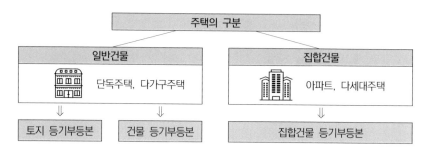

토지와 건물은 별개의 부동산으로 취급하기 때문에 토지에 관한 등기부등본과 건물에 관한 등기부등본이 각각 존재합니다.

단독주택이나 다가구주택과 같이 건물 전체를 하나의 주택으로 보는 건물은 토지 등기부등본과 건물 등기부등본을 모두 가지고 있는데, 이러한 건물을 '일반건물'이라고 합니다. 토지와 건물은 별개의 부동산이기 때문에 일반건물에서 토지의 소유자와 건물의 소유자가 다른 경우도 있고, 건물에는 없는 근저당권이 토지에 있는 경우도 있어 일반건물은 토지 등기부등본과 건물 등기부등본을 다 확인해야 합니다.

반면 아파트와 같이 하나의 건물 안에 각 호수별로 소유자가 존재하는 건물을 '집합건물'이라고 합니다. 집합건물은 건물 안에 있는 한 개의 호실과 그 호실이 가지고 있는 대지권을 묶어서 그걸 하나의 부동산으로 보기 때문에 각 호실별로 집합건물 등기부등본을 가지고 있습니다.

등기부등본을 열람, 발급하는 방법

등기부등본은 집을 구하는 과정에서 공인중개사 사무실을 통해서 확인이 가능하나, 등기부등본의 위조 등으로 피해를 보는 사례도 있기 때문에 되도록 직접 등기부등본을 열람하여 확인하는 것이 좋습니다.

그리고 등기부등본의 말소사항에서도 짐작해 볼 수 있는 정보가 있기 때문에 전월세 계약자라면 말소사항이 포함된 등기부등본을 열람해서 확인하는 것이 좋습니다.

	발급처	비용
온라인	대법원 인터넷등기소 http://www.iros.go.kr	열람 700원, 발급 1,000원
	모바일 어플로 열람 가능	열람 700원
오프라인	관할 등기소	발급 1,200원
	무인민원발급기	발급 1,000원

| 무인민원발급기가 설치된 곳 찾아보기

정부24 - https://www.gov.kr

사이트 접속 ▶ 메뉴 '고객센터' ▶ 서비스지원 ▶ 무인민원발급안내

| 대법원 인터넷등기소에서 확인할 때, '열람'과 '발급'의 차이

'열람하기'는 단순하게 내용 확인이 목적일 때 사용하는 것으로, 열람 화면에서 출력한 열람용 등기사항증명서는 법적 효력이 없습니다.

관공서나 은행 등에 제출할 목적일 때는 '발급하기'를 클릭하여 발급용 화면에서 출력해야 합니다.

| 대법원 인터넷등기소에서 열람하는 방법

 대법원 인터넷등기소 - http://www.iros.go.kr

① 대법원 인터넷등기소에 접속하여 메인 화면에 '부동산 등기' 탭의 '열람하기' 버튼을 클릭합니다. 관공서나 은행 등에 제출 목적이라면 '발급하기'를 클릭합니다.

② '열람하기' 페이지가 나오면 상단에 주소 검색 방법 옵션 탭을 선택한 후, '부동산 구분'에서 내가 열람하려는 등기부등본의 종류를 선택합니다.

③ 주소를 입력할 때, 일반건물의 토지 또는 건물의 등기부등본은 지번까지 입력하면 되고, 집합건물은 해당 건물의 주소뿐만 아니라 동과 호수까지 입력합니다.
주소 입력이 완료되었으면 '검색' 버튼을 클릭합니다.

④ 주소 검색창 하단에 부동산 소재지번이 뜹니다. 내가 열람하려는 주소지를 선택합니다.

⑤ 등기기록 유형을 선택하는 화면이 나오는데, '말소사항포함'을 선택하면 말소된 사항을 포함한 등기사항이 나오고, '현재유효사항'을 선택하면 등기사항 중 말소된 부분을 제외한 현재 유효한 부분만 나옵니다. 유형을 선택한 후 '다음' 버튼을 클릭합니다.

⑥ 소유자의 주민등록번호 공개 여부를 묻는데, '특정인공개'는 소유자의 주민등록번호를 정확히 알고 있을 때 가능합니다. '미공개'를 선택하면 되고, 이 경우 등기부등본에는 소유자의 주민등록번호 앞자리만 표시되어 나옵니다.

⑦ 결제 신청창이 나오는데, 내가 입력한 정보들이 맞는지 확인한 후 하단에 '결제' 버튼을 누르면 결제 방법 선택 페이지가 나옵니다.

⑧ 결제 방법을 선택하고, 결제와 관련한 선택 사항을 체크한 후 하단에 '결제' 버튼을 클릭합니다.

⑨ 결제가 완료되면 열람 또는 발급 가능한 부동산 목록이 나옵니다. 최초 열람 후 재열람(출력 포함)은 1시간 내에만 가능합니다. 목록에서 '열람' 버튼을 클릭합니다.

⑩ 화면에 나온 뷰어 프로그램으로 내용을 바로 확인해도 되고, 오른쪽의 '출력' 버튼을 클릭하면 인쇄나 PDF 파일로 저장이 가능합니다.

⑪ 인쇄할 프린터 이름을 선택한 후 '확인' 버튼을 누르면 인쇄됩니다. 만약 PDF파일로 저장하고 싶다면 프린터 이름에서 PDF를 선택하고 '확인'버튼을 누르고 파일명을 설정한 뒤 저장하면 됩니다.

등기부등본은 어느 때 확인하면 될까?

등기부등본은 집을 계약하기 전은 물론 잔금을 치르기 전에도 확인이 필요합니다. 왜냐하면 계약한 후 잔금을 치르기 전에 집주인이 임차인 모르게 집을 담보로 대출을 받은 후 그 사실을 숨길 수도 있고, 중간에 등기사항이 변동되는 일이 생길 수도 있기 때문입니다.

입주 후 살면서도 종종 등기부등본을 열람하여 임차인 모르게 집주인이 바뀌지는 않는지, 집주인의 경제 상황이 안 좋아지는 조짐이 보이지 않는지(등기부등본에 가압류, 가처분, 가등기, 근저당권 등의 권리들이 늘어나지는 않는지) 확인하고 사전에 대비를 하는 것이 좋습니다.

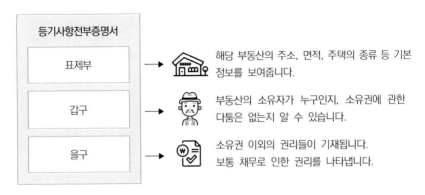

등기부등본의 구성

등기부등본은 크게 표제부, 갑구, 을구의 세 부분으로 나뉩니다.

'말소사항을 포함'하여 '건물' '등기사항전부증명서'를 열람했을 때의 예를 통해 어떤 부분을 살펴봐야하는지 알아보겠습니다.

❶ 등기사항전부증명서 (말소사항 포함)
- 건물 -

고유번호 1234-5678-912345

❷ [건물] 주소

【 표 제 부 】	(건물의 표시)			
표시번호	접수	소재지번 및 건물번호	건물내역	등기원인 및 기타사항
등기표시 번호	등기접수 날짜	해당 부동산의 주소지	구조, 층수, 면적	등기의 원인이나 기타사항

【 갑　　구 】	(소유권에 관한 사항)			
순위번호	등기목적	접수	등기원인	권리자 및 기타사항
등기의 순위	등기의 목적을 표시	접수일, 접수번호 표시	등기원인과 발생일 표시	등기권리자의 인적사항 및 기타사항

【 을　　구 】	(소유권 이외의 권리에 관한 사항)			
순위번호	등기목적	접수	등기원인	권리자 및 기타사항
등기의 순위	등기의 목적을 표시	접수일, 접수번호 표시	등기원인과 발생일 표시	등기권리자의 인적사항 및 기타사항

❸ 열람일시: 20○○년 ○월 ○일 ○○시 ○○분 ○○초

❹ 1/3

(내용 생략)

❺ - 이 하 여 백 -

❸ 열람일시: 20○○년 ○월 ○일 ○○시 ○○분 ○○초

❹ 3/3

❶ 제목: 발급받을 때 선택한 등기부등본의 종류가 나옵니다. 말소사항을 포함하여 보겠다고 선택한 경우는 '말소사항 포함'이, 현재 유효사항만 보겠다고 선택한 경우는 '현재 유효사항'이라고 적혀있습니다. 말소사항은 이전에는 존재했던 권리이나 해결되거나 끝나서 말소된 것을 나타내며, 권리 사항에 빨간 줄을 그어 표시합니다.

❷ 주소: 부동산 소재지로, 이 주소가 건축물대장상의 주소와 일치하는지, 계약 예정인 집의 소재지와도 일치하는지 확인합니다.

해당 주택의 등기부등본이 아닌 다른 집의 등기부등본을 가져와서 근저당권이나 그 밖에 다른 권리관계가 없는 것처럼 속이는 경우가 있다고 하니 내가 확인하고자 하는 집의 주소와 일치하는지 꼭 확인합니다.

❸ 열람일시: 등기부등본이 발급된 날짜입니다. 직접 열람하거나 발급한 것이 아니고 주택의 소유자나 부동산 사무실에서 등기부등본을 보여준 거라면 지금 또는 당일에 뽑은 것인지 확인합니다.

발급일자 이후에 언제든지 가압류나 근저당권 등이 설정되거나 그 내용이 변경될 수 있고, 근저당권 설정 전에 발급받은 등기부등본을 가지고 근저당권이 없는 집인 것처럼 속여 계약을 하는 경우가 있다고 하니 열람일시를 꼭 확인합니다.

☑ 계약하기 전 직접 등기부등본 열람하여 확인하기
☑ 다른 사람이 보여 준 등기부등본은 발급일자 꼭 확인하기

❹ 페이지 수 확인: 등기부등본의 페이지 수가 맞는지, 페이지 별로 열람일시가 일치하는지 확인합니다.

예를 들어, 총 3페이지의 등기부등본인데, 근저당권이 설정되어 있는 페이지만 뺀 후 근저당권이 없는 것처럼 속이는 경우도 있다고 하니 페이지 수를 확인합니다.

☑ 페이지 수가 맞는지, 페이지 별로 열람일시가 일치하는지 확인하기
☑ 예를 들어, 총 3장인 경우 페이지 번호가 1/3, 2/3, 3/3인지 확인하기

❺ 맨 마지막 페이지에는 '- 이하여백 -'이라는 표시가 있습니다.

등기부등본의 표제부

표제부는 해당 부동산의 기본 정보를 보여줍니다.

| 건물 등기부등본의 표제부

단독주택이나 다가구주택과 같은 일반건물의 건물 등기부등본 표제부입니다.

【 표 제 부 】 (건물의 표시)				
표시번호	접수	❶ 소재지번 및 건물번호	❷ 건물내역	등기원인 및 기타사항
등기표시 번호	등기접수 날짜	해당 부동산의 주소지	구조, 층수, 면적	등기의 원인이나 기타사항

❶ **소재지번 및 건물번호**: 내가 계약하려는 집의 주소와 같은지 확인하고, 계약을 하게 된다면 계약서상의 주소와도 일치하는지 확인합니다.

> ⚠ **모든 계약은 공적인 서류가 기준입니다.**
> 계약 시 등기부등본과 건축물대장상의 주소대로 임대차 계약서에 기재해야 합니다. 잘못된 지번으로 임대차 계약을 하면 「주택임대차보호법」의 보호를 받을 수 없습니다.

❷ **건물내역**: 건물의 구조, 층수, 면적, 주택의 종류를 확인합니다.

📄 건물 등기부등본 표제부 예시

【 표 제 부 】 (건물의 표시)				
표시번호	접수	소재지번 및 건물번호	건물내역	등기원인 및 기타사항
1	2015년7월20일	서울특별시 종로구 ○○동 ○○	세멘벽돌조 스라브지붕 2층 주택 1층 36.62㎡ 2층 25.55㎡	

| 집합건물 등기부등본의 표제부

집합건물은 해당 건물 전체의 표제부와 개별 호수(전유부분)의 표제부, 이렇게 두 부분으로 구성되어 있습니다.

⚙ 첫 번째에 나오는 표제부

【 표 제 부 】		ⓐ (1동의 건물의 표시)		
표시번호	접수	❶ 소재지번, 건물명칭 및 번호	❷ 건물내역	등기원인 및 기타사항
등기표시 번호	등기접수 날짜	해당 부동산의 주소지	구조, 층수, 면적	등기의 원인이나 기타사항
ⓑ (대지권의 목적인 토지의 표시)				
표시번호	소재지번		지목 면적	등기원인 및 기타사항
등기표시 번호	해당 부동산의 주소지		지목 종류 / 면적	등기의 원인이나 기타사항

ⓐ 1동의 건물의 표시: 1동 건물 전체의 표제부임을 나타냅니다.

❶ 소재지번, 건물명칭 및 번호: 건물 이름이 나오고, 아파트처럼 여러 동이 있을 때는 그 건물의 동 번호도 나옵니다. 내가 계약하려는 집의 주소와 같은지 확인하고, 계약을 하게 된다면 계약서상의 주소와도 일치하는지 확인합니다.

❷ 건물내역: 건물의 구조, 층수, 각 층별 면적이 나옵니다. 주택의 종류를 확인합니다.

ⓑ 대지권의 목적인 토지의 표시: 이 건물이 있는 토지 전체에 관한 내용이 나옵니다. '지목'은 토지의 주된 사용목적에 따라 토지의 종류를 구분하는 명칭입니다. 지목의 종류 중 '대'는 집이나 건축물을 지을 수 있는 토지를 말합니다.

⚙ 두 번째에 나오는 표제부

【 표 제 부 】	ⓒ (전유부분의 건물의 표시)			
표시번호	접수	❸ 건물번호	❹ 건물내역	등기원인 및 기타사항
등기표시 번호	등기접수 날짜	건물번호	구조, 면적	등기의 원인이나 기타사항
ⓓ (대지권의 표시)				
표시번호	대지권의 종류		대지권비율	등기원인 및 기타사항
등기표시 번호	대지권의 종류		대지권 비율	등기의 원인이나 기타사항

ⓒ **전유부분의 건물의 표시**: 전유부분의 표제부임을 나타냅니다.

1동 건물에서 내가 들어가서 사는 집을 '전유부분'이라고 합니다. 전유부분에는 계단, 복도, 엘리베이터 등 공용부분은 제외됩니다.

❸ **건물번호**: 전유부분의 층과 호수가 표시됩니다(예) 제6층 제601호). 계약할 집의 층과 호수를 확인합니다.

> ⚠ **모든 계약은 공적인 서류가 기준입니다.**
> 계약 시 등기부등본과 건축물대장상의 동, 호수대로 임대차 계약서에 기재해야 합니다. 잘못된 동, 호수로 임대차 계약을 하면 「주택임대차보호법」의 보호를 받을 수 없습니다.

❹ **건물내역**: 전유부분의 구조, 면적 등이 표시됩니다.

ⓓ **대지권의 표시**: 전유부분의 소유자는 면적 비율에 따라 그 건물이 있는 토지의 사용권을 가지는데 이것이 '대지권'입니다. 대지권의 비율에는 집합건물 토지면적에서 전유세대가 차지하는 토지 지분이 표시됩니다.

📄 집합건물 등기부등본 표제부 예시

❶ [집합건물] 서울특별시 양천구 △△동 △△아파트 제6층 제601호

【 표 제 부 】 (1동의 건물의 표시)

표시번호	접수	소재지번, 건물명칭 및 번호	건물내역	등기원인 및 기타사항
1	2012년3월30일	❶ 서울특별시 양천구 △△동 △△아파트 [도로명주소] 서울특별시 양천구 △△대로 △△아파트	철근콘크리트벽식구조철골 경사지붕 12층 아파트 1층 620.79㎡ 2층 620.79㎡ 3층 620.79㎡ 4층 620.79㎡ 5층 620.79㎡ 6층 620.79㎡ 7층 620.79㎡ 8층 620.79㎡ 9층 620.79㎡ 10층 620.79㎡ 11층 620.79㎡ 12층 620.79㎡	

(대지권의 목적인 토지의 표시)

표시번호	소재지번	지목	면적	등기원인 및 기타사항
1	서울특별시 양천구 △△동 ○○○-○○	대	60844㎡	2012년4월1일

【 표 제 부 】 (전유부분의 건물의 표시)

표시번호	접수	건물번호	건물내역	등기원인 및 기타사항
1	2012년3월30일	❷ 제6층 제601호	철근콘크리트벽식구조 84.89㎡	

(대지권의 표시)

표시번호	대지권의 종류	대지권비율	등기원인 및 기타사항
1	1 소유권대지권	60844분의 55.2123	2012년4월1일

❶ 내가 들어갈 집의 주소와 같은지 확인하고, 계약을 하게 된다면 계약서상의 주소와도 일치하는지 확인합니다.

❷ 입주할 집의 층과 호수가 맞는지 확인합니다.

⇓

예1) '별도등기 있음'으로 표시되어 있는 경우

전유부분 표제부의 '대지권의 표시' 부분의 표시번호 2번의 '등기원인 및 기타 사항'에 '별도등기 있음'
이라고 표시되어 있습니다.

【 표 제 부 】	(전유부분의 건물의 표시)			
표시번호	접수	건물번호	건물내역	등기원인 및 기타사항
1	2010년10월23일	제5층 제502호	철근콘크리트구조 115.55㎡	
(대지권의 표시)				
표시번호	대지권의 종류		대지권비율	등기원인 및 기타사항
1	1 소유권대지권		1359.8분의 49.40	2010년10월13일 대지권 2010년10월23일 등기
2				별도등기 있음 1토지 (을구 1번 근저당권 설정 등기) 2010년 10월 23일 등기

예2) '토지에 관하여 별도등기 있음'으로 표시되어 있는 경우

전유부분 표제부의 '대지권의 표시' 부분의 표시번호 2번의 '등기원인 및 기타 사항'에 '토지에 관하여
별도등기 있음'이라고 표시되어 있습니다.

【 표 제 부 】	(전유부분의 건물의 표시)			
표시번호	접수	건물번호	건물내역	등기원인 및 기타사항
1	2017년2월26일	제6층 제608호	철근콘크리트구조 63.90㎡	
(대지권의 표시)				
표시번호	대지권의 종류		대지권비율	등기원인 및 기타사항
1	1 소유권대지권		888980분의 2966	2017년2월6일 대지권 2017년2월26일 등기
2				1. 토지에 관하여 별도등기 있음

등기부등본의 갑구

갑구는 부동산의 소유권이 이전되거나 변동된 사항이 기재되는 부분입니다. 소유권에 영향을 주는 가처분, 가등기, 가압류, 압류 등도 이 부분에 기재됩니다.

【 갑　　구 】 (소유권에 관한 사항)				
순위번호	❶ 등기목적	접수	❶ 등기원인	❷ 권리자 및 기타사항
등기의 순위	등기의 목적을 표시	접수일, 접수번호 표시	등기원인과 발생일 표시	등기권리자의 인적사항 및 기타사항

❶ 등기목적, 등기원인: '등기목적'에는 소유권과 관련해서 어떠한 목적으로 이러한 등기가 됐는지, '등기원인'에는 등기를 하는 원인이 기재됩니다.

❷ 권리자 및 기타 사항: 등기의 권리자에 관한 사항이 표시됩니다.

| 집의 소유자(집주인, 임대인)를 나타내는 등기

등기목적에 '소유권보존'이라고 되어 있는 등기는 '보존등기'라는 것인데, 미등기된 부동산에 최초로 하는 등기를 말합니다. 즉, 건물이 신축되어 처음 등기가 된 것을 말합니다. '소유권이전'은 매매, 증여, 상속 등으로 인해 부동산의 소유권이 이전되면 행해지는 등기입니다.

이러한 권리들은 접수 날짜 순서대로 표시되므로, 가장 나중에 기재되어 있는 소유자가 현재 집주인입니다. '권리자 및 기타사항'란에 이 주택의 소유자의 정보가 기재되는데, 단독 소유면 '소유자'가 표기되고, 공동 소유면 '공유자'와 각 공유자가 가진 지분이 표기됩니다.

단독주택을 임차하는 경우에는 토지 등기부등본과 건물 등기부등본을 비교해서 토지 소유자와 건물 소유자가 같은 사람인지 확인합니다.

📋 단독 소유인 경우 등기부등본 갑구 예시

【 갑 구 】		(소유권에 관한 사항)		
순위번호	등기목적	접수	등기원인	권리자 및 기타사항
1	소유권보존	2010년7월25일 제△△△△호		소유자 홍길동 611016-1****** 서울특별시 종로구 △△동 △△△

📋 공동 소유인 경우 등기부등본 갑구 예시

【 갑 구 】		(소유권에 관한 사항)		
순위번호	등기목적	접수	등기원인	권리자 및 기타사항
1	소유권보존	2010년7월25일 제△△△△호		공유자 지분 2분의 1 홍길동 611016-1****** 　서울특별시 종로구 △△동 △△△ 지분 2분의 1 박연희 650812-2****** 　서울특별시 종로구 △△동 △△△

📋 등기부등본 갑구 예시

【 갑 구 】		(소유권에 관한 사항)		
순위번호	등기목적	접수	등기원인	권리자 및 기타사항
1	소유권보존	2010년7월25일 제△△△△호		소유자 홍길동 611016-1****** 서울특별시 종로구 △△동 △△△
2	소유권이전	2015년9월30일 제△△△△호	2015년9월10일 매매	소유자 김선비 721219-1****** 서울특별시 성북구 △△동 △△△ 거래가액 금 380,000,000원

위의 예시로 든 등기부등본상의 건물은 2010년 7월 25일에 처음 등기됐고(소유권보존등기), 그때의 소유자는 홍길동 씨였습니다.

2015년 9월 10일에 홍길동 씨가 김선비 씨에게 집을 팔았고(등기원인 '매매') 2015년 9월 30일에 '소유권이전' 등기가 되면서 김선비 씨로 소유자가 바뀌었습니다. 현재 이 집의 집주인은 김선비 씨입니다.

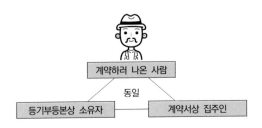

임대차 계약을 할 때는 내가 계약하려는 사람이 갑구에 기재된 현재이 집의 소유자와 동일한 사람인지 확인해야 합니다.

확인 방법은 등기부등본 갑구에 표시된 소유자의 이름과 주민등록번호, 주소를 기준으로 하여 계약하러 나온 사람의 신분증상의 이름과 주민등록번호가 일치하는지 확인하고, 계약서에 적힌 집주인의 정보가 일치하는지 확인합니다.

사기수법	다른 사람의 부동산인데 자신이 소유자인 것처럼 속이고 계약하는 경우나 사실은 그곳에 사는 세입자인데 집주인인 것처럼 가장하여 그 집에 다시 전세를 내놓은 후 계약이 성사되면 전세보증금을 가지고 도망가는 경우도 있다고 합니다.
방지법	☑ 계약하러 온 사람이 등기부등본에 기재된 소유자가 맞는지 꼭 확인하고 계약을 합니다. 👉 계약하는 사람이 진짜 집주인인지 확인하는 방법은 221쪽에서 자세히 다루고 있습니다.

| 압류, 가압류, 가처분, 가등기 등

등기목적에 압류, 가압류, 가처분, 가등기 등이 기재되어 있는 주택은 임대차 계약을 하면 임차보증금의 회수에 어려움을 겪을 수 있는 집이므로 계약하지 않습니다.

【 갑 구 】	(소유권에 관한 사항)			
순위번호	등기목적	접수	등기원인	권리자 및 기타사항
1	가압류	2014년2월12일 제 △△△호	2012년2월12일 서울북부지방법원의 가압류 결정	청구금액 금 30,000,000원 채권자 김선비 서울 성동구 △△동

| 경매개시결정

등기목적 중 경매개시결정은 해당 주택의 경매가 결정됐음을 알리는
등기입니다. 이런 집은 임차보증금의 회수에 어려움을 겪을 수 있는
집이므로 계약하지 않습니다.

【 갑 구 】 (소유권에 관한 사항)				
순위번호	등기목적	접수	등기원인	권리자 및 기타사항
1	소유권이전	2014년2월12일 제 △△△호	2012년2월12일 매매	소유자 홍길동 611016-1****** 서울특별시 종로구 △△동
2	압류	2016년5월22일 제 △△△호	2016년5월22일 압류(세무서-△△)	권리자 서울특별시 종로구
3	임의경매 개시결정	2019년7월4일 제 △△△호	2019년7월4일 서울서부지방법원 임의경매개시결정	채권자 김선비 730117-1****** 서울 성동구 △△동

| 신탁등기

【 갑 구 】 (소유권에 관한 사항)				
순위번호	등기목적	접수	등기원인	권리자 및 기타사항
1	소유권보존	2010년7월25일 제△△△△호		소유자 홍길동 611016-1****** 서울특별시 종로구 △△동 △△△
2	소유권이전	2015년9월30일 제△△△△호	2015년9월30일 신탁	수탁자 ◇◇부동산신탁주식회사 서울특별시 강남구 △△동 △△△
	신탁			신탁원부 제△△△-△△△△호

갑구의 순위번호 2번을 보면 등기목적과 등기원인에 '신탁'이라는 문구
를 볼 수 있습니다. 여러 가지 신탁이 있지만, 그 중 부동산 담보신탁
은 자금이 필요한 집주인이 담보로 자신의 부동산 소유권을 신탁회사
에 넘기는 대신 수익증권을 발급받고, 이것을 금융기관에 담보로 제출
하여 대출을 받는 것을 말합니다.

집주인(위탁자)이 집에 대한 소유권과 관리권 등을 신탁회사(수탁자)에게 넘겨주었기 때문에 **신탁등기 된 부동산의 소유자는 신탁회사**입니다. 그렇기 때문에 특별한 규정이 없는 한 임대차 계약을 할 수 있는 권한도 신탁회사에게 있습니다.

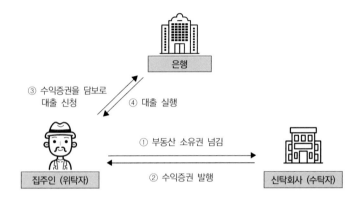

신탁등기된 주택에 임대차 계약을 하려면 신탁에 관한 자세한 내용이 기재된 신탁원부를 등기소에서 발급받아 임대차 계약을 할 수 있는 권한이 누구에게 있는지, 임대차 계약에 관해 어떠한 규정이 설정되어 있는지 확인해야 합니다. 임대차 계약 시 신탁원부에 우선수익자로 설정된 자의 동의서가 필요하다는 규정이나 임차보증금을 납입하는 계좌가 따로 정해져 있는 경우도 있기 때문입니다.

만약 임대차 계약을 할 권한이 없는 집주인(위탁자)과 계약을 한 경우, 권한이 없는 자와 계약을 했기 때문에 이 계약은 유효하지 않으며, 세입자가 전입신고를 하고 확정일자를 받았다고 하더라도 임차보증금의 반환을 주장할 수 없으며 주택임대차보호법의 보호를 받지 못합니다.

그리고 등기부등본의 을구가 깨끗한 경우 이 집을 담보로 한 빚이 없다고 착각할 수 있는데, 을구에 표시가 되지 않았을 뿐이지 신탁원부에 채권 등이 따로 기재되어 있습니다. 따라서 이런 집을 계약한다면 이미 신탁원부에 기재되어 있는 채권보다 내 임차인으로서의 권리가 권리 순서상 늦을 수밖에 없습니다.

신탁 부동산은 법률관계가 복잡하여 일반인이 신탁원부에 기재되어 있는 규정이나 법적 효력을 인지하기 어렵고, 먼저 설정된 채권이 존재하기 때문에 계약하지 않는 것이 좋습니다.

☠️ 사기 수법	집을 중개할 당시 부동산 중개인이 세입자들에게 집의 법적 소유자가 신탁회사라는 사실을 고지하지 않았고, 임대차 계약의 권한이 없는 위탁자 A씨와 임대차 계약을 한 세입자들이 피해를 보는 사례가 있었습니다. 해당 건물이 공매로 넘어가 건물을 낙찰 받은 새 집주인이 세입자들에게 퇴거 요청을 했을 때 비로소 세입자들은 이 집의 소유자가 신탁회사였음을 알게 되었고, 세입자들은 보증금을 돌려받기 위해 임대차 계약을 했던 A씨에게 연락을 했으나 이미 잠적한 상태였습니다. 이 집을 중개했던 부동산 중개업소는 일부가 폐업을 했고, 부동산 중개인과도 연락이 되지 않았습니다. 실제 소유자가 아닌 사람과 체결한 임대차 계약은 유효한 계약이 아니기 때문에 세입자들은 보증금을 돌려받지 못하고 주택임대차보호법의 보호를 받지 못한 채 집에서 쫓겨날 위기에 처하게 되었습니다.
☠️ 사기 수법	위탁자인 B씨가 자신이 건물의 실소유자인 것처럼 세입자를 속이고 임대차 계약을 한 후에 보증금을 빼돌린 전세 사기가 있었습니다. 피해자들은 '지금은 건물의 명의가 신탁회사로 되어 있지만 세입자의 전세보증금으로 신탁을 풀면 건물의 명의가 B씨로 바뀔 것이니 B씨와 계약해도 괜찮다'는 공인중개사의 말도 있었기에 믿고 계약을 했습니다. B씨는 세입자의 보증금으로 다른 공사대금을 지불하거나 생활비에 사용했으며, 기존에 있던 은행 빚을 갚지 못하면서 건물이 결국 경매로 넘어갔습니다. 세입자들은 법적인 소유자가 아닌 사람과 계약을 했기 때문에 보증금을 돌려받지 못하고 집을 비워줘야 하는 상황에 처하게 되었습니다. (서울 성북구 70억 원 규모의 부동산 전세 사기)
🛡️ 방지법	☑ 등기부등본의 갑구에 '신탁'이 있다면 계약을 안 하는 것이 좋습니다.

등기부등본의 을구

을구는 부동산의 소유권 이외의 권리에 관한 변동사항이 기재되는 부분입니다.

【 을 구 】	(소유권 이외의 권리에 관한 사항)			
순위번호	❶ 등기목적	접수	❶ 등기원인	❷ 권리자 및 기타사항
등기의 순위	등기의 목적을 표시	접수일, 접수번호 표시	등기원인과 발생일 표시	등기권리자의 인적사항 및 기타사항

❶ 등기목적, 등기원인: '등기목적'에는 소유권 이외의 권리와 관련해서 어떠한 목적으로 이러한 등기가 됐는지, '등기원인'에는 등기를 하는 원인이 기재됩니다.

❷ 권리자 및 기타 사항: 등기 권리자에 관한 사항이 표시됩니다.

을구는 보통 채무(빚)로 인한 권리를 나타내기 때문에 을구에 특별한 내용이 없다면 이 집에 집주인의 채무가 얽혀있지 않다는 뜻입니다.

을구가 깨끗한 것은 좋은 일이지만, 단순하게 을구가 깨끗하다는 것만 보고 안전한 집이라고 단정 지으면 안 됩니다. 을구가 깨끗하더라도 임차보증금이 집의 매매가와 비슷하거나 이를 초과하는 경우 위험한 집이기 때문입니다. 그러므로 계약 전에 집의 매매가도 알아보고, 매매가 대비 임차보증금의 비율이 적절한지도 알아봐야 합니다.

🖐 이와 관련된 내용인 전세가율에 대해서는 59쪽에서 자세히 다루고 있습니다.

| 근저당권

근저당권은 집주인이 은행이나 개인에게 돈을 빌릴 때, 돈을 빌려주는 쪽에서 설정하는 권리로 집주인이 제 때에 돈을 갚지 않으면 빌려준 돈을 돌려받기 위해서 담보로 잡은 주택(근저당권이 설정된 주택)을 처분할 수 있는 권리입니다.

【 을 구 】	(소유권 이외의 권리에 관한 사항)			
순위번호	등기목적	접수	등기원인	권리자 및 기타사항
1	근저당권 설정	2017년7월9일 제△△△△호	2017년7월9일 추가설정계약	채권최고액 금 240,000,000원 채무자 홍길동 　　서울특별시 성북구 △△동 △△△ 근저당권자 A은행 　　서울특별시 종로구 △△동 △△△

⇩

권리자 및 기타사항	
ⓘ 채권최고액 금 240,000,000원	→ 2억 4천만 원이 채권최고액으로 등기됨
채무자 홍길동 　서울특별시 성북구 △△동 △△△	→ '채무자'는 빚을 진 사람을 말함. 채무자 홍길동 씨의 정보가 나와 있음
근저당권자 A은행 　서울특별시 종로구 △△동 △△△	→ A은행에서 홍길동 씨에게 돈을 빌려주고 담보로 잡은 주택에 근저당권을 설정했음

ⓘ **채권최고액**
채권최고액은 은행 측에서 빌려주는 원금에 이자의 일정 부분까지 포함된 금액을 말하며, 보통 1금융
권에서는 원금의 120%를 잡고, 2금융권, 3금융권에서는 더 높게 잡습니다.

Chapter 02에서 주택의 종류를 설명하면서 '우선변제의 순위'에 대한
이야기를 간단하게 했습니다. 이미 근저당권이 설정된 집에 임대차 계
약을 하여 세입자로 살게 된다면 세입자의 권리는 근저당권자보다 우
선변제의 순위에 있어서 후순위(권리의 순위가 늦음)입니다. 나중에 집
주인이 근저당권자에게 돈을 갚지 못해 집이 경매에 넘어가는 상황이
발생한다면 낙찰가(경매에서 집이 팔린 가격)에서 순위가 앞선 근저당
권자에게 돈을 먼저 돌려준 후 남은 돈에서 임차인이 받을 돈을 돌려
주기 때문에 임차보증금을 온전히 돌려받지 못할 가능성이 있습니다.

근저당권이 설정된 집의 집주인이 "아직 등기 정리를 안 해서 그렇지
내가 실제로는 돈을 거의 다 갚아서 빚이 얼마 남지 않았다."라는 식
으로 얘기할 수 있는데, 이 말을 그대로 믿거나 임차보증금을 회수하

는 데 문제가 없는 집이라고 안심해서는 안 됩니다. 왜냐하면 집주인이 실제로 빌린 돈을 일부 갚았다고 해도 등기부등본에 잡혀있는 채권최고액이 자동으로 줄어들지 않으며, 등기부등본에 근저당권이 남아있다면 집주인이 나중에 돈이 필요해졌을 때 **채권최고액 범위 안에서 다시 돈을 빌려 쓸 수 있기 때문입니다.**

근저당권은 등기부등본에서 말소되지 않는 한 우선변제의 순위가 그대로 유지되기 때문에 먼저 설정된 근저당권이 있고, 임차인이 입주 후 전입신고를 하고 확정일자를 받은 후에 집주인이 같은 은행에서 채권최고액 범위 안에서 돈을 추가로 빌려도 이 채권은 처음 근저당권을 설정한 그 날짜로 순위를 인정받아 임차인의 권리보다 선순위(권리의 순위가 앞섬)이므로 근저당권이 설정된 집은 피하는 것이 좋습니다.

집주인이 정말 빚을 다 갚았는데 등기 정리를 안 한 것뿐이라면 임차인의 권리가 1순위가 될 수 있도록 ⓛ말소등기를 요청한 후에 실제 등기부등본에서 근저당권이 말소된 것을 확인하고 계약해야 합니다.

> **ⓛ 말소등기**
> '말소등기'란 현재 등기부등본에 기재되어 효력이 있는 등기를 소멸시키는 것을 말하며, 말소된 등기는 빨간 줄을 그어서 표기합니다.

때때로 집주인이나 공인중개사가 임대차 계약 시 받는 임차인의 전세보증금으로 해당 주택에 걸려있는 빚을 갚아 근저당권을 말소하겠다는 조건을 내세우면서 계약을 제안하는 경우가 있습니다.

이러한 계약은 집주인이 약속대로 임차인의 전세보증금으로 근저당권을 말소한다면 다행이지만(44쪽의 '경우1'의 상황), 집주인이 약속을 지키지 않는다면(44쪽의 '경우2'의 상황) 문제가 발생할 수 있음을 염두에 두고 계약 여부를 신중하게 결정해야 합니다.

경우1) A주택에 설정되어 있는 근저당권을 임차인 B씨의 전세보증금으로 말소했을 때 권리관계

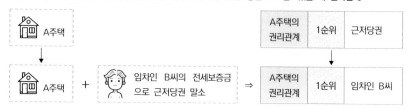

경우2) A주택에 설정되어 있는 근저당권을 임차인 B씨의 전세보증금으로 말소하지 않았을 때 권리관계

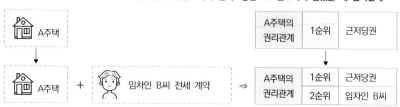

만약 위의 '경우2'와 같이 집주인이 약속을 지키지 않아 임차인의 전세보증금으로 선순위 근저당권을 말소하지 않는다면 어떤 일이 발생할 수 있을까요?

임차인이 그 집에 사는 동안에 집이 경매에 넘어가게 된다면 집을 팔아서 나온 돈에서 1순위가 먼저 돈을 받고, 남은 돈에서 2순위가 돈을 받기 때문에 근저당권자보다 후순위(순위가 늦음)인 임차인은 전세보증금을 온전히 찾지 못하고 손해를 볼 가능성이 있습니다.

집이 경매에 넘어가는 상황이 발생하지 않는다고 해도 임대차 계약 만료 시 다음 임차인을 찾기 어려워 임차보증금을 돌려받는 데 문제가 생길 수 있습니다. 집주인이 경제적으로 여유가 있지 않다면 보통 다음 임차인이 나타나야 그 사람에게 받은 임차보증금을 가지고 현재 세입자의 임차보증금을 돌려줄 텐데, 다음에 들어올 임차인의 입장에서

보면 이런 집에 들어갔을 때 자신의 임차보증금은 이전 세입자의 임차보증금을 돌려주는 데 쓰일 것이고, 여전히 선순위 근저당권은 남아있게 되어 권리관계상 불리하게 됩니다('경우3'의 상황). 그렇기 때문에 이런 집은 다음 임차인을 구하기 어려워 기존 세입자가 임차보증금을 돌려받는 게 어려워질 수 있습니다.

경우3) '경우2'와 같은 상황에서 새로운 임차인 C씨가 들어와 B씨가 이사 나갔을 때 권리관계

A주택의 권리관계	1순위	근저당권
	2순위	임차인 C씨

그러므로 근저당권 말소를 조건으로 계약을 하게 된다면 이에 관한 특약사항을 계약서에 기재하고, 잔금일에 집주인과 공인중개사와 함께 근저당권을 설정한 은행에 가서 집주인이 잔금으로 빚을 갚고 근저당 말소서류를 접수하는 것을 직접 보아야 하며, 대출금 상환영수증과 근저당권 말소신청서를 받아두어야 합니다. 또는 임대차 계약부터 임차인의 잔금으로 근저당권을 말소하는 절차까지 법무사를 통해 진행하는 것도 하나의 방법입니다. 이렇게 근저당권의 말소를 신청했다면 제대로 말소되었는지 3~4일 뒤에 등기부등본을 열람하여 확인합니다.

앞서서 설명한 근저당권의 위험성 때문에 집을 구할 때는 근저당권이 없는 집을 계약하는 것을 추천하며, 뒤에 이어서 나올 '건축물대장'과 '전세가율', '주택임대차보호법'의 내용도 숙지한 다음, 만일의 사태가 발생했을 때 피해는 최소화하고 임차보증금을 최대한 지킬 수 있는 방향으로 계약 여부를 신중하게 결정하기를 바랍니다.

| 주택임차권 (임차권등기명령)

임차권등기명령은 임대차 계약이 만료된 후, 세입자가 집주인에게 임차보증금을 돌려받지 못했지만 이사를 해야 하는 경우에 이 집에 살지 않고 주민등록을 옮기더라도 임차인으로서 임차보증금을 돌려받을 권리를 유지하기 위해 신청하는 것입니다. 등기목적에 '주택임차권'으로 기재되며, '권리자 및 기타 사항'에는 임차권등기명령을 신청한 세입자의 정보가 기재되어 있습니다.

【 을 　 구 】 (소유권 이외의 권리에 관한 사항)				
순위번호	등기목적	접수	등기원인	권리자 및 기타사항
1	주택임차권	2018년9월26일 제△△△△호	2018년9월13일 ○○지방법원 임차권등기명령	임차보증금 금 80,000,000원 임대차계약일자 2016년7월17일 주민등록일자 2016년9월10일 점유개시일자 2016년9월10일 확정일자 2016년7월17일 임차권자 홍길동 ○○시 △△구 ○○동 △△호

등기부등본에 임차권등기명령이 있다면 집주인이 이전 세입자에게 임차보증금을 돌려주지 못할 만큼 재정상 여유가 없다는 것을 뜻합니다. 임차권등기명령이 있는 집에 세입자로 들어간다면 나중에 임차보증금을 돌려받는 데 문제가 생길 가능성이 크고, 거주하는 동안 집이 경매에 넘어가게 된다면 임차권등기를 한 이전 세입자보다 권리 순서상 후순위이기 때문에 임차보증금을 온전히 돌려받지 못할 위험이 있습니다. 그리고 임차한 집이 경매에 넘어갔을 경우, 임차보증금이 법으로 정한 소액에 해당하는 임차인은 일정 금액에 한하여 우선하여 보호받는 제도가 있는데, 임차권등기명령이 있는 집에 세입자로 들어가면 내 임차보증금이 소액에 해당되더라도 그 제도를 적용받지 못합니다.

🐟 이와 관련된 내용인 소액임차인의 최우선변제금에 대해서는 117쪽에서 자세히 다루고 있습니다.

만약 등기부등본에 말소된 임차권등기명령이 있다면 집주인이 과거에 세입자에게 임차보증금을 제때 주지 않았다는 것이고, 이러한 집에 세입자로 들어가면 임차보증금 반환 시 비슷한 문제를 겪을 가능성이 있습니다. 그러므로 현재 임차권등기명령이 있거나 말소된 임차권등기명령이 있는 집은 계약하지 않는 것이 좋습니다.

📑 등기부등본 을구 예시

【 을 구 】	(소유권 이외의 권리에 관한 사항)			
순위번호	등기목적	접수	등기원인	권리자 및 기타사항
1	근저당권설정	2002년4월19일 제△△△△호	2002년4월19일 설정계약	채권최고액 금 30,000,000원 채무자 김선비 ─서울특별시 성북구 △△동 △△△ 근저당권자 A은행 ─서울특별시 종로구 △△동 △△△
2	1번 근저당권설정 등기말소	2002년6월10일 제△△△△호	2002년6월10일 해지	
3	근저당권 설정	2017년7월9일 제△△△△호	2017년7월9일 추가설정계약	채권최고액 금 240,000,000원 채무자 김선비 서울특별시 성북구 △△동 △△△ 근저당권자 A은행 서울특별시 종로구 △△동 △△△
4	주택임차권	2018년9월26일 제△△△△호	2018년9월13일 ○○지방법원 임차권등기명령	임차보증금 금 80,000,000원 임대차계약일자 2016년7월17일 주민등록일자 2016년9월10일 점유개시일자 2016년9월10일 확정일자 2016년7월17일 임차권자 홍길동 ○○시 △△구 ○○동 △△호

위의 예시로 든 등기부등본상의 주택은 집주인인 김선비 씨가 2002년 4월에 집을 담보로 은행에서 돈을 빌려서 근저당권이 설정됐으나(순위번호 1번 내용), 빌린 돈을 갚아 이 집에 설정된 근저당권을 없앴습니

다(근저당권설정 등기말소). 2017년에 다시 집을 담보로 대출을 받아 채권최고액 2억 4천만 원의 근저당권이 설정됐고, 임대차 계약 만료 후 임차보증금을 돌려받지 못한 세입자 홍길동 씨가 임차권등기명령을 신청한 기록이 있습니다.

등기부등본의 '신청사건처리중'

아직 등기부등본에 기재되지는 않았지만 현재 등기부등본에 나오는 내용 외에 등기 변경을 요청하는 서류가 접수되면 '신청사건 처리 중'이라는 문구가 등기부등본 중앙에 큰 글씨로 뜨고, 표제부의 위쪽에 '주

의사항'이라고 하여 처리 중에 있는 사항이 기재됩니다.

만약 임대차 계약 전 등기부등본을 확인했을 때 '신청사건 처리 중'이라는 문구가 있다면 신청 중인 등기의 내용이 무엇인지 확인하기 전까지는 계약을 해서는 안 됩니다. 이런 집은 2~3일이 지난 후에 등기부등본을 열람하여 등기가 완료됐는지 확인한 후에 계약을 해도 되는 집인지 권리관계를 잘 따져본 후에 계약해야 합니다.

 등기부등본 체크사항 정리

표제부
☑ '등기부등본 표제부의 주소 = 건축물대장상의 주소 = 계약서상의 주소'인지 확인
☑ 주택의 종류 확인

갑구
☑ '내가 계약하려는 사람 = 현재 부동산 소유자'인지 확인
☑ 압류, 가압류, 가등기, 경매개시결정 등이 있으면 위험
☑ 신탁등기가 있는 집은 계약하지 않는 것을 추천

을구
☑ 근저당권이나 저당권이 있는 집 → 피하는 것을 추천
☑ 채권최고액이 너무 높거나 근저당권이나 저당권 기록이 많으면 위험
☑ 말소되었든 현재 진행 중이든 임차권등기명령이 있는 집은 피하기

기타
☑ 등기부등본의 열람일시가 지금 또는 당일에 뽑은 것인지 확인
☑ 페이지 수가 맞는지, 빠진 페이지 없는지, 페이지 별로 열람일시가 일치하는지 확인

CHAPTER 04

건물의 용도, 면적 등을 알 수 있는 서류인 건축물대장

건축물대장이란?

건축물의 위치·면적·구조·용도·층수 등 건축물의 표시에 관한 사항과 건축물 소유자의 성명·주소·소유권 지분 등 소유자 현황에 관한 사항을 등록하여 관리하는 서류를 말합니다.

건축물대장을 확인해야 하는 이유

임대차 계약을 할 때나 전입신고를 할 때, 주택의 정확한 주소를 적어야 나중에 문제가 생겼을 때 법의 보호를 받을 수 있습니다.

가끔 주택의 등기부등본과 건축물대장의 내용이 다른 경우가 있는데, 소유권에 관한 사항은 등기부등본을 기준으로, 주택의 면적, 용도, 지번, 구조 등은 건축물대장을 기준으로 하기 때문에 정확한 집 주소나 용도, 면적 등을 확인하기 위해서는 건축물대장의 확인이 필수입니다.

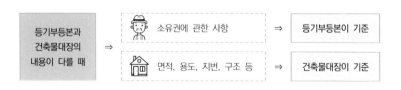

그리고 전세자금대출을 받거나 전세보증금 반환보증에 가입할 때 계약하려는 집이 주택인지, 위반 건축물인지 여부가 중요한데, 이러한 것을 알아볼 수 있는 문서가 건축물대장입니다.

만약 계약하려는 집이 주택이 아니거나 위반 건축물로 등재된 경우 전세자금대출을 이용하기 어렵고, 전세보증금 반환보증도 가입 여부나 가입 조건 등이 달라지기 때문에 계약 전에 건축물대장을 통해 이러한 부분을 확인해야 합니다.

건축물대장을 열람, 발급하는 방법

발급처		비용
온라인	정부24 https://www.gov.kr	발급, 열람 무료
오프라인	시·군·구청, 주민센터	발급 500원, 열람 300원
	무인민원발급기	발급 500원

| '정부24' 사이트에서 건축물대장을 열람하는 방법

51

⚙ 대장 구분

· 일반(단독주택): 건물의 소유자가 개인이거나 홍길동 외 ○명 등으로 대표자가 있는 경우 (예) 단독주택, 다가구주택)

· 집합(아파트, 연립주택 등): 건물의 소유자가 여러 명이며 각각의 이름이 명시되는 경우 (예) 아파트, 연립주택, 다세대주택 등)

⚙ 대장 종류

(1) 대장 구분에서 '일반(단독주택)'을 선택했을 때

· 총괄 : 신청하는 주소지의 지번에 있는 모든 건물들을 표시
    (해당 지번 위에 건물이 2개 동 이상 있을 경우)

· 일반 : 본인 건물만 표시

(2) 대장 구분에서 '집합(아파트, 연립주택 등)'을 선택했을 때

· 총 괄 : 해당 지번에 있는 모든 건축물 표시

· 표제부 : 해당 지번에 있는 동 표시 (건물 전체에 대한 내용)

· 전유부 : 해당 지번에 있는 동의 호수 표시 (특정 호실에 대한 내용)

⚙ 주택에 따른 대장 구분과 대장 종류의 선택 예시

(1) 단독주택의 건축물대장을 신청할 경우

대장 구분은 '일반'으로, 대장 종류는 '일반'으로 선택하면 됩니다.

(2) 집합건물의 건축물대장을 신청할 경우

예를 들어 A아파트의 102동 302호의 건축물대장을 신청할 경우, 대장 구분은 '집합'으로, 대장 종류는 '전유부'를 선택하면 됩니다.

건축물대장의 구성

· 갑구: 건물의 고유 번호, 주소, 면적, 용도 등 기본적인 사항을 기재
· 을구: 소유자 현황, 증축, 용도 변경 등의 사항들을 기재

일반건축물대장(갑)							
고유번호		민원24접수번호		명칭		호수/가구수/세대수 ❶	
대지위치			지번 ❷		도로명주소 ❷		
※대지면적 ㎡	연면적 ㎡		※지역	※지구		※구역	
건축면적 ㎡	용적률 산정용 연면적		주구조	주용도 ❸		층수 지하: 층, 지상: 층	
※건폐율 %	※용적률 %		높이 m	지붕		부속건축물 동 ㎡	
※조경면적 ㎡	※공개 공지·공간면적 ㎡		※건축선 후퇴면적 ㎡	※건축선 후퇴거리			m
건축물현황 ❹				소유자 현황 ❺			
구분	층별	구조	용도	면적(㎡)	성명(명칭) 주민(법인)등록번호 (부동산등기용등록번호)	주소	소유권 지분	변동일 변동원인

❶ 호수/가구수/세대수

'호/가구/세대'는 건축법상 건축물의 부분을 세는 단위입니다.

호	용도가 주택이 아닌 구분 소유가 가능한 집합건축물을 세는 단위입니다. 예) 오피스텔, 1종 및 2종 근린생활시설, 업무시설, 판매시설 등
가구	용도가 단독주택으로 되어 있는 일반건축물을 세는 단위입니다. 예) 단독주택, 다중주택, 다가구주택 등
세대	용도가 공동주택으로 되어 있는 집합건축물을 세는 단위입니다. 예) 다세대주택, 연립주택, 아파트 등

건축물대장에 기재된 '❶호수/가구수/세대수'와 '❹건축물현황'에서 본
정보와 내가 실제로 건물에 갔을 때 본 것과 일치하는지 확인합니다.
원래 하나의 호실인데 이를 쪼개서 불법으로 개조한 경우도 있기 때문
에 확인이 필요한 부분입니다.

예를 들어, 다가구주택의 건축물대장을 봤을 때 '호수/가구수/세대수' 가 '0호/3가구/0세대'로 되어 있고, 건축물 현황이 아래의 표와 같다면 각 층마다 하나의 가구가 있다는 것인데, 실제로 가보니 각 층마다 2개의 호실이 있었다면 방을 쪼갠 것입니다. 이렇게 방을 쪼개는 것은 불법이므로 방문 시 건축물대장의 내용과 일치하는지 확인해 봅니다.

예시)

건축물현황				
구분	층별	구조	용도	면적(㎡)
주1	1층	철근콘트리트구조	단독주택(다가구주택)	84.48
주1	2층	철근콘트리트구조	단독주택(다가구주택)	84.48
주1	3층	철근콘트리트구조	단독주택(다가구주택)	84.48

❷ 지번 / 도로명 주소

건축물대장상의 집 주소와 내가 계약하는 곳의 주소가 일치하는지(동, 호수, 문패 호수 등), 등기부등본상의 주소와도 같은지 확인합니다.

> ⚠ 임대차 계약서를 가지고 확정일자를 받고 전입신고를 했어도 계약서상의 주소가 건축물대장상의 주소와 달라 법으로 보호받지 못하는 경우가 있으므로 주의합니다.

방지법

모든 부동산 계약은 공적인 서류가 기준입니다. 대항력을 갖추고 임대차 보호법의 보호를 받기 위해서는 공적 서류상의 주소로 계약서를 작성하고 전입신고를 해야 합니다.
특히 각 호실마다 소유자가 달라질 수 있는 집합건물은 동, 호수까지 정확하게 기재해야 합니다. 따라서 계약 전 건축물대장을 통해 내가 계약하는 곳의 주소가 맞는지 꼭 확인합니다.

❸ 주용도

계약하려고 하는 집의 용도가 주택인지 확인합니다. 건물의 층별로 용도가 다를 때는 '주용도' 란에 2가지 이상의 용도가 기재되는 경우도 있으므로, 내가 계약할 집의 용도는 '건축물 현황'을 통해서 한 번 더 확인합니다.

❹ 건축물현황

건축물현황은 건물의 각 층별 구조와 용도, 면적을 알 수 있는 부분입니다. 여기에서 내가 계약하려는 집(개별 호실)이 몇 층인지, 용도가 '주택'인지 확인합니다.

> ⚠ 경사진 땅에 지어진 집은 한쪽에서 보면 지하인데, 반대쪽에서 보면 지상인 경우가 있습니다. 2층이라고 생각했던 호실이 사실은 1층인 경우도 있고, 문패의 호수만 보고 1층이라 생각했는데 실제로는 지하층인 경우도 있으므로 건축물대장을 통해 확인합니다.

> ⚠ 집주인이 임의로 문패의 호수를 변경한 경우나 방을 쪼갠 집인 경우 등기부등본, 건축물대장상의 호수와 실제 문패상의 호수가 다를 수 있습니다. 이때 공적 문서에 기재된 호수로 계약하지 않으면 나중에 문제가 생겼을 때 법의 보호를 받지 못하므로 꼭 공적 서류상의 주소를 확인해야 합니다.

건물의 용도 중에 '근린생활시설'이란 것이 있는데, 주택가에 인접하여 주민들의 생활에 필요한 서비스를 공급하는 시설로 쉽게 얘기하면 상가라고 보면 됩니다. 건축물대장에는 '예시1'과 같이 '건축물현황' 표의 용도란에 '근린생활시설'이라고 기재되거나 '예시2'와 같이 '소매점', '사무소' 등으로 기재되기도 합니다.

예시1)

건축물현황				
구분	층별	구조	용도	면적(㎡)
주1	1층	철근콘트리트구조	제2종근린생활시설(사무소)	50.48
주1	2층	철근콘트리트구조	공동주택-다세대주택 (2세대)	50.48
주1	3층	철근콘트리트구조	공동주택-다세대주택 (2세대)	50.48
주1	4층	철근콘트리트구조	공동주택-다세대주택 (2세대)	50.48

예시2)

건축물현황				
구분	층별	구조	용도	면적(㎡)
주1	지1	철근콘트리트구조	소매점	115.32
주1	1층	철근콘트리트구조	소매점	115.32
주1	2층	철근콘트리트구조	사무소	115.32
주1	3층	철근콘트리트구조	사무소	115.32

근린생활시설은 주택이 아니므로 취사시설 설치나 바닥 난방 등을 할 수 없지만 주거용으로 불법 개조하여 임대하기도 하는데, 이러한 집을 근린생활시설의 줄임말인 '근생'과 '빌라'를 합쳐서 '근생빌라'라고 합니다. 이러한 집은 건물의 외관만 봤을 때는 일반 주택처럼 보이기 때문에 건축물대장을 통해 용도의 확인이 필요합니다.

근린생활시설은 내부를 불법으로 개조하여 주거용으로 사용하고 있다는 사실이 적발되면 시정명령이 내려와 취사시설과 바닥 난방 등을 철거해야 합니다. 그리고 주택이 아니므로 전세자금대출이 불가능하고, 전세보증금 반환보증에 가입할 수 없습니다. 이러한 이유들로 다음 세입자를 구하기 어려워 임대차 계약 만료 후 임차보증금의 반환이 어려워질 수 있기 때문에 임대차 계약을 하지 않는 것이 좋습니다.

예시3)

건축물현황				
구분	층별	구조	용도	면적(㎡)
주1	1층	철근콘트리트구조	다중주택	69.04
주1	2층	철근콘트리트구조	다중주택	69.04
주1	3층	철근콘트리트구조	다중주택	69.04

단독주택 중 하나인 다중주택은 각각 독립된 공간으로 되어 있고 별도의 욕실 설치는 가능하지만 개별 취사 시설은 불가능하며, 거실이나 부엌 등을 공동으로 사용하는 주거 시설을 말하며, 위의 '예시3'과 같이 건축물현황의 용도란에 '다중주택'으로 기재됩니다. 만약 용도가 다중주택으로 되어 있는데 개별적으로 취사 시설을 갖추고 있다면 불법으로 내부를 개조한 것으로 볼 수 있습니다.

건축물현황에서는 건물의 용도뿐만 아니라 면적도 알 수 있는데, 면적은 제곱미터(㎡)로 표시되며, 제곱미터가 아닌 평수로 알고 싶다면 포털 사이트에 '넓이 변환'이라고 검색하여 나온 계산기를 이용하면 됩니다. 전세자금대출 상품 중에는 대출 조건으로 임차 전용면적이 정해져 있는 경우가 있는데 건축물대장의 건축물 현황에서 면적을 확인하면 됩니다.

단위변환									
길이	*넓이*	무게	부피	온도	압력	속도	연비	데이터양	시간

제곱미터 (m²) → 평

85 m² = 25.7125평

❺ 소유자 현황

건축물대장에 있는 소유자에 관한 내용은 등기부등본의 내용을 기준으로 합니다. 등기부등본의 소유자와 같은지 확인합니다.

위반 건축물이란?

위반 건축물은 건축법 등의 위반 사항이 있는 건물을 말하는 것으로 관련 기관에 적발이 되면 시정명령이 내려지면서 건축물대장 상단에 '위반 건축물'이라는 표시가 붙게 됩니다.

위반 사항의 예로는 근린생활시설이나 주택이 아닌 곳을 주거용으로 개조하여 사용하는 경우, 다중주택에 취사 시설을 설치하는 등 용도에 어긋나게 개조한 경우, 방을 쪼갠 경우, 베란다에 새시(경량 철골 등)로 기둥을 세우고 지붕(조립식 패널이나 아크릴판 등)을 씌운 경우, 베란다를 확장하여 주거 공간 등으로 사용하는 경우, 건물 옥상에 옥탑방을 만들거나 계단탑 및 물탱크실을 주거용으로 사용하는 경우 등이 있습니다.

예시) 위반 건축물의 경우 건축물대장 상단에 '위반 건축물'이라는 표시가 붙습니다.

일반건축물대장(갑)						위반 건축물			

고유번호		민원24접수번호		명칭			호수/가구수/세대수		
△△△△△△-△△△△△		△△△△△△-△△△△△		○○빌딩			3호/0가구/7세대		

대지위치			지번		도로명주소				
○○시 ○○구 ○○동			□□□-□		○○시 ○○로 ○○○-○○				

※대지면적		연면적		※지역		※지구		※구역	
269 ㎡		852.35 ㎡		2종일반주거지역					

건축면적		용적률 산정용 연면적		주구조		주용도		층수	
151.17 ㎡		633.37 ㎡		철근콘크리트조		공동주택, 제2종근린생활시설		지하 1층/지상 5층	

※건폐율		※용적률		높이		지붕		부속건축물	동
60.3 %		246 %		17 m		평스라브			㎡

※조경면적		※공개 공기·공간면적		※건축선 후퇴면적		※건축선 후퇴거리			
㎡		㎡		㎡					m

건축물현황					소유자 현황				
구분	층별	구조	용도	면적 (㎡)	성명(명칭) 주민(법인)등록번호 (부동산등기용등록번호)	주소	소유권 지분	변동일	변동원인
주1	지1층	철근콘크리트조	주차장		홍길동	서울특별시 관악구 신림동			
주1	1층	철근콘크리트조	제2종근린생활시설	159.13	611016-1******				
주1	2층	철근콘크리트조	제2종근린생활시설	159.13					
주1	3층	철근콘크리트조	다세대주택 (3세대)	159.13					
주1	4층	철근콘크리트조	다세대주택 (3세대)	129.13					
주1	5층	철근콘크리트조	다세대주택 (1세대)	106.41					

계약하려는 집이나 해당 층이 위반 건축물로 등재된 경우 전세보증금 반환보증의 가입이 불가능하고, 전세자금대출을 이용하기도 어렵습니다. 만약 이러한 집을 계약한다면 나중에 임대차 계약이 만료되었을 때 다음 세입자를 찾기 어려워 임차보증금을 돌려받는데 문제가 생길 수 있으므로 피하는 것이 좋습니다.

계약할 당시 위반 건축물로 등재되지는 않았지만 계약하려는 집에 문제가 있다면 나중에 위반 건축물로 등재될 가능성이 있으므로 내가 들어갈 집이 앞에서 예시로 든 위반 사항에 해당되는 부분은 없는지, 불법 증축된 공간은 아닌지 직접 눈으로 확인해보고 건축물대장의 내용과 비교해보면서 꼼꼼하게 따져보는 것이 필요합니다.

CHAPTER 05

전세보증금이 적정한 금액인지
알려주는 전세가율

전세가율이란?

전세가율은 주택의 매매가격에 대비한 전세가격의 비율을 말합니다.

전세가율을 따져야 하는 이유

세입자로 살면서 임차보증금의 반환이 어려워지는 상황에는 여러 가지가 있겠지만 크게 다음의 두 가지로 볼 수 있습니다.

첫 번째 경우는 임대차 계약 만료 후 집주인이 임차보증금을 돌려주지 않는 경우입니다. 다음 임차인이 구해지는 것과 상관없이 집주인은 임대차 계약이 만료된 세입자의 임차보증금을 돌려줘야 할 의무가 있지만, 보통 다음 임차인의 임차보증금을 받아서 임대차 계약이 만료된 세입자에게 임차보증금을 돌려주게 됩니다. 그런데 다음 임차인이 구해지지 않는다거나 집주인이 수중에 돈이 없다면서 임차보증금을 돌려주지 않았을 때, 세입자가 전세보증금 반환보증에 가입했다면 보증회사에 보험금을 청구해서 임차보증금을 돌려받는 방법도 있겠지만, 전세보증금 반환보증에 가입하지 않았다면 지급명령을 신청하거나 임대차보증금반환청구소송을 진행해야 하며, 이 방법으로도 해결이 되지 않았을 때 해당 주택을 경매에 넘기는 방법을 선택할 수 있습니다.

두 번째 경우는 집주인이 해당 주택을 담보로 돈을 빌려 근저당권을 설정했는데 돈을 갚지 않거나 이자가 연체되어 집이 경매에 넘어가거나 집주인이 세금을 체납하여 집이 공매로 넘어가는 경우입니다.

여러 가지 이유로 임차한 집이 경매가 됐을 때 세입자가 임차보증금을 되도록 온전히 되찾을 수 있으려면 해당 주택이 경매에서 팔린 가격(낙찰가)이 임차보증금을 돌려줄 정도로 충분해야 하는데, 보통 주택 시세의 70~80% 정도의 가격에 낙찰이 되고, 상황에 따라서는 이보다 더 낮은 가격에 낙찰될 수도 있습니다.

이때 주택의 매매가와 세입자의 전세보증금(또는 근저당과 전세보증금의 합) 간에 차이가 크지 않아, 즉 매매가 대비 전세보증금(또는 근저당과 전세보증금의 합)의 금액이 커서(전세가율이 높아) 전세보증금보다 낙찰가가 낮다면 전세보증금을 온전히 찾지 못하고 손해가 발생하게 됩니다.

그러므로 임차할 집을 구할 때는 해당 주택의 매매가를 알아보고, 전세보증금이 매매가 대비 적당한 금액인지 전세가율을 따져본 후 집을 선택하는 것이 전세보증금이 위험해질 수 있는 상황이 닥쳤을 때 손해를 최소화할 수 있는 방법입니다.

전세가율 계산하기

계산식	전세가율(%) = $\dfrac{전세보증금 + 선순위\ 채권}{부동산\ 시세\ (주택의\ 매매가)} \times 100$

예를 들어 집의 매매가가 1억 원이고 전세보증금이 8천만 원이라면, 이 집의 전세가율은 80%가 됩니다.

부동산 시세 (주택의 매매가)

아파트나 오피스텔의 경우 한국부동산원에서 운영하는 '부동산테크' 사이트나 KB국민은행에서 운영하는 '리브부동산' 사이트에서 제공하는 매매 시세를 참고하거나 공인중개사를 통해서 확인합니다.

> 한국부동산원의 '부동산테크' 사이트 - http://www.rtech.or.kr
> KB국민은행의 '리브부동산' 사이트 - https://kbland.kr

단독 주택이나 빌라는 매매가 활발하지 않고, 건축연도나 구조, 방향, 주차장이나 엘리베이터 유무 등에 따라서도 매매가가 달라지기 때문에 시세 파악에 어려운 면이 있습니다.

그러므로 공인중개사를 통해서 매매가를 파악하되, 한 명의 이야기만 듣지 말고 **여러 명의 공인중개사를 만나서 확인하는 것이 좋고**, 전셋집을 구하더라도 현재 보고 있는 집과 비슷한 조건의 집을 매매로 할 경우 얼마 정도 하는지 물어보아 그 주택의 매매가를 유추해 봅니다.

빌라의 경우 국토교통부의 실거래가 공개시스템 사이트에 들어가서 같은 건물에 있는 면적이 같은 집이나 건축연도와 층수, 면적이 비슷한 주변 빌라들 중에서 가장 최근에 매매된 거래가 있는지 보고, 그 실거래가를 통해서 유추해 볼 수도 있습니다.

> 국토교통부 실거래가 공개시스템 - http://rt.molit.go.kr

전세보증금

⚙ 세입자가 나 혼자인 경우 (예) 다세대주택)

계산식에 내 임차보증금을 넣어 계산합니다.

⚙ 다수의 세입자가 있는 경우 (예) 다가구주택)

계산식에 선순위 세입자들의 임차보증금 총액과 내 임차보증금을 더한 금액을 넣어 계산합니다. 선순위 세입자들의 임차보증금은 해당 주택의 관할 주민센터에 방문하여 '확정일자 부여현황'의 열람을 통해 확인이 가능하지만 계약 전에 확인하기 위해서는 집주인의 동의서 등의 서류가 필요합니다.

선순위 채권

선순위 채권은 해당 주택의 등기부등본을 확인했을 때 을구에 기재되어 있는 근저당권을 말합니다. 등기부등본에 이미 기재되어 있으면 권리관계상 순위가 앞서기 때문에 '선순위(순위가 앞선다)'라는 표현을 쓰는 것입니다. 선순위 근저당권이 있다면 근저당권의 채권최고액을 계산식에 포함하여 계산합니다.

어떤 집이 위험군일까?

전세가율은 낮을수록 안전한 집이며, 보통 전세가율이 60% 정도일 때 적정하다고 보고 있습니다. 전세가율이 여기서 더 넘어가는 집, 집의 매매가와 임차보증금이 같은 집, 매매가보다 임차보증금의 금액이 더 높은 집은 위험한 집입니다.

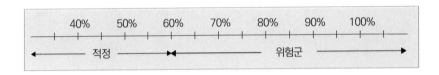

뉴스나 인터넷에서 '깡통주택'이나 '깡통전세'라는 단어를 들어본 적이 있으실 겁니다. 이러한 용어들은 전세가율과 관련된 용어입니다.

깡통주택은 주택담보대출금(집주인이 자신의 주택을 담보로 잡고 금융기관에서 빌린 돈)과 전세보증금을 합친 금액이 주택의 현재 매매가격의 80%를 넘어 집주인이 집을 팔아도 대출금이나 세입자의 전세보증금을 반환해주지 못하는 주택을 말하며, 깡통전세는 깡통주택에 전세로 들어가 있거나 그 집에 대출이 없더라도 매매가와 전세가의 차이가 근소하거나 전세가가 매매가보다 높아 전세보증금을 날릴 위험이 있는 전셋집을 말합니다. 전세가율이 80~90% 정도로 높은 집은 그 집의 매매가가 떨어지면 깡통주택이 되기 쉬우므로 주의해야 합니다.

깡통주택이나 깡통전세와 관련해서 '갭 투자'라는 용어를 볼 수 있는데 갭 투자란 주택의 매매가격과 전세가격 간의 차액이 적은 집을 전세세입자를 끼고 매매가와 전세가의 차액만큼의 금액으로 집을 산 뒤, 나중에 전세보증금을 올려 받거나 집값이 올랐을 때 집을 팔아 차익을 얻는 방식입니다.

예를 들면 어떤 주택의 매매가가 2억 원이고 전세가가 1억 9천만 원이라면 천만 원을 지불하고 2억 원의 집을 소유하게 되는 식입니다.

적은 금액을 가지고 집을 산 갭 투자자는 자금 여력이 넉넉하지 않을 가능성이 크기 때문에 다음 임차인을 구하지 못했을 때 임대차 계약이 만료된 세입자에게 임차보증금을 돌려주는 게 쉽지 않게 되며, 매매가와 전세가의 차이가 적기 때문에 깡통주택이 될 위험이 높습니다.

다가구주택의 경우, 해당 주택에 근저당권이 설정되어 있지만 주택의 매매가가 높고 현재 입주하고 있는 세입자가 월세 세입자라서 임차보증금의 합이 그렇게 크지 않기 때문에 집이 경매에 넘어가게 되어도 보증금이 위험할 일이 없다고 해서 믿고 전세계약을 했는데, 알고 보니 선순위 세입자들이 대부분 전세로 살고 있었고, 선순위 세입자들의 임차보증금과 근저당의 합이 매매가를 넘어서는 깡통주택인 경우가 있으므로 잘 알아보고 계약해야 합니다.

계약 전 들었던 설명의 예

깡통주택인 다가구주택의 실제 상황

신축 빌라의 경우, 모든 신축 빌라에서 전세 사기가 발생하는 것은 아니겠지만, 빌라를 분양받으려는 수요(구매하려는 수요)는 적은 반면 전셋집을 구하는 수요는 많고, 지어진지 얼마 되지 않은 신축 빌라는 시세를 명확하게 파악하는 것이 어렵기 때문에 투자 자금을 회수해야 하는 건축업자가 컨설팅 직원이나 공인중개사를 고용해 전셋집을 구하는 사람들에게 다음과 같은 방식으로 전세 사기를 친다고 합니다.

먼저 다음에 나오는 '예시'와 같이 분양가(매매가)를 시세보다 높게 잡고 전세가도 높게 잡아 전세가가 실제 매매가보다 높은 깡통 전세로 만들어 놓습니다.

- 실제 빌라 매매가: 2억 3천만 원
- 설정된 분양가: 3억 원 → 실제 매매가보다 높게 분양함
- 설정된 전세가: 2억 6천만 원 이상 → 실제 매매가보다 높은 전세가

- 실제 빌라 매매가: 2억 3천만 원
- 설정된 분양가: 2억 6천만 원 → 실제 매매가보다 높게 분양함
- 설정된 전세가: 2억 6천만 원 이상 → 분양가 이상으로 설정된 전세가

빌라의 매매가를 알아보지 않아 전세가가 적정한 금액인지 알지 못하고 계약하는 경우도 있고, 전세가가 분양가(매매가)와 같거나 그보다 높다는 것을 알게 되어 높은 전세가에 계약하는 것을 주저하면 컨설팅 직원이나 공인중개사가 대출이 많이 나오는 상품을 소개해주기도 하고, 안심전세대출이 가능한 은행을 소개해준다고 얘기합니다.

그리고 대출이자를 현금으로 주겠다고 하거나 입주 지원금이나 이사비 등을 지원해 준다던가 중개 수수료를 안 받겠다는 제안을 하기도 하고, 전세보증금을 날릴까 봐 걱정이 된다면 전세보증금 반환보증에 가입하면 괜찮다고 하거나 집주인이나 건축주가 전세보증금 반환보증을 들어줄 테니 안심해도 된다는 이야기를 합니다.

또는 집주인이 몇 십 채 또는 몇 백 채의 주택을 가진 자산가라 전세보증금 반환을 걱정하지 않아도 된다고 하거나 전세 계약 후에 집주인이 바뀔 예정이라는 이야기를 하기도 합니다.

그러면 임차인의 입장에서는 전세보증금은 계약 만료 후 다시 돌려받게 될 돈이고, 전세보증금이 분양가(매매가)와 같거나 그보다 높은 금액이라도 대출이 가능하다면 신축 건물에서 살 수 있고, 대출이자를 지원받으면 다달이 내야 하는 대출이자의 부담에서 벗어날 수 있으며,

전세보증금 반환보증에 가입하면 나중에 집주인이 전세보증금을 돌려주지 않더라도 보증회사로부터 받을 수 있기 때문에 안심하고 계약을 하게 되는데, 그 후에 문제가 발생하는 부분은 다음과 같습니다.

첫째, 집주인의 변제 능력과 관련하여 전세보증금 반환에 문제가 생길 수 있습니다. 계약 당시 집주인이 몇 십 채 혹은 몇 백 채의 주택을 가졌다는 얘기를 들었을 경우, 집주인이 자산가라 생각할 수도 있지만 사실은 갭 투자 방식으로 적은 비용만 가지고 집을 여러 채 구매한 것일 뿐 실제로는 자금 여력이 별로 없는 사람일 수도 있고, 매매가와 전세가가 같아 갭이 없는 집에 자신의 명의만 빌려준 바지임대인인 경우도 있습니다.

이 경우 임대차 계약 만료가 다가와 임차인이 집주인에게 연락을 했는데 집주인과 연락이 안 된다든가, 연락은 됐으나 전세보증금을 돌려줄 돈이 없으니 다음 세입자를 구해서 전세보증금을 받아가든지 돈을 더 얹어서 집을 사가든지 경매로 넘기든지 알아서 하라는 얘기를 듣게 될 수도 있습니다. 그러나 이미 주변 빌라의 매매가나 전세 시세보다 높은 전세가로 들어온 깡통전세이기 때문에 다음 세입자를 구하는 게 어려워지고 집을 경매로 넘기더라도 손해가 발생하게 됩니다. 또는 집주인이 세금을 체납하여 집이 압류되어 다음 세입자를 구하는 게 어려워지거나 공매가 되는 사례도 있습니다.

계약 후에 집주인이 바뀌는 경우, 계약 시 미리 그 사실을 얘기하는 경우도 있고, 임대차 기간 중에 임차인 모르게 집주인이 바뀌는 경우도 있는데, 변제 능력이 없는 사람으로 주택의 소유자를 변경하여 이전 집주인은 전세보증금 반환 의무에서 벗어나거나 임차인의 대항력이 생기기 전에 집주인이 바뀌면서 새로운 집주인이 집을 담보로 빚을 내고 잠적하는 식으로 전세 사기를 치기도 합니다.

임차인이 임대차 계약 기간 중에 등기부등본을 열람해보지 않는다면 계약 만료가 다가와 집주인에게 연락했을 때야 비로소 집주인이 바뀐 사실을 알게 되는데, 자신은 이제 집주인이 아니니 새로운 집주인에게 전세보증금을 받으라는 얘기를 듣게 되거나 집주인과 연락이 되지 않아 새로운 집주인의 연락처를 알아내는 것에서부터 난관에 부딪치는 경우도 있고, 새로운 집주인의 연락처를 알게 되어도 연락이 안 되거나 연락은 됐으나 자신은 전세보증금을 돌려줄 능력이 없어 못 돌려준다는 얘기를 듣게 될 수도 있습니다.

둘째, 집주인이 보증금을 돌려주지 않았을 때 대비책으로 생각한 전세보증금 반환보증의 가입과 관련하여 문제가 생길 수 있습니다.

전세보증금 반환보증은 임대차 계약 만료 후 집주인이 전세보증금을 돌려주지 않을 때 보증회사에서 임차인에게 보험금을 지급한 후 임차인을 대신하여 임대인에게 전세보증금의 반환을 청구하는 상품입니다. 전세보증금 반환보증은 전입신고 후에 신청이 가능하며, 보증회사의 심사를 통과해야 가입이 가능한데, 해당 주택이 보증 조건에 부합하지 않거나 집주인이 보증회사의 블랙리스트로 올라가 있어서 가입하지 못하는 일이 발생할 수 있습니다.

전세보증금 반환보증에 관한 내용은 151쪽에서 자세히 다루고 있습니다.

셋째, 전세보증금 반환보증에 가입해서 안심하고 있었는데 절차상의 이유 등으로 보험금의 지급이 보류되거나 거절되는 상황이 발생할 수 있습니다.

예를 들면 전세보증금 반환보증 가입 후 집주인이 변경됐다면 보증회사와 상담을 하여 보증상품의 내용을 변경해야 하는데 그렇게 하지 못한 경우나 보험금을 청구하기 위한 절차를 잘 알지 못하거나 집주인의 잠적으로 시기적절하게 준비해야 하는 서류를 갖추지 못한 경우 등이 있습니다. 그리고 임차인이 전입신고를 한 날에 새로운 집주인으로 변경된 경우(소유권 이전) HUG 주택도시보증공사에서는 임차인의 대항력이 생기기 전에 주택의 소유자가 변경됐기 때문에 대항력이 없다고 판단하여 보험금 지급을 보류한 적이 있었는데, 공익성을 외면하고 있다는 비판이 일자 승계 증빙서류를 갖춘 사람에 한해서 보험금을 지급하고 있다고 합니다.

✍ 대항력에 대해서는 70쪽에서 자세히 다루고 있습니다.

이러한 전세 사기는 시세를 파악하기 어려운 신축 빌라에서 자주 발생하지만 구축 빌라에서도 비슷한 유형의 사기가 발생하기도 합니다.

그러므로 전셋집을 구할 때는 해당 주택의 매매가를 알아보고 전세가가 적정한지 전세가율을 따져보는 것이 가장 중요하고, 임대차 계약 전에 전세보증금 반환보증의 가입이 가능한 집인지 해당 주택의 주소를 가지고 보증회사에 문의하는 것이 좋습니다.

계약금을 지불하기 전과 잔금을 지불하기 전에 등기부등본을 직접 열람하여 주택의 소유자가 변경되지는 않았는지, 권리관계에 변동 사항은 없는지 확인하고, 이사하는 날에 전입신고를 하고 그 다음 날에 대항력이 생길 때까지 등기부등본에 변경된 사항은 없는지, 임차인의 권리보다 앞서는 권리가 새로 생기지 않았는지 확인해야 합니다.

그리고 전세보증금 반환보증에 가입한 후 임대차 기간 동안에도 수시로 등기부등본을 열람해보고, 만약 주택의 소유자가 바뀌거나 권리 사항이 변경되었을 때는 보증회사와 상담을 하고, 보험금을 청구하는 방법이나 절차를 미리 잘 알아두었다가 보험금을 청구해야 하는 상황이 발생했을 때 필요한 서류들을 잘 갖춰서 보험금을 신청한다면 큰 손해 없이 전세보증금을 찾을 수 있을 것입니다.

방금 설명한 내용들이 당장은 이해되지 않을 수 있지만 이러한 내용들을 이해할 수 있는 내용이 뒤에 자세히 나올 예정이기 때문에 차근차근 책을 읽어나가면서 이해하시면 되고, 여기서는 깡통주택에 임대차 계약을 할 경우 임차보증금이 위험해지므로 주택의 매매가를 꼭 알아보고 적정한 전세가로 계약해야 한다는 점을 주의하시면 되겠습니다.

☠️ **사기 수법**	집주인이 집의 시세에 비해 과도하게 주택담보대출을 받아 깡통주택인 집을 주변 전세 시세보다 훨씬 싼 가격에 전세로 내놓은 뒤 임차인의 전세보증금을 가로채고 일부러 대출이자를 연체해 집을 경매에 넘기는 경우가 있었습니다.
	매매가와 같은 금액의 전세가로 임차인을 받은 후, 잔금일에 바지임대인에게 소유권을 넘기는 전세 사기가 있습니다. 새로운 집주인은 임차인의 전입신고와 확정일자의 효력이 발생하기 전에 집을 담보로 대출을 받은 후 잠적했고, 이 집은 경매에 넘어가게 되었습니다.
	한 갭 투자자가 300채의 집을 소유하고 있다가 집값이 떨어지자 세입자들에게 손실을 떠넘기려고 고의로 경매 신청을 한 경우가 있었습니다. (동탄 갭 투자자 300채 경매 신청 사건)
	서울 강서구·관악구·은평구 등에 총 500채가 넘는 빌라를 소유하여 임대 사업을 한 세 모녀가 집의 매매가보다 높은 전세가로 집을 임대한 후 전세 계약이 만료된 세입자들에게 전세보증금을 돌려주지 않고 잠적하여 세입자들이 피해를 본 전세 사기 사건이 있었습니다. (세 모녀 빌라 500채 전세 사기 사건)
🛡️ **방지법**	☑ 임대차 계약을 하기 전에 해당 주택의 매매가를 파악하여 전세가율을 꼭 따져보고 전세가율이 높은 집은 계약하지 않습니다.
	☑ 전세 계약을 하기 전에 전세보증금 반환보증의 가입이 가능한지 보증회사에 문의합니다. 만약 가입이 불가능한 집이라면 보증회사에서도 보증금 회수가 어려운 집이라고 판단한 것이므로 계약하지 않는 것이 좋습니다.
	☑ 전세보증금이 주변 전셋집들의 전세보증금에 비해 많이 낮거나 높다면 문제가 있는 집일 수 있으니 꼼꼼하게 따져봅니다.

CHAPTER 06

내 보증금을 지키기 위해 꼭 알아야 하는 주택임대차보호법

전세나 월세로 집을 구했을 때 전입신고를 하고 확정일자를 받아야 한다는 것을 많은 분들이 알고 계실 것입니다. 하지만 전입신고와 확정일자가 어떤 역할을 하는지 자세한 내용은 모르거나, 이 두 가지를 갖추기만 하면 임차보증금이 무조건 안전할 것이라고 알고 계시는 분도 있으리라 생각합니다.

전입신고와 확정일자가 내 임차보증금을 지키는 데 어떤 역할을 하는지, 임차인으로서 꼭 알고 있어야 할 주택임대차보호법과 그와 관련된 이야기를 해보도록 하겠습니다. 주택임대차보호법에는 임차인의 권리를 지켜주기 위한 장치들이 마련되어 있는데, 그 중에서 먼저 '대항력'에 대해서 알아보겠습니다.

대항력이란?

> **주택임대차보호법 제3조(대항력 등)**
>
> ① 임대차는 그 등기(登記)가 없는 경우에도 임차인(賃借人)이 주택의 인도(引渡)와 주민등록을 마친 때에는 그 다음 날부터 제삼자에 대하여 효력이 생긴다. 이 경우 전입신고를 한 때에 주민등록이 된 것으로 본다.
> ④ 임차주택의 양수인(讓受人)(그 밖에 임대할 권리를 승계한 자를 포함한다)은 임대인(賃貸人)의 지위를 승계한 것으로 본다.

| 대항력의 정의

| 임차인이 대항력을 주장할 수 있는 사람 | 제삼자에 대하여 효력이 생긴다. |

대항력은 임차인이 임차보증금 전액을 반환받을 때까지 집을 비워주지 않고 계속 거주할 수 있음을 제삼자에게 주장하고 대항할 수 있는 힘을 말합니다. 여기서 '제삼자'란 임대차 계약을 한 집이 매매나 상속, 증여 등으로 집주인이 바뀌었을 때 새로운 집주인(임차주택의 양수인) 또는 집을 임대할 권리를 승계한 사람, 그 밖에 임차주택에 관해 이해관계가 있는 사람을 뜻합니다.

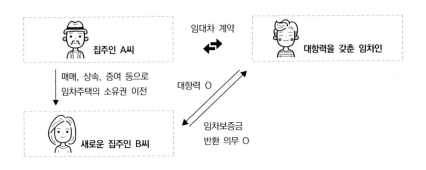

예를 들어, 임차인이 집주인 A씨와 임대차 계약 후 대항력을 갖췄다면 임대차 기간 중에 해당 주택이 매매나 상속, 증여 등으로 집주인이 A씨에서 B씨로 바뀌었을 때 새로운 집주인 B씨가 집주인 A씨의 임대인의 지위를 승계한 것으로 보기 때문에(주택임대차보호법 제3조 4항) 임차인은 새로운 집주인 B씨에게 임차보증금의 반환을 요구할 수 있고, 임차보증금을 반환받지 못했다면 주택을 인도하지 않아도 됩니다. 이렇게 임차인이 대항력을 가지고 있다면 제삼자에게 임차인으로서의 권리를 주장할 수 있는 것입니다.

| 대항력에 따른 임대인의 지위 승계

대항력을 갖춘 임차인이 있는 주택이 매매나 상속, 증여 등으로 소유자가 변경되는 경우, 임대차 계약에 따른 임대인으로서의 권리나 의무를 새로운 집주인이 그대로 이어받으며, 이러한 승계는 법률의 규정에 따른 승계이므로 그 지위의 승계에 임차인의 동의를 받거나 통지가 필요한 것은 아닙니다(대법원 95다35616).

하지만 새로운 집주인이 임대인의 지위를 승계하는 것을 임차인이 원하지 않으면 임대차 계약을 해지할 수 있는 선택권이 있습니다.

이때 임차인이 승계를 인정하면 임차보증금의 반환 의무는 새로운 집주인인 B씨에게 넘어가는 것이고, 승계를 거부하면 계약은 해지되며 임차보증금의 반환 의무는 이전 집주인인 A씨에게 있게 됩니다.

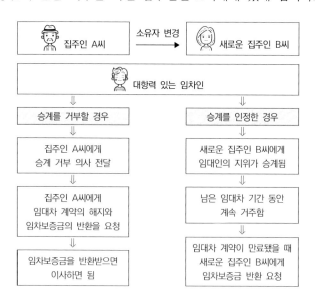

이렇게 승계 인정 여부에 따라서 임차보증금을 반환해야 하는 사람이 달라지기 때문에 어떤 선택이 임차보증금의 반환에 유리한지 잘 따져 봐야 합니다. 왜냐하면 임차보증금을 돌려줄 능력이 없는 사람에게 소유권을 넘겨서 이전 집주인은 임차보증금의 반환 의무에서 벗어나고 결국 임차인이 피해를 보게 되는 전세 사기 유형이 있기 때문입니다.

⚙ 대항력을 갖춘 임차인이 새로운 임대인의 승계를 거부하는 경우

대항력을 갖춘 임차인이 새로운 집주인이 임대인의 지위를 승계하는 것을 원하지 않는 경우, 즉 새로운 집주인과 남은 임대차 계약을 이어 나가고 싶지 않은 경우에는 이전 집주인(A씨)에게 이의를 제기하고 임대차 계약 해지 및 임차보증금의 반환을 요구할 수 있습니다.

이때 임대차 계약은 새로운 집주인에게 승계되지 않으며 임차보증금의 반환 의무는 이전 집주인에게 있게 됩니다(대법원 2001다64615).

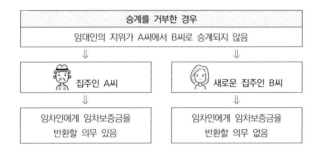

임차인은 집주인이 변경된 사실을 **안 날로부터** 상당한 기간 내에 이전 집주인에게 이의 제기를 해야 하는데, 여기서 상당한 기간이라 함은 '2주 전후'라고 보면 되지만 최대한 빠를수록 좋습니다. 왜냐하면 집주인이 바뀐 것을 알면서 수개월 동안 가만히 있었다면 승계를 인정한 것으로 보기 때문입니다.

이의를 제기하는 방법은 문자나 카카오톡 메시지, 내용증명을 보내면 되고, '새로운 임대인이 임대인의 지위를 승계하는 것을 원하지 않으므로 임대차 계약을 해지하고 집을 인도할 테니 임차보증금을 돌려달라.'는 내용으로 통지하면 됩니다.

⚙ 대항력을 갖춘 임차인이 새로운 임대인의 승계를 인정하는 경우

새로운 집주인이 임대인의 지위를 승계하는 것을 인정하여 남은 임대차 기간 동안 그 집에 사는 것을 선택한 경우에는 새로운 집주인이 보증금 반환 의무를 지게 되므로 임차인은 임대차 기간이 만료했을 때 새로운 집주인에게 임차보증금의 반환을 요청하면 됩니다.

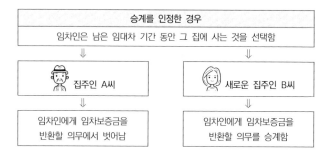

이 경우 새로운 집주인과 계약서를 다시 작성하지 않아도 되며, 확정일자를 받은 기존의 임대차 계약서에 새로운 집주인의 인적 사항과 함께 집주인이 바뀌었다는 내용만 추가해 잘 가지고 있으면 됩니다.

만약 새로운 계약서를 작성하게 된다면 임차인은 새로운 계약서에 새 확정일자를 받지 않도록 주의해야 하며, 기존에 확정일자를 받아두었던 계약서와 함께 잘 보관해두면 됩니다.

그리고 전세자금대출을 받았거나 전세보증금 반환보증에 가입했다면 은행이나 보증회사에 집주인이 바뀐 사실을 알려야 합니다.

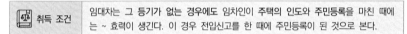

주택임대차보호법 제10조(강행규정)

이 법에 위반된 약정(約定)으로서 임차인에게 불리한 것은 그 효력이 없다.

만약 이전 집주인과 새로운 집주인이 임차인에 대한 권리와 의무를 승계하지 않는다는 특약이 포함된 매매 계약을 체결했다고 하더라도 이 약정은 주택임대차보호법에 위반되고 임차인에게 불리한 약정이므로 그 효력이 없기 때문에(주택임대차보호법 제10조) 새로운 집주인에게 임대인으로서의 권리와 의무가 승계됩니다.

| 대항력을 취득하기 위한 조건

취득 조건

임대차는 그 등기가 없는 경우에도 임차인이 주택의 인도와 주민등록을 마친 때에는 ~ 효력이 생긴다. 이 경우 전입신고를 한 때에 주민등록이 된 것으로 본다.

임대차 계약은 계약 내용이 해당 주택의 등기부등본에 기재되지 않지만 임차인이 주택임대차보호법에서 정하는 요건을 충족한다면 대항력을 얻게 됩니다.

그 요건이란 '주택의 인도'와 '주민등록'인데, '주택의 인도'는 실제로 이사하는 것뿐만 아니라 이사하지 않아도 주택의 소유자로부터 현관이나 대문의 열쇠를 받거나 비밀번호를 받는 것도 포함됩니다(대법원 2017다212194). '주민등록'은 전입신고를 말합니다. 전입신고는 하나의 세대에 속하는 전원 또는 그 일부가 새로운 거주지로 이동한 경우에 그 전입한 거주지의 시·군·구에 전입사실을 알리는 신고입니다.

반대로, 살던 곳에서 나오는 것은 '퇴거신고'라고 하는데, 새로운 거주지로 전입신고를 하면 이전에 살던 곳에서는 자동으로 퇴거가 되므로 별도로 퇴거신고를 할 필요는 없습니다.

대항력은 취득 조건인 주택의 인도와 주민등록이 다 갖춰졌을 때 발생하기 때문에, 입주하기 전에 미리 전입신고를 한다거나 또는 그 집에 살고 있지만 전입신고를 하지 않았다면 대항력이 생기지 않습니다.

| 대항력의 효력 발생 시점

효력 발생 시점	주택의 인도와 주민등록을 마친 때에는 그 다음 날부터 제삼자에 대하여 효력이 생긴다.

대항력은 대항요건인 '주택의 인도(이사, 점유)'와 '주민등록(전입신고)'을 충족한 날 바로 효력이 생기지 않고, 두 요건을 모두 갖춘 날의 다음 날 0시부터 효력이 발생합니다.

경우1)

주택인도	05.01.
전입신고	05.01.

⇓

대항력 발생	05.02. 0시

주택을 인도한 날에 바로 전입신고를 했다면 다음 날 0시에 대항요건의 효력이 발생합니다.

경우2)

주택인도	05.01.
전입신고	05.06.

⇓

대항력 발생	05.07. 0시

주택의 인도와 전입신고를 한 날이 다르다면 늦은 날짜를 기준으로 해서 다음 날 0시에 대항요건의 효력이 발생합니다.

경우3)

	주택인도	없음
	전입신고	05.01

⇓

	대항력 발생	대항력 발생 안 함

이사는 안 하고 전입신고만 한 경우 대항요건 중 하나가 결여되었으므로 대항력이 없고 주택임대차보호법의 보호를 받지 못합니다.

경우4)

	주택인도	05.01
	전입신고	없음

⇓

	대항력 발생	대항력 발생 안 함

이사는 했으나 전입신고를 안 한 경우 대항요건 중 하나가 결여되었으므로 대항력이 없고 주택임대차보호법의 보호를 받지 못합니다.

| 대항력의 유지 조건

대항력은 대항요건인 '주택의 인도(이사, 점유)'와 '주민등록(전입신고)' 상태를 계속 유지해야 효력이 유지됩니다. 만약 중간에 이사를 가거나 다른 곳에 전입신고를 하여 주민등록이 변경된다면 기존에 가지고 있던 대항력의 효력은 사라지게 됩니다. 그러므로 임차보증금 전액을 돌려받을 때까지 대항요건을 유지해야 합니다.

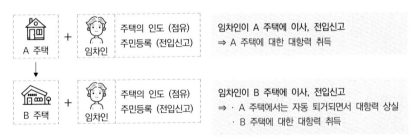

만약 임대차 계약이 만료된 후 임차보증금을 돌려받지 못했지만 어쩔 수 없이 이사를 가야해서 대항요건을 유지하지 못하는 상황이라면 어떻게 해야 할까요?

이때는 '임차권등기명령'을 신청하여 그 효력이 발생하면 내가 가지고 있는 대항력과 우선변제권의 효력이 유지되므로 다른 곳으로 이사를 가도 내 권리를 지킬 수 있습니다. 이와 관련된 내용은 뒤에 '임차권등기명령' 부분에서 자세히 설명하도록 하겠습니다.

| 주택 유형별 전입신고 시 주의할 점

다가구주택

- 건물 전체로 등기되어 있습니다.
- 해당 주택의 지번이 정확하다면 그 전입신고는 유효하며 대항력을 취득하게 됩니다.

다가구주택이나 단독주택의 경우, 건물 전체로 등기되어 있고, 건물 안에 있는 각각의 주거 공간에 임의로 호수를 부여하여 여러 명에게 임대를 한 것이기 때문에 실수로 계약서에 계약한 집의 호수를 빠뜨렸다 하더라도 해당 주택의 지번이 정확하다면 그 전입신고는 유효하며 대항력을 취득하게 됩니다(대법원 97다47828).

다세대주택

- 건물 안에 각 호수별로 등기되어 있습니다.
- 지번분만 아니라 동, 호수까지 정확하게 계약서에 기재하고 전입신고를 해야 대항력을 취득할 수 있습니다.

공동주택인 아파트, 연립주택, 다세대주택은 각 호수별로 개별 등기가 되어 있고 소유자도 다 다릅니다. 이때는 지번분만 아니라 동, 호수까지 정확하게 계약서에 기재하고 전입신고를 해야 대항요건으로 유효하며 대항력을 취득할 수 있습니다(대법원 95다48421).

예를 들어 A아파트 102동 203호를 계약했는데 102동 305호나 104동 203호에 전입신고를 하면 안 되겠죠?

구분 등기가 되어 있는 공동주택의 경우 문패의 호수가 등기부등본이나 건축물대장상의 호수와 다를 수 있는데, 이때 공적인 서류인 등기부등본, 건축물대장상의 동, 호수에 맞게 임차하는 것으로 계약서에 기재하고 전입신고를 해야 법적인 보호를 받을 수 있습니다.

| 경매 절차에서 대항력을 주장하기 위한 조건

임차인이 대항요건을 갖췄다면 매매나 상속, 증여로 인해 주택의 소유자가 바뀌어도 새로운 집주인에게 대항력이 있다고 앞에서 설명한 바 있습니다. 하지만 임차한 집이 '경매'라는 특수한 상황에 의해 주택의 소유자가 바뀌게 되어 임차인이 이 집을 낙찰 받은 '낙찰자'라는 새로운 집주인에게 대항력이 있으려면 조건이 하나 더 추가되는데 이에 대해 알아보도록 하겠습니다.

등기부등본에 있는 권리들은 등기접수 날짜순으로 기재되어 있습니다. 권리들 간에 선후관계를 따질 때, 어떤 권리를 기준으로 삼은 후 기준으로 삼은 권리보다 날짜가 앞서서 접수됐다면 '선순위', 늦게 접수됐다면 '후순위'라고 합니다.

'말소기준권리'라는 것이 있는데, 임차인이 대항요건을 갖춘 다음 날(대항요건의 효력발생 시점)이 말소기준권리의 접수날짜보다 빠르면 '선순위 임차인', 늦으면 '후순위 임차인'이라고 합니다.

쉽게 설명하면 해당 주택의 등기부등본에 임차인의 대항요건의 효력발생 시점보다 앞서서 설정된 권리가 없다면 '선순위 임차인'이고, 말소기준권리가 될 수 있는 권리가 임차인의 대항요건의 효력발생 시점보다 먼저 설정되어 있다면 '후순위 임차인'입니다.

임차 주택이 경매가 되어 '낙찰자'라는 새로운 집주인에게 임차인이 대항력이 있으려면 대항요건을 갖춘 다음 날이 말소기준권리보다 빨라야 한다는 조건이 하나 더 추가됩니다. 즉 **선순위 임차인일 때 낙찰자에게 대항력이 있습니다.**

새로운 집주인에게 대항력을 주장하기 위한 조건	일반 거래	· 주택의 인도와 · 주민등록을 마쳤을 때	⇒	그 다음 날부터 제삼자에게 대항력이 있음
	경매 절차	· 주택의 인도와 · 주민등록을 마쳤을 때	⇒	그 다음 날이 말소기준권리보다 빨라야 낙찰자에게 대항력이 있음

선순위 임차인은 경매 절차 후 새롭게 바뀐 집주인인 낙찰자에게 대항력이 있기 때문에 임차보증금의 반환을 요구할 수 있고, 임차보증금을 다 돌려받을 때까지 집을 비워주지 않아도 되는 권리가 있습니다.

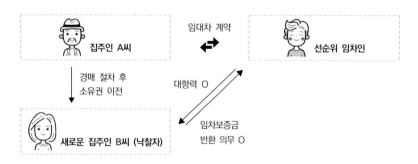

반면, 후순위 임차인은 경매 절차 후 새롭게 바뀐 집주인인 낙찰자에게 대항력이 없기 때문에 임차보증금의 반환을 요구할 수 없고, 배당

을 통해 임차보증금을 다 돌려받지 못했다고 하더라도 집을 비워줘야 합니다. 돌려받지 못한 임차보증금은 전 집주인인 A씨에게 받아야 하지만 주택의 경매가 진행됐다는 것은 A씨에게 경제적인 여유가 없을 가능성이 크기 때문에 임차보증금을 돌려받는 것이 어려워질 수 있습니다.

👆 경매 과정이나 배당에 대해서는 92쪽에서 자세히 다루고 있습니다.

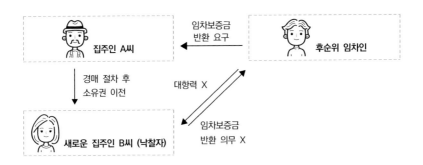

그럼 선순위 임차인과 후순위 임차인을 가르는 기준이 되는 말소기준권리에 대해 알아보도록 하겠습니다.

말소기준권리가 될 수 있는 권리로는 저당권, 근저당권, 압류, 가압류, 경매개시결정, 담보가등기 등이 있으며, 이 중 등기부등본에서 주로 볼 수 있는 말소기준권리는 근저당권, 압류, 가압류입니다.

등기부등본의 갑구에는 소유권에 관한 사항이, 을구에는 소유권 이외에 관한 사항이 각각 등기접수 날짜순으로 기재되어 있는데, 갑구와 을구를 구분하지 않고 해당 주택의 등기부등본에 있는 모든 권리들을 날짜순으로 나열했을 때, 말소기준권리가 될 수 있는 권리들 중에서 날짜가 제일 빠른 권리가 말소기준권리가 됩니다.

예를 들어, 오른쪽 표와 같이 해당 주택
의 등기부등본 갑구에는 소유권과 가압
류, 경매개시결정이 있고, 을구에는 K은
행과 J은행이 설정한 근저당권이 있다고

갑구	2009.01.20	소유권
	2015.04.17	가압류
	2016.05.26	경매개시결정
을구	2012.02.21	근저당권 (K은행)
	2013.05.18	근저당권 (J은행)

가정해 보겠습니다. 이 권리들을 날짜순으로 정렬했을 때 말소기준권리
가 될 수 있는 권리(가압류, 경매개시결정, 근저당권) 중 날짜가 가장
빠른 K은행의 근저당권이 말소기준권리가 됩니다.

갑구	2009.01.20	소유권
	2015.04.17	가압류
	2016.05.26	경매개시결정
을구	2012.02.21	근저당권 (K은행)
	2013.05.18	근저당권 (J은행)

날짜순
정렬
⇒

2009.01.20	소유권	
2012.02.21	근저당권 (K은행)	→ 말소기준권리
2013.05.18	근저당권 (J은행)	
2015.04.17	가압류	
2016.05.26	경매개시결정	

말소기준권리를 찾았다면, 임차인이 대항요건을 갖춘 다음 날이 말소기
준권리의 날짜보다 빠르면 선순위 임차인이고, 늦으면 후순위 임차인이
되는 것입니다.

2009.01.20	소유권	→ 소유권은 집주인이 누구인지를 나타냄
2012.01.10	임차인 A (주택인도, 전입신고)	→ 선순위 임차인 (낙찰자에게 대항력 있음)
2012.02.21	근저당권 (K은행)	→ 말소기준권리
2013.05.18	근저당권 (J은행)	
2014.07.22	임차인 B (주택인도, 전입신고)	→ 후순위 임차인 (낙찰자에게 대항력 없음)
2015.04.17	가압류	
2016.05.26	경매개시결정	

간단히 말해서, 말소기준권리가 될 수 있는 권리가 이미 등기되어 있
는 집을 계약하거나 대항요건의 효력이 발생하기 전에 이러한 권리가
먼저 설정된다면 후순위 임차인이 되는 것이고, 이 집이 경매에 넘어
가는 일이 생긴다면 낙찰자에게 대항력이 없다는 것입니다.

| 대항력의 효력 발생 시점과 관련해서 주의할 점

소유권 이전 등기(집주인이 바뀌는 것)나 근저당권 설정 등은 접수 당일에 효력이 발생하지만 대항력은 대항요건을 모두 갖춘 날의 다음 날 0시에 효력이 발생하는 점을 악용하여 전세 사기나 임차인의 권리 침해가 발생하므로 주의해야 합니다.

다음의 '예시1'과 같이 대항요건(주택인도, 전입신고)을 다 갖춘 날이 근저당권이 접수된 날보다 하루가 빠르다면 임차인의 대항요건의 효력 발생 시점은 요건을 다 갖춘 날의 다음 날 0시이고, 근저당권의 접수 시간은 아무리 빨라도 등기소의 업무 시작 시간인 오전 9시 이후가 될 것이므로 임차인의 대항력이 근저당권보다 앞선다고 봅니다.

예시1)

주택인도	05.01.		근저당권 접수	05.02.
전입신고	05.01.			
⇓			⇓	
대항력 발생	05.02. 0시	vs	근저당권 발생	05.02. 9시~

그러나 '예시2'와 같이 임차인이 대항요건을 갖춘 날과 같은 날에 근저당권이 접수된다면 접수된 날에 바로 효력이 발생하는 근저당권의 날짜가 임차인의 대항력보다 앞서게 됩니다.

예시2)

주택인도	05.01.		근저당권 접수	05.01.
전입신고	05.01.			
⇓			⇓	
대항력 발생	05.02. 0시	vs	근저당권 발생	05.01.

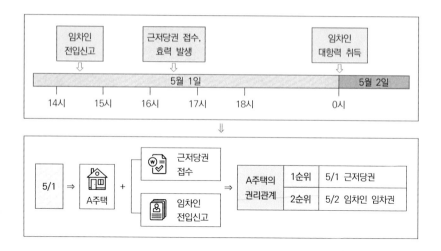

그래서 임차인이 계약할 당시에는 등기부등본의 을구에 근저당권이 없는 것을 확인했고, 이사하는 당일에 전입신고를 했더라도 같은 날 집주인이 대출을 받아 근저당권을 설정하면 후순위 임차인이 되게 됩니다. 만약 이 집이 경매에 넘어가는 상황이 발생한다면 후순위 임차인은 낙찰자에게 대항력이 없으며, 집을 팔아서 나온 돈에서 배당을 받아 임차보증금을 찾으려고 할 때도 근저당권자보다 돈을 받는 순서가 밀리게 됩니다.

그렇기 때문에 임차인이 잔금일에 이사, 전입신고를 한다는 가정 하에 그 다음 날 0시에 대항요건의 효력이 발생하기 전까지 이 주택에 새로운 권리가 설정되는 것을 금지하기 위해 임대차 계약서의 특약사항에 '임대인은 계약 당시 등기부등본상의 권리관계 상태를 잔금일 다음 날까지 유지하기로 하며, 위반 시 계약은 해지되며 임차보증금을 즉시 반환한다.'는 내용의 문구를 넣는 것이며, 잔금일에 등기부등본을 열람하여 변동된 사항이 없는지 확인한 후에 잔금을 지불해야 합니다.

잔금을 지불한 날에는 바로 이사, 전입신고, 확정일자를 받고, 전입신고를 한 다음 날에 등기부등본을 열람하여 임차인의 대항력이 생기기 전에 다른 권리가 설정되거나 변경된 부분은 없는지 확인해야 합니다. 만약 특약사항을 위반하여 새로운 권리가 설정되었다면 집주인에게 계약 해지와 임차보증금의 반환을 주장해야 하며, 법률 전문가와 상담을 하는 등 최대한 빠르게 대책을 강구하고 조치를 취해야 할 것입니다.

이 밖에도 잔금일 전날에 이사 갈 집에 미리 전입신고를 해 놓으면 임차인의 대항력이 생기기 전에 집주인이 근저당권을 설정하는 것을 막을 수 있습니다. 은행에서는 대출을 실행하기 전에 이 집에 임차인이 있지 않은지 확인하기 위해 전입세대열람을 하는데, 임차인이 미리 전입신고를 해 놓으면 그 집에 임차인이 전입한 것을 확인한 은행이 대출 절차를 중단하기 때문입니다.

단, 이 방법을 사용하기 위해서는 2가지 전제 조건이 필요합니다. 첫 번째 조건은 아래의 '경우1'과 같이 현재 같이 살고 있는 다른 세대원이 있어서 세대원의 주민등록은 현재 거주지에 남겨두어 기존에 살고 있는 집의 대항력을 유지할 수 있을 때 사용 가능합니다.

경우1)

현재 거주지 + 세대주 A씨 세대원 B씨 → 현재 거주지에 세대주인 A씨와 세대원인 B씨가 거주하고 있음

이사 갈 주택 + 세대주 A씨 → A씨만 새로 이사 갈 주택에 미리 전입신고를 함

현재 거주지 + 세대주 B씨 → 세대원인 B씨가 현재 거주지의 세대주가 되면서 대항력이 유지됨

현재 거주하는 곳이 전세나 월세인 경우 임차보증금을 돌려받을 때까지 대항력을 유지해야 하기 때문입니다.

1인 가구는 이사 갈 집에 미리 전입신고를 하면 현재 전월세로 살고 있는 집의 대항력을 상실하기 때문에 이 방법을 사용하기 어렵습니다.

두 번째 조건은 새로 이사 갈 주택이 비어있어야 합니다. 새로 이사 갈 주택에 기존 임차인이 전입신고를 하고 살고 있다면 전입신고를 중복으로 할 수 없기 때문입니다.

대항요건의 효력 발생 시점과 관련하여 문제가 생길 수 있는 또 다른 예로는 임차인이 이사와 전입신고를 하는 날에 주택의 소유권이 변경되는 경우를 들 수 있습니다.

임차인이 대항력을 갖춘 후에 매매나 상속, 증여 등을 이유로 집주인이 변경된다면 새로운 집주인이 임대인의 권리와 의무를 승계하기 때문에 임차인에게 임차보증금을 반환해야 하는 의무가 새로운 집주인에게 넘어간다고 앞에서 설명한 바 있습니다.

이걸 다르게 얘기하면 임차인의 대항력이 발생하기 전에 집주인이 변경되면(소유권 이전) 기존 임대차 계약이 새로운 집주인에게 **자동으로 승계되지 않는다는** 말입니다.

소유권 이전 등기는 접수 당일에 효력이 발생하는데, 임차인이 전입신고를 하기 전이나 전입신고를 하는 날에 제삼자에게 주택의 소유권이 이전되면('예시3'의 경우) 대항력이 발생하기 전에 소유권 변동이 일어난 것이라 임차인은 새로운 집주인에게 대항력이 없고, 임차보증금의 반환 의무도 새로운 집주인에게 자동으로 넘어가지 않습니다.

예시3) 임차인의 이사, 전입신고를 한 날이 소유권 이전일과 같은 경우

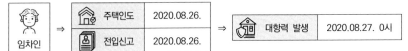

임차인 ⇒ 주택인도 2020.08.26. / 전입신고 2020.08.26. ⇒ 대항력 발생 2020.08.27. 0시

【 갑 구 】	(소유권에 관한 사항)			
순위번호	등기목적	접수	등기원인	권리자 및 기타사항
1	소유권보존	2019년9월30일 제△△△△호		소유자 홍길동 611016-1****** 서울특별시 종로구 △△동 △△△
2	소유권이전	2020년8월26일 제△△△△호	2020년8월18일 매매	소유자 김선비 721219-1****** 서울특별시 성북구 △△동 △△△ 거래가액 금 380,000,000원

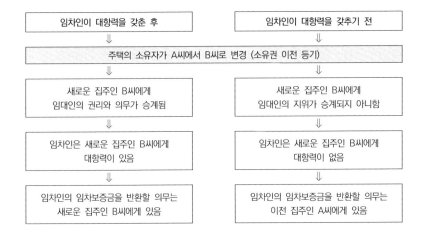

임차인이 대항력을 갖춘 후	임차인이 대항력을 갖추기 전
⇓	⇓
주택의 소유자가 A씨에서 B씨로 변경 (소유권 이전 등기)	
⇓	⇓
새로운 집주인 B씨에게 임대인의 권리와 의무가 승계됨	새로운 집주인 B씨에게 임대인의 지위가 승계되지 아니함
⇓	⇓
임차인은 새로운 집주인 B씨에게 대항력이 있음	임차인은 새로운 집주인 B씨에게 대항력이 없음
⇓	⇓
임차인의 임차보증금을 반환할 의무는 새로운 집주인 B씨에게 있음	임차인의 임차보증금을 반환할 의무는 이전 집주인 A씨에게 있음

최근 발생한 전세 사기 유형에 이러한 경우가 많았는데, 먼저 건축주나 집주인이 임차인과 전세 계약을 맺은 다음에 잔금일이 되면 신용불량자나 명의만 빌려주는 바지임대인 또는 임차보증금의 반환 능력이 없는 사람에게 소유권을 이전하는 수법을 사용합니다. 임차인이 중간에 등기부등본을 확인하지 않았다면 임대차 계약 만료가 다가와서야 집주인이 변경된 사실을 알게 되고, 집주인에게 연락하면 집주인이 바뀌었

다는 이유로 새로운 집주인에게 임차보증금 반환 의무를 떠넘깁니다. 새로운 집주인에게 연락을 하려고 해도 연락처를 알아내는 것에서부터 어려움을 겪거나 연락처를 알았다 하더라도 연락이 안 되거나 연락이 되더라도 전세보증금을 돌려줄 능력이 없다는 얘기를 듣게 됩니다.

전세보증금 반환보증에 가입을 한 경우에는 집주인이 전세보증금을 돌려주지 않아도 보증회사로부터 보증금을 돌려받을 수 있을 거라 기대하지만 보증회사에서 보험금 지급을 보류하거나 거절한 사례가 있습니다. 전세보증금 반환보증은 집주인이 임차인에게 전세보증금을 돌려주지 않았을 때 보증회사에서 임차인에게 보증금을 돌려주고 임차인을 **대신하여** 집주인에게 보증금의 반환을 청구하는 것인데, 그러려면 임차인이 집주인에게 전세보증금의 반환을 요구할 수 있는 대항력과 대항력을 바탕으로 하는 우선변제권이 있어야 합니다.

HUG에서는 임차인의 전입신고일과 주택의 소유권 이전일이 같은 경우 임차인이 대항력이 없다고 판단하여 보험금 지급을 보류하거나 거절했고, 임차인 몰래 소유권이 변경된 경우뿐만 아니라 계약할 당시에 잔금일에 집주인이 다른 사람으로 변경된다는 얘기를 듣고 계약을 한 임차인들도 비슷한 피해를 겪고 있습니다.

현재는 새로운 집주인이 이전 집주인으로부터 임대차 계약을 승계했음을 입증하는 서류를 추가로 제출하면 HUG에서 보험금을 지급하고 있다고 하지만 새로운 집주인이 잠적하거나 연락이 잘 안 되거나 협조적이지 않은 상황이라면 승계 입증 서류를 준비하는 데 많은 어려움이 따르기 때문에 임차인들의 피해가 늘고 있습니다. 이러한 상황을 겪고 있다면 임차보증금을 찾기 위해 할 수 있는 다른 방법은 없는지 법률 전문가와 상담을 하여 빠르게 대책을 간구해야 할 것입니다.

이렇게 매매 잔금일과 전세 잔금일이 같은 경우는 대항력과 관련해서 문제가 생길 수 있기 때문에 임차인의 대항력이 생긴 후에 매매가 되도록 하는 것이 좋겠지만 그게 여의치 않다면 현재 등기부등본상 주택의 소유자(매도인, 집을 파는 사람)와 먼저 임대차 계약을 하고, 특약사항에는 '매도인 A와 매수인 B는 세입자의 보증금을 1순위로 유지하기로 하며 위반 시 계약은 즉시 해지 및 해제하기로 하며 임차보증금을 반환하고 위약금은 ○○원으로 하기로 한다.', '매수인 B는 매매 잔금과 동시에 위 임대차 계약 내용 및 특약사항을 모두 승계한다'고 작성하고, 계약서에 확정일자를 받아둡니다. 그리고 매도인과 매수인 간의 매매 계약서에도 매수인이 임대차 계약을 승계한다는 내용이 있는지 확인하고 매매 계약서의 사본을 가지고 있는 것이 좋습니다.

전세 잔금일에는 매도인과 매수인, 임차인이 모두 참석하여 잔금 치르는 것을 확인하고, 임차인의 대항력이 발생하기 전에 집주인이 변경되어 새로운 집주인에게 임대인의 지위가 자동으로 승계되지 않는 상황이기 때문에 새로운 집주인과 다시 임대차 계약서를 작성하고, 계약서에 확정일자를 받아놓고 전입신고를 합니다. 이때도 앞서 설명했던 예시와 같이 임차인의 대항요건이 효력을 발생하기 전까지 근저당권과 같은 제한 물권을 설정하지 않기로 하는 내용의 특약사항을 계약서에 넣고, 전입신고를 한 다음 날에 등기부등본을 열람하여 새로운 집주인이 대출을 받아 근저당권 등을 설정하지 않았는지 확인해야 합니다.

이렇게 계약을 마쳤다면 매도인과 작성하고 확정일자를 받은 계약서와 매수인과 작성하고 확정일자를 받은 계약서를 잘 보관하면 됩니다.

전세보증금 반환보증에 가입할 예정이라면 임대차 계약 전에 보증상품의 가입이 가능한 주택인지, 매매가 진행 중인 집이고 매매 잔금일과 전세 잔금일이 같은 날인 계약인데 보증상품 가입 시 주의할 점이나 제출해야 하는 서류에는 어떤 것이 있는지 보증회사에 문의하는 것이 좋습니다. 그리고 임대차 계약 기간 중에도 종종 등기부등본을 확인하고, 만약 집주인이 변경됐다면 보증회사에 이를 알려야 합니다.

대항요건의 효력 발생 시점과 관련하여 또 한 가지 주의할 점은 임차한 주택에 사는 동안 그 집을 점유한 것이나 전입한 것을 함부로 빼면 안 된다는 점입니다.

앞서서 임차보증금 전액을 돌려받을 때까지 대항요건을 유지해야 하고, 중간에 변경사항이 생긴다면 그 효력이 사라진다고 했습니다. 효력이 사라진 후에 다시 같은 주소로 전입신고를 하면 소멸된 대항력이 회복되는 것이 아니고 그때부터 새로운 대항력을 취득하게 되는데, 만약 재전입하기 전에 해당 주택에 다른 권리가 먼저 설정된다면 그때부터 문제가 생기기 시작합니다.

예를 들어 다음의 '경우2'와 같이 임차인이 A주택에 이사 후 전입신고를 했고, 그 당시에는 A주택에 설정된 권리가 없었기 때문에 선순위 임차인이었습니다. 그런데 집주인이 어떠한 이유를 들면서 하루만 혹은 며칠만 주민등록을 다른 곳으로 옮겨달라고 부탁을 합니다.

이때 임차인이 집주인의 부탁을 들어주어 다른 곳으로 주민등록을 옮기면(전출) A주택에 있던 임차인의 대항력은 사라지고, 임차인이 A주택에 다시 전입하기 전에 집주인이 이 집에 근저당권을 설정하고 그 후에 임차인이 재전입을 한다면 이 임차인은 후순위 임차인이 됩니다.

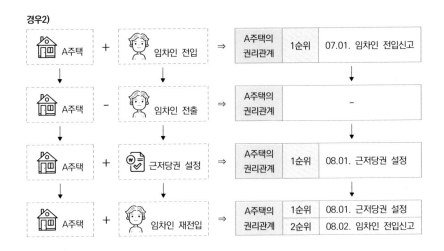

경우2)

이렇게 되면 다음 세입자를 구하기 어렵게 되고, 집주인이 임차보증금을 돌려주지 않는다면 임대차보증금반환청구소송을 진행해야 하며, 소송에서 승소한 후에도 해결되지 않는다면 경매를 통해 배당을 받아 임차보증금을 회수해야 합니다. 이때 임차인의 임차보증금보다 근저당권이 선순위이기 때문에 배당에 있어서도 근저당권이 먼저 배당을 받아가고, 남은 돈에서 후순위 임차인이 배당을 받기 때문에 임차보증금의 손해가 발생할 가능성이 큽니다.

대항력은 대항요건을 갖춘 다음 날 0시에 효력이 발생하고, 근저당권은 등기소에 접수된 날에 바로 효력이 발생하기 때문에 주민등록을 옮긴 날이 단 하루라 할지라도 위험한 상황이 발생할 수 있습니다.

임차한 집이 경매에 넘어갔을 때의 과정 살펴보기

임차한 집이 경매에 넘어갔을 때의 과정을 왜 알아야 할까요?

갑자기 내가 전세나 월세로 살고 있는 집이 경매로 넘어간다는 소식을 듣는다면 내 임차보증금을 돌려받을 수 있을지, 이런 상황에서 뭘 해야 하는지 여러 가지 걱정과 불안으로 막막한 심정일 것입니다. 이때 경매가 진행되는 과정을 미리 알고 있다면 앞으로 일이 어떻게 흘러갈지 알지 못하는 데에서 오는 불안함이나 막막함이 조금은 줄어들 것이고, 대처 방안을 찾기 위해 조금 더 빨리 움직일 수 있을 것입니다.

집주인이 임차보증금을 돌려주지 않았을 때 임차인도 집을 경매로 넘길 수 있는데 어떤 과정을 통해 임차보증금을 찾을 수 있는지 대략적으로 알고 있다면 나중에 그런 상황에 처했을 때 도움이 될 것입니다.

만약 전세나 월세로 집을 구하고 있는 사람이 이러한 과정을 미리 알고 있다면 여러 집들 중에서 임차보증금이 좀 더 안전할 수 있는 집을 선택할 수 있을 것이고, 임차인의 권리를 지킬 수 있는 행정적인 절차들을 제때 해서 만일의 사태에 대비할 수 있을 것입니다.

그렇기 때문에 현재 임차인이거나 전월세로 집을 구하고 있는 분들도 이런 내용들을 꼭 알고 있어야 한다고 생각합니다.

여기서는 임차한 주택이 경매에 넘어갔을 때 경매 절차가 어떻게 진행되는지 살펴보고, 이러한 상황이 생겼을 때 임차인이 임차보증금을 돌려받을 수 있는 방법에 대한 내용과 주의할 점은 어떤 것이 있는지 알아보도록 하겠습니다.

실제 집이 경매에 넘어가게 되는 원인에는 여러 가지가 있고, 경매 절차도 좀 더 복잡하지만, 해당 주택에 근저당권과 임차인이 있다는 가정 하에 이해하기 쉽게 과정을 단순화하여 설명해 보겠습니다.

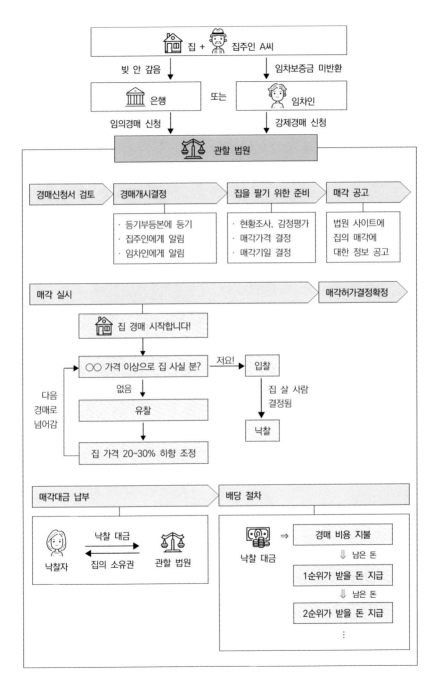

집 + 집주인 A씨

빚 안 갚음 → 임차보증금 미반환

은행 또는 임차인

임의경매 신청 → 강제경매 신청

관할 법원

경매신청서 검토 → 경매개시결정
· 등기부등본에 등기
· 집주인에게 알림
· 임차인에게 알림

집을 팔기 위한 준비
· 현황조사, 감정평가
· 매각가격 결정
· 매각기일 결정

매각 공고
법원 사이트에
집의 매각에
대한 정보 공고

매각 실시 → 매각허가결정확정

집 경매 시작합니다!

○○ 가격 이상으로 집 사실 분? 저요! → 입찰

없음

유찰

집 살 사람 결정됨

낙찰

다음 경매로 넘어감

집 가격 20~30% 하향 조정

매각대금 납부 → 배당 절차

낙찰자 ← 낙찰 대금 → 관할 법원
집의 소유권

낙찰 대금 ⇒ 경매 비용 지불
⇓ 남은 돈
1순위가 받을 돈 지급
⇓ 남은 돈
2순위가 받을 돈 지급
⋮

| 집이 경매에 넘어가는 과정

어떤 집이 있는데, 이 집에는 세 들어 살고 있는 임차인도 있고, 집주인이 집을 담보로 은행에서 돈을 빌리면서 설정된 근저당도 있습니다.

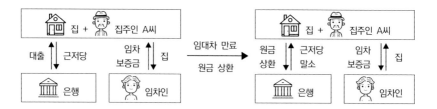

위의 그림과 같이 집주인 A씨가 은행에 이자를 잘 내고, 빌린 돈을 제때 갚고, 임대차 계약이 만료됐을 때 임차인에게 임차보증금을 돌려준다면 아무 문제가 없을 것입니다.

그런데 A씨가 여러 가지 이유로 은행에 내야 할 이자를 밀리거나 빌린 돈을 제때 갚지 않거나 임차인의 임차보증금을 돌려주지 않는 상황이 발생합니다. A씨에게 받아야 할 돈을 받지 못하게 된 은행이나 임차인과 같은 사람들이 곤란해지고, A씨의 집을 팔아서 나온 돈으로 자신이 받아야 할 돈을 되찾기 위해 법원에 경매를 신청합니다.

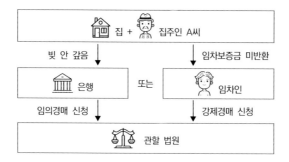

근저당권자(은행)는 집을 담보로 잡고 돈을 빌려줬기 때문에 별도의 절차 없이 임의로 경매를 신청할 수 있는데, 이렇게 신청하는 경매를 '임의경매'라고 하고, 채무자를 상대로 소송을 통해 받은 판결문이나 지급명령 등을 가지고 신청하는 경매를 '강제경매'라고 합니다. 임차인은 집주인을 상대로 임대차보증금반환청구소송을 하여 승소 후 받은 확정판결문이 있어야 경매를 신청할 수 있으므로 강제경매에 해당합니다.

> ① 임차인이 임차보증금을 돌려받지 못했을 경우 지급명령을 신청하거나 임대차보증금반환청구소송을 진행하고, 그 결과 임대인이 임차보증금을 반환해야 함이 명확해졌음에도 반환하지 않았을 때 '강제경매'라는 강제집행의 방법을 사용할 수 있습니다. 이러한 상황에 처했을 때 지급명령을 신청하는 게 나은지, 소송을 진행하는 것이 나은지, 또는 임차보증금을 회수할 수 있는 다른 방법은 없는지는 임차인의 구체적인 상황에 따라 달라지므로 본 책의 내용을 통해서는 대략적인 흐름을 파악하는데 참고하시고, 법과 관련된 전문적인 내용은 법률 전문가의 도움을 받으시길 바랍니다.

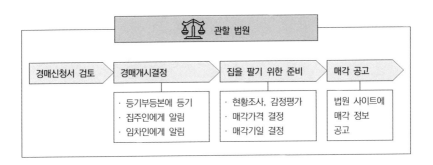

관할 법원에 경매신청서가 접수되면 법원은 서류를 검토하고, 문제가 없다고 판단되면 '경매개시결정'을 내리게 됩니다. 그리고 이러한 결정을 집주인과 임차인 등에게 우편을 통해 알립니다.

그 후 법원에서는 이 집을 팔기 위해 여러 가지 정보들을 수집하기 시작합니다. 이 집의 위치는 어디고 구조는 어떠한지, 임차인의 수나 임차보증금은 얼마인지 등의 현황을 조사하고, 감정평가사에게 이 집의 가치를 감정하게 한 후 매각 가격을 결정합니다.

이러한 과정이 완료되면 이 집에 관한 정보와 매각 가격, 이 집을 경매로 팔 날짜(매각기일) 등을 법원 사이트를 통해 알립니다.

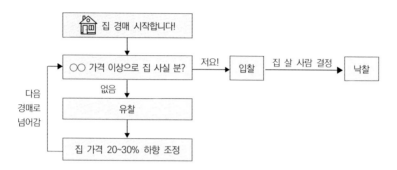

매각기일에 이 집을 사기 원하는 사람들이 각자가 사고 싶은 금액을 제시하는 것을 '입찰'이라고 하고, 입찰한 사람들 중에서 가장 높은 가격을 제시한 사람에게 집이 돌아가는데, 이것을 '낙찰'이라고 합니다.
입찰하는 사람이 없어 경매가 무효가 되는 것은 '유찰'이라고 하고, 유찰이 될 때마다 집의 가격이 20~30% 정도 낮춰서 조정된 후 다음 경매로 넘어갑니다.

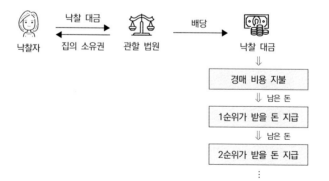

집이 낙찰되고, 매각허가결정이 확정되어 낙찰자가 법원에 낙찰대금을 지불하면 이 집의 소유권이 낙찰자에게 넘어갑니다. 법원은 낙찰자가

지불한 돈을 가지고 돈을 받아야 하는 사람들 중 일정한 요건을 갖춘 사람에게 돈을 받을 순서에 따라 차례대로 돈을 주게 되는데, 이러한 절차를 '배당'이라고 합니다. 이렇게 배당까지 완료되면 전체 과정이 마무리됩니다.

| 집이 경매에 넘어갔을 때 임차인이 임차보증금을 돌려받는 방법

임차한 집이 경매에 넘어갔을 때, 임차인이 임차보증금을 돌려받을 수 있는 방법에는 경매 후 바뀐 새로운 소유자인 낙찰자에게 받는 방법과 집을 팔았을 때 나온 돈에서 배당을 받는 방법이 있습니다.

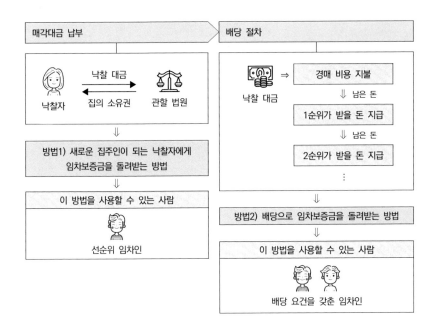

임차인의 상황에 따라서 선택할 수 있는 방법에 차이가 있고, 일정한 요건도 필요합니다. 그리고 이러한 절차들을 따른다고 해도 상황에 따라서 임차보증금의 손해가 발생할 수 있습니다.

임차한 집이 경매됐을 때, 배당으로 임차보증금을 돌려받는 방법

📇 이 방법을 사용할 수 있는 사람	배당에 참여할 수 있는 요건을 갖춘 임차인

'배당'이란 법원이 낙찰자가 지불한 낙찰대금 등을 가지고 경매가 된 주택과 관련하여 돈을 받아야 하는 사람들에게 법률관계에 따라 돈을 나누어 주는 것을 말합니다.

| 배당에 참여할 수 있는 요건

임차인이 배당에 참여할 수 있는 요건은 다음의 3가지입니다. 이 요건 중 하나라도 없으면 배당에 참여할 수 없습니다.

> ☑ 대항요건을 갖출 것   ☑ 확정일자를 갖출 것
> ☑ 배당요구 종기일까지 배당요구를 할 것

☑ 대항요건을 갖출 것

주택의 인도(점유)와 주민등록(전입신고)을 해야 한다는 것입니다.

☑ 확정일자를 갖출 것

해당 주택의 관할구역 주민센터나 등기소(인터넷 등기소 포함) 등 확정일자 부여기관에 가서 확정일자 부여를 요청하면 계약서 여백에 날짜가 적힌 도장을 찍어주는데, 이 날짜를 '확정일자'라고 합니다.

임대차 계약서에 확정일자를 받으면 확정일자를 부여받은 시점에 그 계약서가 실재하고 있었다는 증거력을 확보하게 됩니다.

확정일자는 계약서 작성 후라면 특별한 조건 없이 받을 수 있고, 입주 전이라도 받을 수 있습니다.

② 제3조제1항·제2항 또는 제3항의 대항요건과 임대차계약증서상의 확정일자를 갖춘 임차인은「민사집행법」에 따른 경매 또는「국세징수법」에 따른 공매를 할 때에 임차주택(대지를 포함한다)의 환가대금에서 후순위권리자나 그 밖의 채권자보다 우선하여 보증금을 변제받을 권리가 있다.

대항요건과 확정일자를 갖춘 임차인은 **자신보다 권리관계상 날짜가 늦은 후순위 권리자보다 우선하여 배당을 받을 권리가 있는데**, 이러한 권리를 '우선변제권'이라고 합니다(주택임대차보호법 제3조의2 제2항).

우선변제권의 발생일은 임차인의 배당 순위를 정하는 역할을 합니다.

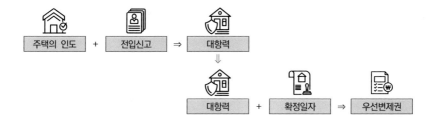

☑ 배당요구 종기일까지 배당요구를 할 것

관할 법원에 경매신청서가 접수되고, 법원에서 검토 후 문제가 없다고 판단되면 경매개시결정이 내려집니다.

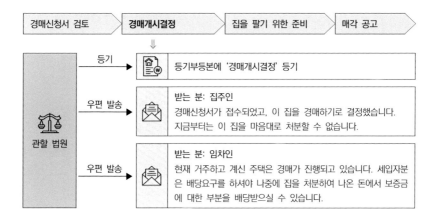

그러면 등기부등본에 '경매개시결정'이 등기되고, 이 사실을 집주인과 임차인에게 우편으로 알립니다. 법원이 임차인에게 보내는 이 우편에는 '현재 거주하고 계신 주택은 경매가 진행되고 있습니다. 세입자분은 몇 월 며칠까지 배당요구 신청서와 권리 신고를 위한 서류(임대차 계약서 사본, 주민등록등본)를 제출하셔야만 집이 팔렸을 때 나온 금액에서 배당받으실 수 있습니다.'라는 내용이 있는데, 이때 배당을 받겠다고 신청서와 서류를 제출하는 것을 '배당요구'라고 하고, 신청서 제출 마감일을 '배당요구 종기일'이라고 합니다.

| [받는 분] 임차인 | 현재 거주하고 계신 주택은 경매가 진행되고 있습니다. 세입자분은 몇 월 며칠까지 배당요구 신청서와 권리 신고를 위한 서류를 제출하셔야 주택이 팔렸을 때 나온 금액에서 배당받으실 수 있습니다. | ⇒ | · 신청서와 서류 제출 → 배당요구 · 몇 월 며칠까지 → 배당요구 종기일 |

임차인은 배당을 받겠다는 신청서를 정해진 기한(배당요구 종기일)까지 제출하여 배당요구를 해야 합니다. 우선변제권이 있어도 배당요구를 하지 않으면 배당 절차에 참여할 수 없습니다.

선순위 임차인의 경우 낙찰자에게 대항력이 있기 때문에 배당요구를 하지 않아도 남은 임대차 기간 동안 그 집에 살다가 낙찰자에게 임차보증금을 받아서 나오는 방법도 있으나, 만약 임차인이 전세보증금 반환보증에 가입했다면 배당요구를 해야 합니다.
보증회사에서는 '전세 계약 기간 중 해당 주택에 대하여 경매 또는 공매가 개시되어 임차인이 **배당절차에 참가하여 배당요구를 하였으나** 임차보증금을 반환받지 못한 경우'를 보증 사고가 발생한 것으로 보는데, 이때 배당요구를 하지 않으면 보증회사에서 보험금을 지급하지 않기 때문입니다.

| 배당 순서를 정하는 방법

예외적인 경우도 있지만 등기부등본에 기재되어 있는 권리들은 등기접수 날짜로, 임차인의 경우는 우선변제권 취득일(입주 + 전입신고 + 확정일자의 효력이 동시에 발생하는 날)로 선후 관계를 따져 날짜가 빠른 순으로 배당 순서를 정합니다.

등기부등본에 있는 권리들	해당 권리의 접수일	⇒ 날짜가 빠른 순으로 배당 순서 결정
임차인의 권리	우선변제권 취득일	

【 을 　　 구 】	(소유권 이외의 권리에 관한 사항)			
순위번호	등기목적	접수	등기원인	권리자 및 기타사항
등기의 순위	등기의 종류와 목적	접수일, 접수번호 표시	등기원인과 발생일 표시	등기권리자의 인적사항 및 기타사항

　　　　　　↳ 등기부등본상의 권리들은
　　　　　　　　등기접수 날짜로 따짐

대항요건은 다음 날 0시에 효력이 발생하며, 확정일자는 주민센터나 등기소의 평일 업무 시간 내에 직접 방문하여 신청한 경우 당일에 효력이 발생합니다(단, 온라인으로 신청을 한 경우 신청 시간이나 요일에 따라 실제 확정일자 부여일자는 다를 수 있습니다). 우선변제권은 입주와 전입신고, 확정일자의 효력이 동시에 발생하는 시점에 생기므로 각각의 요건의 효력 발생 시점 중 늦은 날짜를 기준으로 합니다.

경우1)

주택인도	05.01.
전입신고	05.01.
확정일자	05.01.
⇓	
대항요건	05.02. 0시
우선변제권	05.02. 0시

대항요건의 효력은 5월 2일 0시에 발생하고, 확정일자는 5월 1일에 발생하기 때문에 대항요건과 확정일자의 효력이 모두 발생하는 5월 2일 0시에 우선변제권이 생기게 됩니다.

경우2)

🏠 주택인도	05.09.
📋 전입신고	05.09.
📑 확정일자	05.01.

⇓

🛡 대항요건	05.10. 0시
Ⓦ 우선변제권	05.10. 0시

확정일자는 5월 1일에, 대항요건의 효력은 5월 10일 0시에 발생하기 때문에 대항요건과 확정일자의 효력이 모두 발생하는 5월 10일 0시에 우선변제권이 생기게 됩니다.

경우3)

🏠 주택인도	05.09.
📋 전입신고	05.11.
📑 확정일자	05.11.

⇓

🛡 대항요건	05.12. 0시
Ⓦ 우선변제권	05.12. 0시

5월 11일에 확정일자의 효력이 발생하고, 주택인도와 전입신고를 모두 갖춘 날의 다음 날 0시에 대항요건의 효력이 발생하므로 5월 12일에 우선변제권이 생기게 됩니다.

경우4)

🏠 주택인도	05.09.
📋 전입신고	없음
📑 확정일자	05.01.

⇓

🛡 대항요건	없음
Ⓦ 우선변제권	없음

확정일자는 받았으나 전입신고를 하지 않고 사는 경우인데, 확정일자는 대항요건과 함께 갖춰졌을 때 우선변제권이 생기는 것이지, 단독으로는 특별한 효력이 발생하지 않습니다.

따라서 이 경우는 대항요건을 갖추지 않아 우선변제권이 생기지 않고, 임차한 집이 경매에 넘어갔을 때 이 임차인은 배당에 참여할 수 없습니다.

경우5)

🏠 주택인도	05.09.
👤 전입신고	05.11.
🔒 확정일자	없음

⇓

🏛 대항요건	05.12. 0시
💲 우선변제권	없음

대항요건은 갖췄으나 확정일자가 없어서 우선변제권이 생기지 않고, 우선변제권이 없으므로 배당에 참여할 수 없습니다.

| 돈을 나눠주는 방식 (배당 방식)

권리 중에는 다른 권리들보다 우선하여 배당을 받도록 정해놓은 권리도 있고, 배당을 받아야 하는 권리가 물권인지 채권인지에 따라서도 배당 방식이 달라지지만, 큰 틀로 본다면 경매를 하면서 든 비용을 먼저 지불한 후, 남은 돈에서 1순위가 받아야 할 돈을 먼저 배당하고, 남은 돈에서 2순위가 받아야 할 돈을 배당하는 식으로 선순위 권리자부터 배당하고 거기서 남는 돈으로 그 다음 후순위 권리자에게 받을 돈을 차례대로 주는 방식입니다.

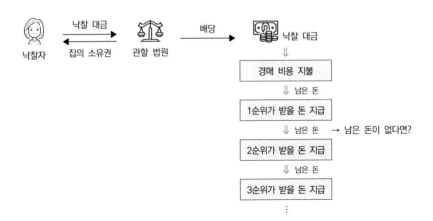

이때 낙찰 금액이 배당을 요구한 사람들이 받아야 할 금액에 비해 넉넉하지 않거나 앞선 순위가 받아가는 돈이 크다면 후순위 권리자들은 받을 돈이 부족하거나 없을 수 있습니다. 그렇기 때문에 손해를 최소화하기 위해서는 앞선 순위에 있는 것이 중요하고, 임차인에게는 배당 순서를 결정하는 우선변제권과 관련이 있는 전입신고와 확정일자의 날짜가 중요한 것입니다.

임차한 집이 경매됐을 때, 낙찰자에게 임차보증금을 돌려받는 방법

🗞 이 방법을 사용할 수 있는 사람	선순위 임차인만 가능

새로운 집주인인 낙찰자에게 임차보증금의 반환을 요구할 수 있다는 것은 임차인이 낙찰자에게 대항력이 있다는 것이고, 앞에서 '경매 절차에서 대항력을 주장하기 위한 조건'에서 설명했듯이 말소기준권리보다 앞서서 대항요건을 갖춘 임차인, 즉 해당 주택의 등기부등본에 임차인의 대항요건의 효력발생일보다 앞서서 설정된 권리가 없는 선순위 임차인만이 낙찰자에게 대항력이 있습니다.

선순위 임차인	후순위 임차인
낙찰자에게 대항력 있음	낙찰자에게 대항력 없음
낙찰자에게 임차보증금의 반환을 요구할 수 있음	낙찰자에게 임차보증금의 반환을 요구할 수 없음
임차인이 임차보증금을 돌려받을 때까지 계속 살 수 있음	낙찰자가 낙찰 대금을 완납하면 집을 비워줘야 함

선순위 임차인은 낙찰자에게 대항력이 있기 때문에 해당 주택의 경매가 진행됐을 때 배당요구를 하지 않았다면 남은 임대차 기간 동안 살다가 임대차 기간이 만료됐을 때 낙찰자에게 임차보증금의 반환을 요

구할 수 있으며, 만약 낙찰자가 임차보증금을 돌려주지 않는다면 돌려받을 때까지 그 집에 살 수 있습니다.

선순위 임차인이 배당요구를 했고, 배당을 통해 임차보증금 전액을 반환받았다면 이사를 가면 되고, 임차보증금의 일부만 배당 받았다면 나머지 금액을 낙찰자에게 요구할 수 있으며 그 돈을 다 받을 때까지는 계속 살 수 있습니다.

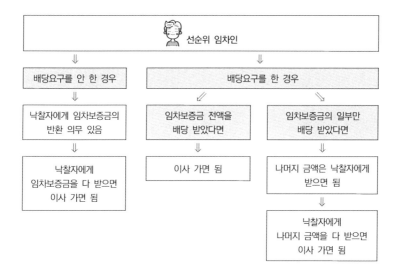

선순위 임차인이라면 낙찰자에게 대항력이 있기 때문에 크게 걱정하지 않아도 되지만, 집의 매매가와 임차보증금의 차이가 적거나 집의 매매가보다 높은 임차보증금이라면 선순위 임차인이라도 임차보증금의 반환에 어려움을 겪을 수 있습니다.

경매에서 집을 사려고 하는 사람들은 일반 주택 시장에서 집을 사는 것보다 조금이라도 저렴하게 집을 사려는 사람들입니다. 낙찰이 되면 낙찰자는 선순위 임차인의 임차보증금을 책임져야 하므로 '경우1'과 같은 상황일 때 선순위 임차보증금의 금액과 입찰 금액의 합이 시세보다 낮도록 입찰을 합니다.

경우1)

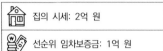

| 집의 시세: 2억 원 |
| 선순위 임차보증금: 1억 원 |

⇒ 낙찰되면 낙찰자가 선순위 임차인의 임차보증금 1억 원을 책임져야 하므로 사람들이 1억 원 이하로 입찰함 (사실상 이 집을 2억 원 이하로 사는 것과 같음)

그러나 임대차 계약을 할 때보다 집값이 떨어져 임차보증금이 집값보다 높거나 집값보다 더 높은 임차보증금으로 계약을 해서 '경우2'와 같은 상황일 때, 이 집을 낙찰 받으면 일반 주택 시장에서 2억 원에 살 수 있는 집을 2억 5천만 원 이상의 금액에 사게 되기 때문에 사람들이 입찰을 하지 않게 됩니다.

경우2)

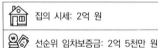

| 집의 시세: 2억 원 |
| 선순위 임차보증금: 2억 5천만 원 |

⇒ 낙찰자가 선순위 임차인의 임차보증금 2억 5천만 원을 책임져야 하므로 2억 원의 집을 2억 5천만 원 이상의 가격으로 사는 셈이므로 사람들이 입찰을 안 함

입찰이 없어서 계속 유찰이 되고 결국 낙찰이 안 되면 선순위 임차인이라도 임차보증금을 돌려받지 못하는 상황에 놓이게 됩니다.

이렇게 되면 임차인이 이 집을 낙찰 받아 다시 제삼자에게 전세를 주거나 다른 사람에게 파는 등 손실을 최소화하여 임차보증금을 회수할 수 있는 다른 방법을 찾아야 합니다.

계약 시 근저당권과 같은 권리가 설정되어 있지 않은 집에 선순위 임차인으로 들어갔더라도 집이 깡통주택이라면 경매가 됐을 때 계속 유찰되어 낙찰자에게 받거나 배당을 받는 방법으로 임차보증금을 찾지 못할 수 있으므로 계약 전에 등기부등본을 확인하여 근저당권을 비롯하여 임차인에게 불리할 수 있는 권리가 있는지 확인하고, 해당 주택의 매매가를 알아본 후 임차보증금이 매매가를 넘지 않는지, 매매가 대비 적정한 금액인지 전세가율을 따져보고 계약하는 것이 중요합니다. 그리고 이사하는 당일에 바로 전입신고를 하고, 그 결과 낙찰자에게 대항력이 있는 선순위 임차인이 된다면 임차한 집이 경매가 되는 상황이 발생했을 때 손해를 최소화할 수 있을 것입니다.

임차인의 유형에 따른 배당 방식 살펴보기

배당 방식은 배당을 요구한 권리가 물권인지 채권인지에 따라서 달라지는데, 여기서는 권리의 성질에 따른 배당 방식에 대해서 자세히 다루지 않고, 등기부등본에서 주로 볼 수 있는 근저당권과 임차인의 권리 간의 배당 방식을 예로 들어서 임차인의 대항요건과 확정일자의 효력 발생 시점, 그리고 배당요구의 중요성에 대해 설명해 보겠습니다.

그 이유는 권리관계가 복잡하게 얽혀있는 집은 임차보증금이 위험해질 가능성이 크기 때문에 애초에 임대차 계약을 안 하는 것이 좋고, 임차인의 입장이라면 여기서 설명하는 배당 방식의 내용 정도만 알고 있어도 도움이 될 것이라고 생각하기 때문입니다.

참고로 근저당권은 물권이고, 임대차 계약은 채권이지만 임차인이 대항요건과 확정일자를 갖춰 우선변제권이 생기면 배당에 있어서는 물권과 비슷한 효력을 가집니다. 물권 간에는 먼저 성립된 날짜순으로 우선순위를 정해 배당하기 때문에 근저당권과 임차인의 우선변제권 간의 우선순위도 성립된 날짜순으로 정하게 됩니다.

구체적인 설명에 들어가기에 앞서서 이해에 필요한 개념을 다시 한 번 간단히 정리해 보겠습니다.

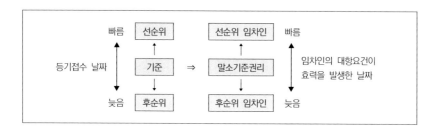

등기부등본에서 주로 볼 수 있는 말소기준권리가 될 수 있는 권리들		등기부등본에 있는 권리들을 접수 날짜 순서대로 정렬했을 때, 말소기준권리가 될 수 있는 권리들 중에서 날짜가 제일 빠른 권리가 말소기준권리가 됨
근저당권, 압류, 가압류 등	⇒	

갑 구	2009.01.20	소유권		2009.01.20	소유권	
	2015.04.17	가압류	날짜순 정렬 ⇒	2012.02.21	근저당권 (K은행)	→ 말소기준권리
	2016.05.26	경매개시결정		2013.05.18	근저당권 (J은행)	
을 구	2012.02.21	근저당권 (K은행)		2015.04.17	가압류	
	2013.05.18	근저당권 (J은행)		2016.05.26	경매개시결정	

※ 임차인이 배당에 참여할 수 있는 요건

☑ 주택의 인도(점유)와 주민등록(전입신고)을 갖출 것	→	☑ 대항요건
☑ 확정일자를 갖출 것	→	☑ 확정일자
☑ 배당요구 종기일까지 배당요구를 할 것	→	☑ 배당요구

그럼 선순위 임차인과 후순위 임차인의 경우를 나누어 어떤 식으로 배당이 이루어지는지 설명해보겠습니다. 배당을 할 때는 낙찰 금액에서 경매 비용 등을 먼저 제하고 나머지 돈으로 배당을 하지만, 계산의 편의상 미리 제하는 금액은 없다고 가정하겠습니다.

| 선순위 임차인의 유형에 따른 배당 방식 살펴보기

경우1) 임차인이 대항요건과 확정일자를 다 갖췄으며 배당 요구를 했을 때

접수일자	권리 및 점유	권리자	채권 금액
4.12	주택인도, 전입신고, 확정일자	임차인	1억 원
5.17	근저당권	J은행	1억 원
6.10	근저당권	K은행	5천만 원

선순위 임차인	
확정일자	배당요구
O	O

낙찰 금액

1억 8천만 원

배당 순서		배당 금액
1순위	임차인	1억 원
2순위	J은행	8천만 원
3순위	K은행	0

'경우1'의 권리 사항을 보면, 말소기준권리가 될 수 있는 권리 중에서 날짜가 제일 빠른 권리인 J은행의 근저당권이 말소기준권리가 됩니다. 임차인이 대항요건을 갖춘 날짜가 말소기준권리보다 앞서기 때문에 선순위 임차인이고, 대항요건과 확정일자의 효력이 동시에 발생하는 4월 13일에 우선변제권을 갖게 됩니다.

이 임차인은 배당에 참여할 수 있는 3가지 요건인 대항요건, 확정일자, 배당요구를 모두 갖췄기 때문에 배당 절차에 참여할 수 있고, 배당 순서는 임차인의 우선변제권이 생성된 날짜와 근저당권의 등기 접수일자를 비교하여 정하기 때문에 1순위는 임차인, 2순위는 J은행, 3순위는 K은행이 됩니다. 낙찰 금액이 1억 8천만 원일 때, 1순위인 임차인에게 먼저 1억 원이 배당되고, 남은 8천만 원이 2순위인 J은행에 배당됩니다.

경우2) 임차인이 배당 요구를 했고, 대항요건을 갖춘 날보다 확정일자가 늦을 때

선순위 임차인	
확정일자	배당요구
O	O

⇒

접수일자	권리 및 점유	권리자	채권 금액
4.12	주택인도, 전입신고	임차인	1억 원
5.17	근저당권	J은행	1억 원
5.29	확정일자	임차인	
6.10	근저당권	K은행	5천만 원

낙찰 금액
1억 8천만 원

⇒

배당 순서		배당 금액
1순위	J은행	1억 원
2순위	임차인	8천만 원
3순위	K은행	0

'경우2'도 말소기준권리보다 먼저 대항요건을 갖췄기 때문에 선순위 임차인이며, 우선변제권은 대항요건과 확정일자의 효력이 모두 발생하는 5월 29일에 생깁니다. 따라서 임차인의 배당 순위는 2순위고, 낙찰 금액에서 1순위에게 배당하고 남은 돈 8천만 원이 임차인에게 배당됩니다. 선순위 임차인은 낙찰자에게 대항력이 있기 때문에 배당으로 회수하지 못한 나머지 보증금 2천만 원은 낙찰자에게 받으면 됩니다.

경우3) 임차인이 배당 요구를 했고 대항요건은 갖췄는데 확정일자가 없을 때

선순위 임차인	
확정일자	배당요구
X	O

⇒

접수일자	권리 및 점유	권리자	채권 금액
4.12	주택인도, 전입신고	임차인	1억 원
5.17	근저당권	J은행	1억 원
6.10	근저당권	K은행	1억 원

낙찰 금액
1억 3천만 원

⇒

배당순서		배당 금액
1순위	J은행	1억 원
2순위	K은행	3천만 원

'경우3'에서 임차인은 확정일자를 갖추지 못했기 때문에 배당 절차에 참여할 수는 없지만 낙찰자에게 대항력이 있는 선순위 임차인이기 때

문에 임차보증금은 낙찰자에게 받으면 됩니다.

경우4) 임차인이 대항요건과 확정일자는 갖췄는데 배당 요구를 하지 않았을 때

접수일자	권리 및 점유	권리자	채권 금액
4.12	주택인도, 전입신고, 확정일자	임차인	1억 원
5.17	근저당권	J은행	1억 원
6.10	근저당권	K은행	1억 원

낙찰 금액		배당순서	배당 금액
1억 3천만 원	1순위	J은행	1억 원
	2순위	K은행	3천만 원

'경우4'는 임차인이 배당 요구를 하지 않았기 때문에 배당 절차에 참여하지 못합니다. 하지만 낙찰자에게 대항력이 있기 때문에 임차보증금은 낙찰자에게 받을 수 있습니다.

| 후순위 임차인의 유형에 따른 배당 방식 살펴보기

경우5) 임차인이 대항요건과 확정일자를 다 갖췄고, 배당 요구를 했을 때

접수일자	권리 및 점유	권리자	채권 금액
3.7	근저당권	J은행	1억 원
5.1	주택인도, 전입신고, 확정일자	임차인	1억 원
6.10	근저당권	K은행	5천만 원

낙찰 금액		배당 순서	배당 금액
1억 8천만 원	1순위	J은행	1억 원
	2순위	임차인	8천만 원
	3순위	K은행	0

'경우5'를 보면 말소기준권리는 3월 7일에 설정된 J은행의 근저당권이고, 임차인이 대항요건을 갖춘 날짜는 5월 1일로 말소기준권리보다 날

짜가 늦기 때문에 이 임차인은 후순위 임차인입니다. 임차인의 우선변제권은 대항요건과 확정일자의 효력이 동시에 발생하는 5월 2일 0시에 생기게 됩니다.

배당 순서는 임차인의 우선변제권의 날짜와 근저당권의 접수일자를 비교하여 날짜가 빠른 순으로 정하므로, 1순위인 J은행에게 1억 원이 먼저 배당되고, 남은 8천만 원이 2순위인 임차인에게 배당됩니다.

후순위 임차인은 낙찰자에게 대항력이 없기 때문에 낙찰자는 임차인이 받지 못한 나머지 임차보증금 2천만 원을 돌려줘야 할 책임이 없으며, 그 돈은 이전 집주인에게 받아야 합니다. 그리고 후순위 임차인이기 때문에 배당으로 임차보증금을 다 돌려받지 못했다 하더라도 낙찰자에게 집을 비워줘야 합니다.

경우6) 임차인이 배당 요구를 했고, 대항요건을 갖춘 날보다 확정일자가 늦을 때

후순위 임차인		

확정일자	배당요구
○	○

⇒

접수일자	권리 및 점유	권리자	채권 금액
3.7	근저당권	J은행	1억 원
5.1	주택인도, 전입신고	임차인	1억 원
6.10	근저당권	K은행	5천만 원
6.12	확정일자	임차인	

낙찰 금액
1억 8천만 원

⇒

배당 순서		배당 금액
1순위	J은행	1억 원
2순위	K은행	5천만 원
3순위	임차인	3천만 원

'경우6'에서 임차인은 5월 1일에 대항요건을 갖췄지만, 확정일자는 6월 12일에 갖췄기 때문에 이날 우선변제권이 생깁니다. 따라서 배당 순서는 J은행이 1순위, K은행이 2순위, 임차인이 3순위가 됩니다.

낙찰 금액이 1억 8천만 원일 때, 1순위와 2순위에게 배당 후 남은 돈

3천만 원이 3순위인 임차인에게 배당됩니다. 임차보증금 1억 원 중 임차인이 찾지 못한 7천만 원은 이전 집주인에게 청구해야 합니다.

경우7) 임차인이 배당 요구를 했고, 대항요건을 갖춘 날보다 확정일자가 늦지만 낙찰 금액이 충분한 경우

접수일자	권리 및 점유	권리자	채권 금액
3.7	근저당권	J은행	1억 원
5.1	주택인도, 전입신고	임차인	1억 원
6.10	근저당권	K은행	1억 원
6.12	확정일자	임차인	

후순위 임차인

확정일자	배당요구
O	O

낙찰 금액
3억 원

배당 순서		배당 금액
1순위	J은행	1억 원
2순위	K은행	1억 원
3순위	임차인	1억 원

'경우7'은 낙찰 금액이 3억 원으로 근저당권자나 임차인에게 배당하기에 충분하므로 J은행, K은행, 임차인이 모두 손해 보지 않고 받아야 할 금액을 전액 배당받습니다.

경우8) 임차인이 배당 요구를 했고, 확정일자보다 전입신고 날짜가 늦는 경우

접수일자	권리 및 점유	권리자	채권 금액
3.7	근저당권	J은행	1억 원
5.1	주택인도, 확정일자	임차인	1억 원
6.10	근저당권	K은행	1억 원
6.12	전입신고	임차인	

후순위 임차인

확정일자	배당요구
O	O

낙찰 금액
1억 8천만 원

배당 순서		배당 금액
1순위	J은행	1억 원
2순위	K은행	8천만 원
3순위	임차인	0

'경우8'에서 임차인의 우선변제권은 6월 13일 0시에 생기는데, 이 날

짜가 다른 권리들보다 늦어 배당 순서는 3순위고, 앞선 권리가 먼저 배당받은 후 남은 돈이 없어서 임차인은 배당을 받지 못합니다.

이런 상황은 단순히 임차인이 전입신고를 늦게 해서 그 전에 K은행의 근저당권이 설정된 것일 수도 있지만, 5월 1일에 주택인도, 전입신고, 확정일자를 다 갖추고 살았는데, 집주인이 임차인에게 어떤 이유를 들면서 며칠만 다른 곳으로 주소지를 옮겨달라는 부탁을 했고, 그 부탁을 들어주어 잠시 다른 곳으로 주민등록을 옮긴 후 6월 12일에 재전입을

3.7	J은행 (근저당권)
5.1	임차인 (주택인도, 전입신고, 확정일자)
6.9	임차인 (전출)
6.10	K은행 (근저당권)
6.12	임차인 (전입신고)

했는데, 집주인이 그 전에 K은행에서 돈을 빌려 근저당권을 설정했을 때도 이렇게 될 수 있습니다. 만약 임차인이 집주인의 부탁을 들어주지 않았다면 2순위가 되어 8천만 원을 배당받았을 것입니다. 이렇게 예시로 든 상황이 발생할 수 있으므로 임차한 집에 사는 동안에는 함부로 주민등록을 옮기지 않아야 합니다.

경우9) 임차인이 배당 요구를 했고, 대항요건은 갖췄지만 확정일자가 없을 때

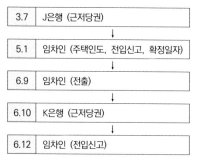

접수일자	권리 및 점유	권리자	채권 금액
3.7	근저당권	J은행	1억 원
5.1	주택인도, 전입신고	임차인	1억 원
6.10	근저당권	K은행	1억 원

배당순서		배당 금액
1순위	J은행	1억 원
2순위	K은행	1억 원

낙찰 금액: 2억 3천만 원

'경우9'에서 임차인은 대항요건을 갖췄지만, 확정일자를 갖추지 못했기

때문에 우선변제권이 없어 배당 절차에 참여하지 못합니다.

만약 이 임차인이 5월 1일에 확정일자를 같이 받았다면 우선변제권이 생겨서 2순위로 배당받아 임차보증금 1억 원을 다 되찾을 수 있었을 것입니다. 그러므로 확정일자도 최대한 빠르게 꼭 받도록 합니다.

참고로 낙찰 금액 2억 3천만 원에서 J은행과 K은행에 배당하고 남은 돈인 3천만 원은 이전 집주인에게 가게 됩니다.

후순위 임차인은 낙찰자에게 대항력이 없을 뿐이지 임대차 계약을 했던 이전 집주인에게 임차보증금을 돌려받을 권리가 있으므로 임차한 집이 경매가 되는 상황이 생긴다면 법률 전문가의 도움을 받아 임차보증금을 찾을 수 있는 다른 방법들도 함께 찾아보는 것이 좋습니다.

경우10) 임차인이 대항요건과 확정일자를 갖췄지만 배당 요구를 하지 않았을 때

후순위 임차인		
(그림)		
확정일자	배당요구	
O	X	

⇒

접수일자	권리 및 점유	권리자	채권 금액
3.7	근저당권	J은행	1억 원
5.1	주택인도, 전입신고, 확정일자	임차인	1억 원
6.10	근저당권	K은행	1억 원

낙찰 금액	
(그림)	
2억 5천만 원	

⇒

배당순서		배당 금액
1순위	J은행	1억 원
2순위	K은행	1억 원

'경우10'에서 임차인은 5월 1일에 대항요건과 확정일자를 갖춰 그 다음 날 0시에 우선변제권이 생겼고, K은행의 근저당권보다 권리 순서가 앞서지만, 배당 요구를 하지 않았기 때문에 배당 절차에 참여할 수 없습니다. 후순위 임차인은 낙찰자에게 대항력이 없으므로 집이 경매에 넘어간다면 꼭 배당 요구를 해야 합니다.

경우11) 대항요건과 확정일자를 갖추고 배당 요구를 한 다가구주택의 임차인인 경우

후순위 임차인	
확정일자	배당요구
O	O

접수일자	권리 및 점유	권리자	채권 금액
1.7	근저당권	J은행	3억 원
2.10	주택인도, 전입신고, 확정일자	임차인 A	2억 원
2.25	주택인도, 전입신고, 확정일자	임차인 B	2억 원
4.19	주택인도, 전입신고, 확정일자	임차인 C	1억 원
5.28	주택인도, 전입신고, 확정일자	나	1억 원

낙찰 금액
7억 원

배당순서		배당 금액
1순위	J은행	3억 원
2순위	임차인 A	2억 원
3순위	임차인 B	2억 원
4순위	임차인 C	0
5순위	나	0

'경우11'은 다가구주택의 경우입니다. 다가구주택은 건물 안에 구조상 구분된 부분의 소유자가 개별적이지 않고, 건물 전체가 하나로 등기되어 있는 건물입니다. 다가구주택에 먼저 살고 있는 임차인들은 보통 대항요건과 확정일자를 먼저 갖췄기 때문에 권리 순서가 앞서게 되고, 이 주택이 경매에 넘어가게 되면 뒤늦게 입주하여 대항요건과 확정일자를 갖춘 임차인보다 먼저 돈을 받아가게 됩니다.

배당할 금액이 충분하여 선순위 근저당과 권리 순위가 앞선 임차인들의 임차보증금을 돌려주고도 내 임차보증금을 돌려줄 수 있다면 괜찮겠지만, 그렇지 않다면 순위가 늦은 임차인은 배당 절차에 참여했어도 한 푼도 배당을 받지 못하는 상황이 생길 수 있습니다.

1순위보다 먼저 배당받는 소액임차인

인터넷이나 공인중개사 또는 주변 사람들을 통해서 임차보증금이 최우선변제금 안에 들면 집이 경매에 넘어가도 안전하다는 얘기를 들어보신 분도 있으실 겁니다. 이 최우선변제금이 뭔지, 임차보증금이 최우선변제금 범위 안에 있으면 무조건 안전한 건지 알아보도록 하겠습니다.

> **주택임대차보호법 제8조(보증금 중 일정액의 보호)**
>
> ① 임차인은 보증금 중 일정액을 다른 담보물권자보다 우선하여 변제받을 권리가 있다. 이 경우 임차인은 주택에 대한 경매신청의 등기 전에 제3조 제1항(대항력)의 요건을 갖추어야 한다.
> ③ 제1항에 따라 우선변제를 받을 임차인 및 보증금 중 일정액의 범위와 기준은 제8조의2에 따른 주택임대차위원회의 심의를 거쳐 대통령령으로 정한다. 다만, 보증금 중 일정액의 범위와 기준은 주택가액(대지의 가액을 포함한다)의 2분의 1을 넘지 못한다.

주택임대차보호법에서는 임차보증금의 금액이 소액인 임차인의 경우 임차보증금 중 일정액을 다른 담보물권자보다 우선하여 변제받을 권리가 있다고 정해놓았습니다. 여기서 '다른 담보물권자보다 우선하여'의 의미는 정해진 배당 순위보다 소액임차인의 임차보증금 중 일정액을 먼저 변제해 준다는 의미입니다. 이렇게 우선하여 변제받을 수 있는 권리를 실무에서는 '최우선변제권'이라고 부릅니다.

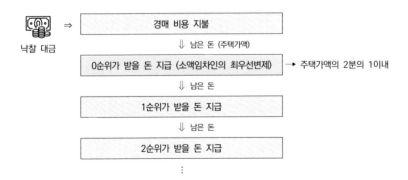

이때 최우선변제금액은 주택가액의 2분의 1을 넘지 못하는데, 주택가액은 간단하게 말하면 낙찰 대금에서 경매 비용을 제한 후 실제로 배당하는 금액이라고 생각하면 됩니다.

| 최우선변제를 받기 위한 조건

최우선변제를 받기 위해서는 아래의 조건을 충족해야 합니다.

☑ 경매개시결정의 등기 전에 대항요건을 갖출 것
☑ 소액임차인에 해당할 것
☑ 배당요구 종기일까지 배당요구를 할 것
☑ 배당요구 종기일까지 대항력을 유지할 것

☑ 경매개시결정의 등기 전에 대항요건을 갖출 것

최우선변제권은 경제적 약자에게 임차보증금 중 일정 금액을 다른 배당 순위보다 우선하여 보전해주는 강력한 권리인데, 집주인이 한 푼이라도 돈을 더 건지기 위해 배당절차에 임박하여 친인척 등을 서류상으로만 주민등록을 옮겨(전입신고) 소액임차인으로 넣으면 다른 권리자들이 배당에서 돈을 덜 받거나 못 받게 되는 경우가 생길 수 있습니다. 그렇기 때문에 '경매개시결정의 등기 전에 대항요건을 갖출 것'이라는 조건을 걸어, 이 집의 경매가 결정되기 이전부터 법적으로 임차인의 지위를 가진 사람에게 적용하겠다는 것입니다.

☑ 소액임차인에 해당할 것

임차인의 임차보증금이 법으로 정한 소액임차인의 임차보증금 범위에 포함되어야 합니다. 이때 소액임차인의 여부는 **배당 요구를 하는 시점**에서의 임차보증금으로 따집니다.

예를 들어 계약 시에는 소액임차인이었는데, 그 후 계약을 갱신하는 과정에서 임차보증금을 증액하여 소액임차인의 범위를 벗어났다면 소액임차인이 아니게 되고, 반대로 계약 시에는 소액임차인이 아니었는데 중간에 전세 계약에서 월세 계약으로 전환하면서 보증금이 낮아져 배당 요구 시점에서 임차보증금이 소액에 해당한다면 소액임차인입니다.

계약 시		배당 요구 시점		소액임차인 여부
소액임차인에 해당됨	증액 ▶	소액임차인 범위 벗어남	⇒	소액임차인 아님
소액임차인 아님	감액 ▶	소액임차인 범위 해당됨	⇒	소액임차인에 해당됨

☑ 배당요구 종기일까지 배당요구를 할 것 / 대항력을 유지할 것

배당요구 종기일까지 배당요구를 해야 하며, 대항요건을 유지해야 합니다. 이사를 가거나 주민등록을 옮기면 대항력이 사라집니다.

| 어떤 사람이 소액임차인이며, 최우선변제금액은 얼마일까?

대법원 인터넷등기소 - http://www.iros.go.kr

사이트 접속 ▶ 메뉴 ▶ 자료센터 ▶ '소액임차인의 범위 등 안내' 클릭

ⓐ 대법원 인터넷 등기소에 접속하여 '자료센터' 메뉴의 '소액임차인의 범위 등 안내'를 클릭하거나, 우측 하단에 '소액임차인의 범위 안내' 버튼을 클릭합니다.

ⓑ '소액임차인의 범위 등 안내'
페이지에 있는 전국 지도에서
'주택임대차보호법 조회'를 체크
하고, 지도에서 해당 주택이 있
는 지역을 클릭하면, 소액임차
인이 될 수 있는 임차보증금의
범위와 최우선변제로 받을 수
있는 금액이 어떻게 되는지 안
내하는 내용이 나옵니다.
(법 개정에 따라서 금액이 달라
질 수 있으므로 직접 사이트에
가서 확인합니다)

서울특별시를 예로 들어서 소액임차인의 범위에 관한 표를 보는 방법
을 설명하겠습니다.

② 기준시점	① 지역	③ 임차인 보증금 범위	④ 보증금 중 일정액의 범위
1990. 2. 19.~	서울특별시	2,000만 원 이하	700만 원
1995. 10. 19.~	서울특별시	3,000만 원 이하	1,200만 원
2001. 9. 15.~	서울특별시	4,000만 원 이하	1,600만 원
2008. 8. 21.~	서울특별시	6,000만 원 이하	2,000만 원
2010. 7. 26.~	서울특별시	7,500만 원 이하	2,500만 원
2014. 1. 1.~	서울특별시	9,500만 원 이하	3,200만 원
2016. 3. 31.~	서울특별시	1억 원 이하	3,400만 원
2018. 9. 18.~	서울특별시	1억 1천만 원 이하	3,700만 원
2021. 5. 11.~	서울특별시	1억 5천만 원 이하	5,000만 원

① '지역'에는 '소액임차인의 범위 등 안내' 페이지에서 내가 선택한
지역이 나옵니다.

② '기준시점'은 해당 주택의 등기부등본에서 **가장 먼저 설정된 담보물권이 접수된 날짜**를 말합니다. 담보물권이 될 수 있는 권리는 저당권, 근저당권, 담보가등기 등이 있으며, 만약 담보물권이 없다면 경매개시 결정 등기의 날짜를 기준으로 합니다.

③ 앞에서 찾은 기준시점에 해당되는 '임차인 보증금 범위'에 임차인의 임차보증금이 포함된다면 소액임차인에 해당됩니다.

④ '보증금 중 일정액의 범위'에 있는 금액이 소액임차인이 최우선변제로 받을 수 있는 금액의 범위입니다.

구체적인 예를 들어서 설명해보겠습니다.

접수일자	권리 및 점유	권리자	채권 금액	
2016.04.17	근저당권	J은행	1억 5천만 원	→ 담보물권
2017.05.01	주택인도, 전입신고, 확정일자	임차인 A	6천만 원	

이 주택의 소재지는 서울특별시이며, 임차인 A의 임차보증금은 6천만 원입니다. 먼저 해당 주택의 등기부등본에서 담보물권이 될 수 있는 권리를 찾습니다. 위 표를 보면 담보물권이 될 수 있는 권리는 J은행의 근저당권이며, 서울특별시 '소액임차인의 범위' 표의 '기준시점'에서 J은행의 근저당권이 설정된 날짜가 포함되는 구간은 아래와 같습니다.

기준시점	지역	임차인 보증금 범위	보증금 중 일정액의 범위
2016. 3. 31.~	서울특별시	1억 원 이하	3,400만 원

임차인 A의 임차보증금 6천만 원은 소액임차인 보증금 범위인 '1억 원 이하'에 포함되므로 임차인 A는 소액임차인에 해당되며 최우선변제로 3,400만 원을 우선하여 배당받을 수 있습니다. 위 표를 보면 임차인 A는 대항요건뿐만 아니라 확정일자까지 갖추어 우선변제권을 가지고

있기 때문에 최우선변제로 먼저 배당받고, 우선변제의 순위에 따라 배당할 때 자신의 차례에 남은 돈이 있다면 마저 배당을 받게 됩니다.

① 주택가액		배당 순서		배당 금액	
		0순위	임차인 A	3,400만 원	→ 최우선변제
1억 7천만 원	⇒	1순위	J은행	1억 3,600만 원	
		2순위	임차인 A	0	

이 집의 주택가액이 1억 7천만 원일 때, 임차인 A는 소액임차인이기 때문에 0순위로 3,400만 원을 먼저 배당받고, 그 다음에는 1순위인 J은행이 배당을 받습니다. 1순위 배당 후 남은 돈이 있다면 2순위인 임차인 A가 배당을 받겠지만 남은 돈이 없어서 배당이 마무리 됩니다.

> ① **주택가액** 낙찰금액과 그 외의 금액의 합계에서 경매 비용을 제한 후 실제로 배당하는 금액

이번에는 권리관계는 동일하고 임차인 A가 살고 있는 집의 소재지가 강원도라고 가정해보겠습니다. 같은 기준시점에서 강원도에서의 소액임차인의 범위는 아래와 같습니다.

기준시점	지역	임차인 보증금 범위	보증금 중 일정액의 범위
2016. 3. 31.~	강원도 전역	5,000만 원 이하	1,700만 원

기준시점에 따른 소액임차인 보증금 범위는 '5,000만 원 이하'인데, 임차인 A의 임차보증금은 6천만 원이기 때문에 소액임차인에 해당되지 않으며 최우선변제를 받을 수 없습니다.

주택가액		배당 순서		배당 금액
		1순위	J은행	1억 5천만 원
1억 7천만 원	⇒	2순위	임차인A	2천만 원

임차인 A는 우선변제권을 가지고 있기 때문에 우선변제의 순위에 따라 1순위인 J은행이 먼저 1억 5천만 원을 배당받고, 2순위인 임차인 A가 나머지 2천만 원을 배당 받게 됩니다.

| 소액임차인의 임차보증금이 최우선변제금 범위 안에 들어도 손해 보는 경우

소액임차인에 해당하고 임차보증금이 최우선변제금 범위 안에 있다면 임차보증금을 모두 받을 수 있을 거라고 생각할 수 있는데, 상황에 따라서 그렇지 않을 수도 있습니다. 기준시점에 따른 소액임차인의 보증금 범위가 아래의 표와 같다고 가정하고 예를 들어 설명하겠습니다.

기준시점	지역	임차인 보증금 범위	보증금 중 일정액의 범위
2016. 3. 31.~	서울특별시	1억 원 이하	3,400만 원

예시1)

접수일자	권리 및 점유	권리자	채권 금액	
2016.04.17	근저당권	J은행	2억 원	→ 최초 담보물권
2017.02.10	근저당권	K은행	1억 원	
2017.05.01	주택인도, 전입신고, 확정일자	임차인 A	3천만 원	

주택가액		배당 순서		배당 금액	
2억 7천만 원	⇒	0순위	임차인A	3천만 원	→ 최우선변제
		1순위	J은행	2억 원	
		2순위	K은행	4천만 원	
		3순위	임차인 A	0	

'예시1'을 보면 최초 담보물권인 J은행의 근저당권의 접수일자를 기준시점으로 하는 소액임차인의 범위는 '1억 원 이하'이고, 임차인 A의 임차보증금은 3천만 원이므로 소액임차인에 해당합니다. 이때 최우선변제금의 범위는 3,400만 원이므로 임차보증금에 해당하는 3천만 원을 최우선으로 배당받아 손해 없이 임차보증금 전액을 찾게 됩니다.

예시2)

접수일자	권리 및 점유	권리자	채권 금액
2016.04.17	근저당권	J은행	5천만 원
2017.02.10	주택인도, 전입신고, 확정일자	임차인 B	2천만 원
2017.05.01	주택인도, 전입신고, 확정일자	임차인 C	2천만 원
2017.07.16	주택인도, 전입신고, 확정일자	임차인 D	1천만 원

주택가액		배당 순서		배당 금액		소액임차인 배당	
9천만 원	⇒	0순위	소액임차인	4,500만 원	⇒	임차인 B	1,800만 원
		1순위	J은행	4,500만 원		임차인 C	1,800만 원
		2순위	임차인 B	0		임차인 D	900만 원
		3순위	임차인 C	0			
		4순위	임차인 D	0			

'예시2'는 다가구주택의 경우로 여러 명의 임차인이 살고 있습니다. 임차인 3명 모두 소액임차인에 해당하며, 각각 최우선변제금 3,400만 원 범위 내에서 배당받을 수 있습니다. 이 경우도 임차인들의 임차보증금이 최우선변제금인 3,400만 원보다 적은 금액이기 때문에 '예시1'과 같이 임차보증금 전액을 배당받을 수 있을 것처럼 보입니다.

앞서서 최우선변제금은 주택가액의 2분의 1을 넘지 못한다고 설명한 바 있습니다. 이 집의 주택가액은 9천만 원이고, 최우선변제금액은 주택가액의 2분의 1인 4,500만 원을 넘지 못합니다.

임차인 B, C, D의 최우선변제금의 총합은 5천만 원(2천만 원+2천만 원+1천만 원)으로 주택가액의 2분의 1을 넘는데, 이런 경우에는 최우선변제금의 한도인 4,500만 원을 가지고 임차인들에게 나눠주게 됩니다. 최우선변제로 배당할 때 소액임차인들 간에는 순위가 없고 동등하게 배당하기 때문에 4,500만 원에서 각 임차인이 받아야 할 최우선변제금의 비율대로 배당합니다.

$$소액임차인이\ 배당받을\ 금액 = \frac{각\ 소액임차인이\ 받을\ 최우선변제금}{소액임차인들의\ 최우선변제금의\ 총합} \times 배당할\ 금액$$

⇓

주택가액의 ½	소액임차인 배당	
 4,500만 원	임차인 B	2천만 원 / 5천만 원 × 4,500만 원 = 1,800만 원
	임차인 C	2천만 원 / 5천만 원 × 4,500만 원 = 1,800만 원
	임차인 D	1천만 원 / 5천만 원 × 4,500만 원 = 900만 원

그러면 임차인 B와 C에게 각각 1,800만 원, 임차인 D에게 900만 원 이 최우선변제로 배당되고, 남은 돈은 1순위인 J은행에게 배당되고 마무리됩니다.

정리하자면 최우선변제금의 한도는 주택가액이 2분의 1인데, 다가구주택의 경우 다수의 소액임차인이 있어 최우선변제금의 총합이 주택가액의 2분의 1을 넘는다면 최우선변제금 내의 임차보증금이라고 해도 전액을 보장받지 못할 수 있습니다.

| 소액임차인이지만 최우선변제를 받지 못하는 경우

소액임차인에 해당되어도 최우선변제를 받지 못하는 경우가 있는데 어떤 경우가 이에 해당되는지 알아보겠습니다.

⚙ 최우선변제를 받기 위한 조건을 갖추지 못한 경우

최우선변제를 받기 위한 조건	☑ 경매개시결정의 등기 전에 대항요건을 갖출 것
	☑ 소액임차인에 해당할 것
	☑ 배당요구 종기일까지 배당요구를 할 것
	☑ 배당요구 종기일까지 대항력을 유지할 것

⚙ 주택임차권등기가 있는 집에 임대차 계약을 한 경우

> **⚖ 주택임대차보호법 제3조의3(임차권등기명령)**
>
> ⑥ 임차권등기명령의 집행에 따른 임차권등기가 끝난 주택(임대차의 목적이 주택의 일부분인 경우에는 해당 부분으로 한정한다)을 그 이후에 임차한 임차인은 제8조에 따른 우선변제를 받을 권리가 없다.

주택임차권등기는 임대차 계약이 만료된 후 임차인이 임차보증금을 반환받지 못했지만 이사를 가야 하는 경우 그 주택에 대한 대항요건과 확정일자의 효력을 유지하기 위해 설정해 놓는 등기입니다.

만약 임차권등기 후에 들어온 소액임차인이 최우선변제권을 행사하여 먼저 배당을 받으면 임차권등기를 한 이전 임차인이 손해를 볼 수도 있기 때문에 주택임대차보호법 제3조의3 제6항에서는 임차권등기가 있는 주택을 임차한 소액임차인의 최우선변제권을 인정하지 않는다고 정해놓고 있습니다.

⚙ 등기부등본상 집의 시세를 초과하는 과도한 빚이 있음에도 불구하고 실제 통용되는 임차보증금보다 현저히 낮은 가격으로 임대차 계약을 한 경우

등기부등본을 열람했을 때 해당 주택의 시세에 비해 과도하거나 또는 시세를 넘어서는 대출이나 빚이 있어 임대차 계약을 하면 임차보증금이 위험한 집인데, 이런 집을 군이 계약한 것은 소액임차인으로서 임차보증금이 보장받을 수 있을 것으로 보고 계약을 한 것이고, 이는 다른 권리자가 충분한 변제를 받지 못하도록 지장을 주는 행위(사해행위)로 추정되어 최우선변제권을 인정하지 않습니다(대법원2003다50771).

임차권등기명령

임대차 계약은 그 계약 내용이 등기부등본에 등기되지 않지만 임차인
이 대항요건인 '주택의 인도'와 '주민등록'을 갖추면 대항력을 갖게 되
고, 여기에 확정일자까지 갖추면 우선변제권을 얻게 됩니다.

그리고 대항요건과 확정일자를 갖춘 상태가 변경되지 않고 계속 유지
되어야 대항력과 우선변제권의 효력이 지속됩니다.

반대로 '주택의 인도'와 '주민등록' 중 하나라도 상실 또는 변경되어
이 요건의 효력이 유지되지 않으면 대항력과 우선변제권도 사라지게

되는데, 임대차 계약이 만료된 후 임차보증금을 돌려받지 못했지만 이사를 가야한다면 어떻게 해야 할까요?

이런 경우에 이용할 수 있는 제도가 임차권등기명령입니다.

> **주택임대차보호법 제3조의3(임차권등기명령)**
>
> ① 임대차가 끝난 후 보증금이 반환되지 아니한 경우 임차인은 임차주택의 소재지를 관할하는 지방법원·지방법원지원 또는 시·군 법원에 임차권등기명령을 신청할 수 있다.
>
> ⑤ 임차인은 임차권등기명령의 집행에 따른 임차권등기를 마치면 제3조제1항·제2항 또는 제3항에 따른 대항력과 제3조의2제2항에 따른 우선변제권을 취득한다. 다만, 임차인이 임차권등기 이전에 이미 대항력이나 우선변제권을 취득한 경우에는 그 대항력이나 우선변제권은 그대로 유지되며, 임차권등기 이후에는 제3조제1항·제2항 또는 제3항의 대항요건을 상실하더라도 이미 취득한 대항력이나 우선변제권을 상실하지 아니한다.
>
> ⑧ 임차인은 제1항에 따른 임차권등기명령의 신청과 그에 따른 임차권등기와 관련하여 든 비용을 임대인에게 청구할 수 있다.

임차권등기명령은 임대차 계약이 끝난 후 세입자가 임차보증금의 전체나 일부를 돌려받지 못한 경우에 신청할 수 있는데, 임차한 주택의 등기부등본에 임대차 계약에 관한 내용이 등기되어 세입자가 이사를 가더라도 대항력(전입 + 점유)과 우선변제권(확정일자)의 효력을 그대로 유지할 수 있도록 하는 제도입니다.

예시)

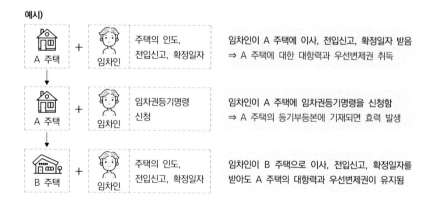

A 주택 + 임차인	주택의 인도, 전입신고, 확정일자	임차인이 A 주택에 이사, 전입신고, 확정일자 받음 ⇒ A 주택에 대한 대항력과 우선변제권 취득
A 주택 + 임차인	임차권등기명령 신청	임차인이 A 주택에 임차권등기명령을 신청함 ⇒ A 주택의 등기부등본에 기재되면 효력 발생
B 주택 + 임차인	주택의 인도, 전입신고, 확정일자	임차인이 B 주택으로 이사, 전입신고, 확정일자를 받아도 A 주택의 대항력과 우선변제권이 유지됨

앞의 '예시' 그림과 같이 임차권등기명령을 신청하고 그 효력이 발생한 후에는 A 주택에서 살지 않고 B 주택으로 주민등록을 옮겨도 A 주택에 대한 대항력과 우선변제권이 유지되므로 제삼자에게 임차인의 권리를 주장할 수 있고, A 주택이 경매에 넘어가게 된다면 배당 절차에 참여할 수 있게 됩니다. 경매개시결정등기 전에 임차권등기를 마친 임차인은 배당요구 없이도 배당에 참여할 수 있으며(대법원 2005다33039), 경매개시결정등기 후에 임차권등기를 마친 임차인은 배당요구 종기일까지 배당요구를 하여 배당에 참여할 수 있습니다.

| 임차권등기명령의 신청 요건

신청 요건　① 임대차가 끝난 후　② 보증금이 반환되지 아니한 경우

임차권등기명령은 임대차가 끝난 후에 신청할 수 있습니다. '임대차가 끝났다'는 것은 계약 기간이 만료되어 임대차가 종료된 경우는 물론 해지통고에 따라서 임대차가 종료되거나 합의 해지된 경우도 포함합니다. 묵시적 갱신이 이루어진 경우에는 임차인이 해지통고를 한 날로부터 3개월이 경과한 경우도 포함됩니다.

'보증금의 반환'은 임차보증금 전액을 뜻하며, 집주인이 임차보증금 전액을 돌려주는 것과 세입자가 집에 있는 짐을 다 뺀 후 집 열쇠와 함께 집을 집주인에게 돌려주는 것은 동시에 이루어져야 합니다.

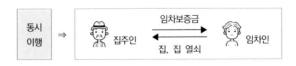

만약 집주인이 임차보증금의 전부나 일부를 새로운 세입자가 들어오면 돌려주겠다고 하면서 집을 빼달라고 했을 때 그 요구를 들어주게 되면

이전에 취득했던 대항력과 우선변제권이 사라지게 되어 임차보증금을 돌려받기 어려워지게 됩니다. 임차권등기명령은 이러한 문제를 해결하기 위한 제도이며, 임차보증금 전액은 물론 일부를 돌려받지 못한 경우에도 신청이 가능합니다.

| 임차권등기명령의 효력 발생 시기

🔖 효력 발생	해당 주택의 등기부등본에 주택임차권이 등기됐을 때

【 을 　 구 】		(소유권 이외의 권리에 관한 사항)		
순위번호	등기목적	접수	등기원인	권리자 및 기타사항
1	주택임차권	2018년9월26일 제△△△△호	2018년9월13일 ○○지방법원의 임차권등기명령	임차보증금 금 80,000,000원 임대차계약일자 2016년7월17일 주민등록일자 2016년9월10일 점유개시일자 2016년9월10일 확정일자 2016년7월17일 임차권자 홍길동 ○○시 △△구 ○○동 △△호

임차권등기명령은 신청하자마자 효력이 발생하지 않고, 2~3주 정도 지나서 해당 주택의 등기부등본의 을구에 '주택임차권'이라고 하여 세입자 이름, 보증금액, 전입신고일, 확정일자 날짜, 점유개시일 등이 기재됐을 때부터 효력이 발생합니다. 그러므로 이사를 해야 한다면 주택임차권이 등기부등본에 기재되어 효력이 발생한 이후에 해야 합니다.

| 임차권등기명령의 신청 방법

임차권등기명령은 집주인의 동의나 승낙이 없어도 신청이 가능하며, 임차 주택의 소재지를 관할하는 지방법원, 지방법원지원 또는 시·군 법원에 신청하면 됩니다. 그리고 임차인은 임차권등기와 관련하여 든 비용을 집주인에게 청구할 수 있습니다.

임차권등기의 말소는 집주인에게 임차보증금을 돌려받은 후 법원에 가서 하면 됩니다. 대법원 판례에서는 임대인의 임차보증금의 반환의무가 임차인의 임차권등기 말소의무보다 앞선다고 해석하고 있습니다.

임대차의 우선변제권과 전세권 설정 비교하기

보증금을 지키는 방법에는 지금까지 설명한 전입신고와 확정일자를 갖추는 방법 외에도 전세권을 설정하는 방법이 있습니다.

이에 대해 '전입신고를 하고 확정일자를 받아놓기만 하면 임차보증금이 안전하다.', '전입신고와 확정일자보다 전세권을 설정하는 것이 더 강력하고 안전하다.', '전세권을 설정하면 보증금을 다 돌려받을 수 있다.'고 알고 계신 분이나 그런 얘기를 주변에서 들어본 분도 있으리라 생각합니다.

전입신고와 확정일자가 임차보증금을 지키는 데 어떤 역할을 하는지, 그 효력발생시점이 왜 중요한지 지금까지 설명한 내용을 잘 이해하신 분이라면 '전입신고를 하고 확정일자를 받아놓기만 하면 임차보증금이 안전하다.'는 말이 맞지 않는 말임을 아실 것입니다. 전세권 설정에 대해 앞에 서술한 문장도 이 제도의 어떤 한 부분만을 강조했을 때 나온 오해라고 생각합니다.

집주인이 보증금을 돌려주지 않거나 임차한 집이 경매에 넘어가는 상황이 발생했을 때 내 보증금을 지키기 위해서는 이러한 제도의 장단점은 무엇인지, 내 상황에 유리한 제도는 무엇인지, 어떻게 활용하면 좋을지 깊이 있게 알고 있어야 합니다. 여기서는 전입신고와 확정일자를 갖춘 임차인과의 차이점을 통해 전세권을 설명해 보겠습니다.

| 임대차와 전세권

'임대차'는 집주인이 임차인에게 자신의 주택을 사용하게 할 것을 약정하고, 임차인은 차임(물건을 빌려 쓰고 치르는 값)을 지급할 것을 약정하는 것을 말하는데, 우리가 일반적으로 하는 전세 계약이나 월세 계약, 반전세 계약을 말합니다. 임대차 계약의 내용은 해당 주택의 등기부등본에 등기되지 않지만 「주택임대차보호법」에 따라 임차인의 권리를 보호하고 있습니다.

임차인은 '주택의 인도'와 '전입신고'를 통해 대항력을 가지며, 여기에 '확정일자'까지 더해지면 경매나 공매 시 배당절차에서 후순위 권리자나 기타 채권자보다 우선하여 변제받을 수 있는 우선변제권을 가지게 됩니다. 소액임차인의 경우에는 최우선변제권을 통해 임차보증금의 일정액을 다른 담보물권자보다 우선하여 보장해주며, 임대차가 끝난 후 임차인이 임차보증금을 반환받지 못했을 때는 임차권등기명령을 신청하면 임차주택의 등기부등본에 임차권의 내용이 등기되어 임차인이 이사를 가더라도(대항요건을 유지하지 않아도) 임차인의 대항력과 우선변제권이 유지되어 제삼자에게 권리를 주장할 수 있습니다.

'전세권'은 다른 사람의 집을 일정 기간 사용하기 위해 집주인에게 금액(전세금)을 지급한다는 점은 임대차와 비슷하나 계약 내용이 해당 주택의 등기부등본에 등기된다는 점에서 차이가 있습니다.

그리고 전세금을 반환받지 못했을 때 전세금 반환을 위해 해당 주택을 경매에 넘길 때 소송절차를 거치지 않고도 임의로 경매 신청을 할 수 있고, 배당절차에서 후순위 권리자나 기타 채권자보다 우선하여 변제받을 수 있는 우선변제권을 가집니다.

| 효력 발생과 유지

임대차에서 임차인이 「주택임대차보호법」에 의해 보호받기 위해서는 '주택의 인도(점유)'와 '전입신고', '확정일자'가 중요합니다.

대항력은 대항요건인 '주택의 인도'와 '전입신고'를 다 갖춘 날의 다음 날 0시부터 효력이 발생하며, 우선변제권은 대항요건과 확정일자가 동시에 효력이 발생하는 날에 취득하게 됩니다.

우선변제권은 대항력을 바탕으로 하기 때문에 우선변제권이 유지되기 위해서는 대항요건 또한 유지되어야 하며, 그러기 위해서 임차인은 실제로 그 집에 거주해야 하고, 전입신고를 한 상태도 유지해야 합니다.

전세권은 접수된 당일에 바로 효력이 발생하며, 해당 주택의 등기부등본에 전세권이 등기되어 있기 때문에 실제로 거주하지 않아도 됩니다.

| 설정 방법과 비용

임대차에서 임차인이 대항력과 우선변제권을 갖기 위해서는 전입신고를 하고 확정일자를 받아야 하는데, 이는 임대차 계약서와 신분증을 가지고 주민센터에 직접 방문하면 되고, 인터넷을 통해서도 가능합니다. 확정일자를 받는 것은 집주인의 동의를 받지 않아도 되며, 600원의 수수료가 발생합니다.

전세권은 해당 주택의 등기부등본에 등기하기 때문에 집주인의 동의가 필요하며, 전세권 설정등기를 할 때 집주인은 등기권리증, 주민등록초본, 인감증명서, 인감도장, 신분증을 준비해야 하고, 전세권자는 계약서, 주민등록등본, 신분증, 도장이 필요합니다.

전세권을 설정하는 데 드는 비용에는 전세금의 0.2%인 등록세와 등록세의 20%에 해당하는 지방교육세, 15,000원의 수입증지 비용이 있으며, 개인이 혼자서 할 수도 있지만 법무사를 이용할 시에는 여기에 법무사 수수료가 추가됩니다.

전세권은 전세권을 설정할 범위를 지정해야 하는데, 구분등기가 되어 있어 집마다 소유자가 다른 집합건물(아파트, 연립주택, 다세대주택)의 한 호실이나 단독주택의 건물 전체에 전세권을 설정할 경우에는 '예시1'과 같이 '권리자 및 기타사항'에 전세권의 범위가 '건물의 전부'로 표기됩니다.

예시1) 전세권의 범위가 건물의 전부일 때

【 을 　 구 】			(소유권 이외의 권리에 관한 사항)	
순위번호	등기목적	접수	등기원인	권리자 및 기타사항
1	전세권 설정	2017년4월19일 제1234호	2017년4월19일 설정계약	전세금　금 90,000,000원
				범　위　건물의 전부
				존속기간　2017년 4월 19일부터 2019년 4월 18일까지 전세권자　홍길동 611016-1******

다가구주택은 단독주택의 범주에 들어가는 건물인데, 쉽게 생각하면 덩치가 큰 단독주택이라고 생각하면 됩니다. 건물 안에 있는 내부 공간에 임의로 호수를 부여하여 임대한 것일 뿐, 등기상으로는 하나의 건물만 있습니다.

다가구주택의 어떤 한 호실에 전세권을 설정할 경우나 단독주택의 일부에 전세권을 설정할 경우에는 그 범위를 특정하기 위해서 도면을 첨부해야 하고, 전세권이 설정되면 '예시2'와 같이 '권리자 및 기타사항'에 전세권의 범위가 건물의 일부 중 어디에 해당하는지 기재됩니다.

예시2) 전세권의 범위가 건물의 일부일 때

【 을 구 】		(소유권 이외의 권리에 관한 사항)		
순위번호	등기목적	접수	등기원인	권리자 및 기타사항
1	전세권 설정	2017년4월19일 제1234호	2017년4월19일 설정계약	전세금 금 90,000,000원
				범 위 건물의 2층 중 일부 남쪽 약 23㎡ (202호)
				존속기간 2017년 4월 19일부터 2019년 4월 18일까지 전세권자 홍길동 611016-1*******
				도면 제2017-123호

전세권은 계약기간이 끝나고 집주인에게 전세금을 돌려받으면 전세권 말소등기를 하여 해당 주택에 설정되어 있는 전세권을 해지해야 하는데, 이때 필요한 서류는 전세권 말소등기 신청서, 등록면허세 영수필증, 등기신청수수료 영수필 확인서, 위임장(대리 신청의 경우), 전세권 해지증서, 전세권 설정 당시 교부서류 등기필증, 신분증과 도장이며, 비용은 전세권 말소등기 등록면허세 6,000원, 지방교육세(등록면허세의 20%) 1,200원, 등기수수료 3,000원이 듭니다.

| 집주인이 보증금을 돌려주지 않았을 때 경매 신청의 차이

임대차의 경우 집주인이 임차보증금을 돌려주지 않을 때는 먼저 임대차보증금반환청구소송 등의 방법으로 보증금의 반환을 청구합니다.

소송에서 승소했는데도 임차보증금을 돌려주지 않으면 승소 후 받은 확정판결문을 가지고 해당 주택에 경매를 신청하여 배당을 통해서 임차보증금을 회수하는 방법을 사용할 수 있습니다.

임차인이 바로 경매를 신청하지 못하고 소송을 거쳐야 하는 이유는 임대차가 '채권'이기 때문입니다. '채권'은 특정인에게만 어떤 행위를 청구할 수 있는 권리입니다. 쉽게 얘기하면 내가 A에게 돈을 빌려줬다면

A라는 특정한 사람에게만 돈을 돌려달라고 할 수 있는 권리와 같은 것입니다. 임차인은 집주인과 임대차 계약을 했기 때문에 집주인에게 권리를 주장할 수 있는 것이지 그 주택 자체에 직접적으로 권리를 가지는 것은 아닙니다. 따라서 내가 집주인에게서 받을 돈이 있다는 것을 재판을 통해 다툰 후 승소를 하였는데도 집주인이 임차보증금을 반환하지 않았을 때 승소로 받은 확정판결문을 가지고 강제집행의 방법인 경매를 신청할 수 있는 것입니다. 이렇게 확정판결문과 같은 집행권원을 근거로 하여 신청하는 경매를 '강제경매'라고 합니다.

전세권은 그 범위를 정하여 설정한다고 앞에서 설명했는데, 전세권의 설정 범위에 따라서 경매를 신청할 수 있는 방법이 달라집니다.

전세권이 건물 전체에 설정되어 있는 경우에는 집주인이 전세금(보증금)을 돌려주지 않는다면 전세권에 기해 바로 경매 신청을 할 수 있습니다. 이는 전세권이 특정 물건을 직접 지배할 수 있는 '물권'이기 때문입니다. 물권은 등기부등본에 권리의 발생, 변경, 소멸을 등기하여 일반인들이 알 수 있게 하며, 모든 사람에게 주장할 수 있고, 별도의 재판을 거치지 않고 곧바로 법원에 경매를 신청할 수 있는데 이러한 경매를 '임의경매'라고 합니다.

전세권이 설정되어 있어도 단독주택의 일부나 다가구주택의 한 호실과 같이 건물의 일부에 전세권이 설정되어 있는 경우에는 전세권에 기해 경매를 신청할 수 없습니다. 전세권은 설정된 부분에만 효력을 가지며, 전세권이 설정되지 않은 부분에는 효력이 미치지 않는데, 건물의 일부에 설정된 전세권을 가지고는 건물 전체를 경매로 넘길 수 없기 때문입니다. 그래서 이 경우는 전세금 반환청구소송 후 승소를 하여 받은 확정판결문을 가지고 주택 전부에 대한 강제경매를 신청해야 합니다.

ㅣ 우선변제권의 효력 범위

주택임대차보호법 제3조의2의 제2항에서는 대항요건과 확정일자를 갖춘 임차인은 경매 또는 공매 시 임차주택의 환가대금에서 후순위권리자나 그 밖의 채권자보다 우선하여 보증금을 변제받을 권리가 있다고 규정하고 있습니다(임차인의 우선변제권).

이때 환가대금에는 **주택뿐 아니라 대지(토지)의 환가대금도 포함**한다고 규정하고 있는데, 여기서 '환가'란 '값으로 환산함'이란 뜻으로 '임차주택의 환가대금'이란 경매나 공매에서 임차주택이 팔린 금액, 즉 낙찰된 금액을 말합니다.

쉽게 얘기하면 대항요건과 확정일자를 갖춘 임차인은 건물과 대지(토지)를 판 돈 모두에 대해서 후순위권리자보다 우선해서 임차보증금을 변제받을 권리가 있습니다.

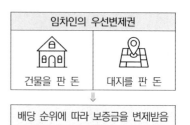

예를 들어서 건물과 대지가 경매로 나왔고 2억 원에 낙찰이 됐다면 임차인은 이 2억 원에서 배당 순위에 따라 배당을 받게 됩니다.

전세권에서의 우선변제권의 효력 범위는 전세권이 일반건물에 설정된 경우와 집합건물에 설정된 경우로 나누어서 살펴봐야 합니다.

전세권은 설정된 범위에만 효력이 미치는데, 보통 전세권을 설정할 때는 건물에 설정하게 됩니다.

단독주택이나 다가구주택과 같은 일반건물의 건물에 설정된 전세권은 건

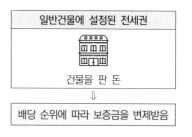

물에만 효력이 미치고 대지에는 효력이 미치지 않습니다. 따라서 건물을 판 돈에서만 후순위권리자보다 우선하여 보증금을 변제받을 권리가 있습니다.

예를 들어서 건물과 대지가 경매로 나왔고 2억 원에 낙찰이 됐는데, 건물과 대지의 가격을 감정가의 비율에 따라 환산했을 때 건물이 7천만 원, 대지가 1억 3천만 원이라고 한다면 일반건물의 건물에 전세권을 설정한 전세권자는 건물 가격인 7천만 원에서 배당 순위에 따라 배당을 받게 됩니다.

반면 아파트나 다세대주택 같은 집합
건물의 전유부분(특정 호실 전체)에
설정된 전세권은 그 효력이 건물(전유
부분)과 대지 지분에까지 미치기 때문
에 건물과 대지를 판 돈에서 후순위

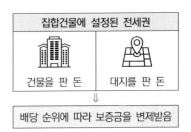

권리자보다 우선하여 보증금을 변제받을 권리가 있습니다.

지금까지 설명한 임대차와 전세권의 차이점은 다음의 표와 같습니다.

	임대차	전세권	
형태	일반적인 전월세 계약	전세권설정 계약	
등기여부	등기 안 함	등기함	
우선변제권 취득방법	대항력(거주, 전입신고) + 확정일자	전세권 설정등기	
우선변제권 효력발생	대항 요건과 확정일자의 효력이 동시에 발생할 때	전세권 등기접수일	
설정비용	확정일자 부여 수수료: 600원	· 등록세: 전세금의 0.2% · 지방교육세: 등록세의 20% · 수입증지: 15,000원 · (법무사 이용 시) 법무사 수수료	
해지비용	없음	· 전세권 말소등기 등록면허세: 6,000원 · 지방교육세: 1,200원 · 등기수수료 3,000원	
거주여부	거주해야 함	거주 안 해도 됨	
경매신청	강제경매	건물 전체에 설정	건물 일부에 설정
		임의경매	강제경매
우선변제권 효력범위	건물과 대지를 판 돈	집합건물	일반건물
		건물과 대지를 판 돈	건물을 판 돈

| 배당에서 선순위 임차인과 선순위 전세권자의 차이

임차인은 우선변제권 취득일(입주 + 전입신고 + 확정일자의 효력이 동시에 발생하는 날)로, 전세권은 접수된 날짜로 하여 주택의 등기부등본에 있는 다른 권리들의 접수날짜와 비교하여 날짜가 빠른 순으로 배당 순서를 정하게 됩니다.

등기부등본에 있는 권리들	해당 권리의 접수일	
전세권	전세권의 접수일	⇒ 날짜가 빠른 순으로 배당 순서 결정
임차인의 권리	우선변제권 취득일	

배당은 낙찰 대금에서 먼저 경매 비용을 지불한 뒤 남은 돈에서 1순위가 받아야 할 돈을 먼저 배당하고, 남은 돈에서 2순위가 받아야 할 돈을 배당하는 식으로 선순위 권리자부터 배당하고 거기서 남는 돈으로 그 다음 후순위 권리자에게 받을 돈을 차례대로 주는 방식입니다.

낙찰 대금
⇓
경매 비용 지불
⇓ 남은 돈
1순위가 받을 돈 지급
⇓ 남은 돈
2순위가 받을 돈 지급
⇓ 남은 돈
⋮

⚖ 민사집행법 제91조(인수주의와 잉여주의의 선택 등)

① 압류채권자의 채권에 우선하는 채권에 관한 부동산의 부담을 매수인에게 인수하게 하거나, 매각대금으로 그 부담을 변제하는 데 부족하지 아니하다는 것이 인정된 경우가 아니면 그 부동산을 매각하지 못한다.
② 매각부동산 위의 모든 저당권은 매각으로 소멸된다.
③ 지상권·지역권·전세권 및 등기된 임차권은 저당권·압류채권·가압류채권에 대항할 수 없는 경우에는 매각으로 소멸된다.
④ 제3항의 경우 외의 지상권·지역권·전세권 및 등기된 임차권은 매수인이 인수한다. 다만, 그중 전세권의 경우에는 전세권자가 제88조에 따라 배당요구를 하면 매각으로 소멸된다.

⚖ 주택임대차보호법 제3조의5(경매에 의한 임차권의 소멸)

임차권은 임차주택에 대하여 「민사집행법」에 따른 경매가 행하여진 경우에는 그 임차주택의 경락(競落)에 따라 소멸한다. 다만, 보증금이 모두 변제되지 아니한, 대항력이 있는 임차권은 그러하지 아니하다.

앞에 기술한 민사집행법 제91조 제3항과 주택임대차보호법 제3조의5의 내용과 같이 말소기준권리보다 권리 순서가 늦어 대항할 수 없는 후순위 임차인('예시1')과 후순위 전세권자('예시2')는 배당요구 후 자신의 배당순위에 따라 배당을 받으면 배당으로 보증금의 전액을 찾지 못하더라도 집이 매각되면서 권리가 소멸하며, 낙찰자에게 집을 비워줘야 하고, 배당으로 회수하지 못한 보증금('예시1'의 임차인 A는 4천만 원, '예시2'의 전세권자 B는 2천만 원)은 기존 집주인에게 받아야 해서 손해가 발생할 수 있다는 점은 임대차와 전세권이 동일합니다.

👉 말소기준권리에 대해서는 81쪽에서 자세히 다루고 있습니다.

예시1) 말소기준권리인 근저당권보다 권리 순서가 늦은 후순위 임차인의 경우 (소액임차인이 아닌 경우)

후순위 임차인 A ⇒

접수일자	권리 사항	권리자	채권 금액
3.7	근저당권	J은행	1억 원
5.1	주택인도, 전입신고, 확정일자	임차인 A	1억 원

낙찰 금액
1억 6천만 원 ⇒

배당 순서		배당 금액
1순위	J은행	1억 원
2순위	임차인 A	6천만 원

예시2) 말소기준권리인 근저당권보다 권리 순서가 늦은 후순위 전세권자의 경우

후순위 전세권자 B ⇒

접수일자	권리 사항	권리자	채권 금액
4.19	근저당권	J은행	1억 원
9.11	전세권	전세권자 B	9천만 원

낙찰 금액
1억 7천만 원 ⇒

배당 순서		배당 금액
1순위	J은행	1억 원
2순위	전세권자 B	7천만 원

임대차와 전세권의 차이는 소액임차인의 경우와 선순위 임차인과 선순위 전세권자의 차이에서 볼 수 있습니다.

임차보증금이 소액인 임차인의 경우에는 경매신청의 등기 전까지 주택의 인도와 주민등록을 마치면 확정일자를 받지 않은 경우에도 보증금 중 일정액을 다른 담보물권자보다 우선하여 배당받을 수 있는데, 이는 경제적 약자를 보호하기 위해 주택임대차보호법에서 규정하고 있는 제도로 전세권에는 이러한 개념이 없습니다.

다른 채권자가 경매 신청을 해서 임차주택에 경매가 진행됐을 때 선순위 임차인이 배당요구를 하지 않으면 임차보증금 반환의 책임은 낙찰자에게 있으며, 선순위 임차인은 임차보증금을 다 돌려받을 때까지 그 집에 계속 거주할 수 있습니다.
선순위 임차인이 배당요구를 했고 배당으로 보증금의 일부만 반환받았다면 반환받지 못한 임차보증금은 낙찰자에게 받으면 되고, 다 돌려받을 때까지 그 집에 거주할 수 있습니다. 이는 선순위 임차인이 낙찰자에게 대항력이 있기 때문입니다.

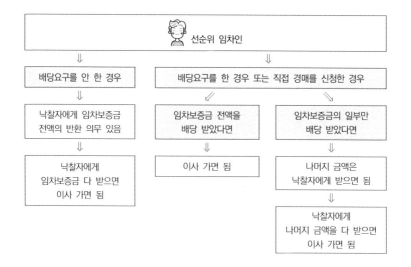

선순위 전세권자는 전세권 설정날짜가 다른 권리들의 접수날짜나 다른 임차인의 우선변제권 날짜보다 앞서 권리 순서상 1순위인 전세권자를 말합니다.

다른 채권자가 경매 신청을 해서 해당 주택에 경매가 진행됐을 때 선순위 전세권자가 배당요구를 하지 않으면 보증금 반환의 책임은 낙찰자에게 있지만, 배당요구를 하거나 직접 경매를 신청하게 되면 배당으로 보증금 전액을 받지 못했다고 하더라도 권리가 소멸하며, 낙찰자에게 집을 비워줘야 합니다.

배당으로 회수하지 못한 보증금은 기존 집주인에게 청구할 수는 있지만 주택이 경매에 넘어간 상황을 봤을 때 기존 집주인에게 다른 재산이 별로 없을 가능성도 염두에 두어야 합니다.

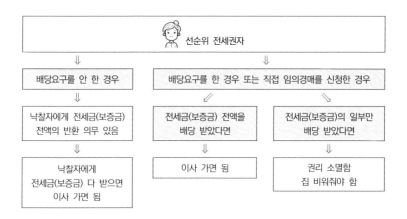

이렇게 선순위 임차인과 선순위 전세권자의 차이는 보증금의 일부만 배당받았을 때 드러나는데, 간단한 예를 들어서 좀 더 설명해 보겠습니다.

접수일자	권리 사항	권리자	채권 금액
5.1	주택인도, 전입신고, 확정일자	임차인 D	1억 원
8.19	근저당권	J은행	1억 원

낙찰 금액
9천만 원

⇒

배당 순서		배당 금액
1순위	임차인 D	9천만 원
2순위	J은행	0

위의 '예시3'에서 임차인 D씨의 임차보증금은 1억 원이고, 낙찰 금액
은 9천만 원입니다. 낙찰 금액이 임차보증금보다 적기 때문에 1순위로
배당을 받아도 임차보증금을 다 찾지 못하고 천만 원이 부족한 상황입
니다. 선순위 임차인은 낙찰자에게 대항력이 있기 때문에 배당으로 찾
지 못한 천만 원은 낙찰자에게 받으면 되고, 그 돈을 다 받을 때까지
그 집에 계속 거주할 수 있습니다.

만약 D씨가 임차인이 아니라 선순위 전세권자고 위와 같은 상황에서
배당요구를 했다면 선순위 전세권자는 9천만 원을 배당받은 후 해당
권리는 소멸합니다. 배당으로 찾지 못한 천만 원에 대해 낙찰자는 책
임이 없으며, 전세권자는 집을 비워줘야 합니다.

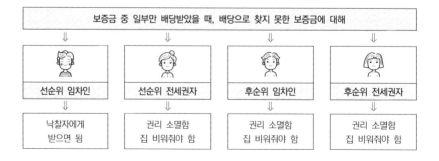

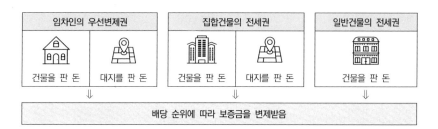

전세권의 경우 얼마를 배당 받든 배당을 받은 후 권리가 소멸하는데, 특히 일반건물(단독주택, 다가구주택)의 건물에 설정한 전세권이라면 건물을 판 돈에서만 배당을 받을 수 있고, 다가구주택의 경우 그 건물에 살고 있는 다른 임차인이 소액임차인이라면 주택가액의 2분의 1의 범위 안에서 최우선변제로 먼저 배당을 받아 가기 때문에 전세권자가 1순위임에도 배당을 받을 수 있는 금액이 줄어들게 됩니다.

그러므로 전세권만 설정한 선순위 전세권자인 경우 배당으로 전세금 전액을 찾지 못할 것 같다면 배당요구를 하지 않고 나중에 낙찰자에게 전세금 전액을 반환받는 것이 손해를 막는 방법이지만, 만약 전세권자의 전세금이 해당 주택의 매매 시세보다 더 높은 상황이라면 낙찰됐을 때 낙찰자가 배당요구를 하지 않은 전세권자의 전세금을 책임져야 하기 때문에 이런 주택은 낙찰자 입장에서 봤을 때 시세보다 비싸게 집을 사는 셈이므로 입찰하는 사람이 없게 됩니다.

입찰하는 사람이 없어 계속 유찰이 된다면 전세권자가 그 주택을 낙찰을 받은 후 전세금을 회수할 수 있는 다른 방법을 찾는다든지 배당으로 전세금 전액을 받지 못하게 되더라도 배당요구를 해서 전세금 일부를 배당을 받고 배당으로 찾지 못한 전세금은 기존 집주인에게 받아내는 방법을 찾는 등 각자의 상황에 따라 방법을 모색해야 합니다.

이렇게 전세권만 설정한 경우에는 전세금을 반환받는데 불리한 요소들이 있기 때문에 전세권을 설정할 거라면 전입신고와 확정일자도 갖춰서 전세권자로서의 권리뿐만 아니라 주택임대차보호법상 대항력을 갖춘 임차인으로서의 권리도 주장할 수 있도록 하는 것이 전세금을 지키는 데 더 유리합니다.

'예시4'의 경우와 같이 최선순위 전세권자이면서 선순위 임차인의 지위를 갖추고 있는 경우에 최선순위 전세권자로서 배당요구를 하면 보증금을 전액 배당받지 못해도 주택의 매각으로 전세권은 소멸되지만 대항력이 있는 임차권은 소멸하지 않으므로 배당받지 못한 나머지 보증금은 낙찰자에게 받을 수 있게 됩니다(대법원 2010마900).

예시4) 집합건물에서 최선순위 전세권자이면서 선순위 임차인의 경우

 ⇒

접수일자	권리 사항	권리자	채권 금액
5.1	전세권	전세권자 K	9천만 원
5.1	주택인도, 전입신고, 확정일자	임차인 K	9천만 원
8.19	근저당권	J은행	1억 원

낙찰 금액

8천만 원 ⇒

배당 순서		배당 금액
1순위	전세권자 K	8천만 원
2순위	임차인 K	0
3순위	J은행	0

따라서 '예시4'의 K씨는 전세권자로서 8천만 원을 배당받고 배당받지 못한 나머지 천만 원은 선순위 임차인으로서의 권리를 주장하여 낙찰자에게 받으면 되고, 그 돈을 다 받을 때까지 계속 거주할 수 있습니다. 물론 이 경우에도 이사를 해야 한다면 선순위 임차인으로서의 대항력과 우선변제권을 유지하기 위해서 임차권등기명령을 신청하고 그 효력이 발생했을 때 이사를 해야 할 것입니다.

특히 일반건물(단독주택, 다가구주택)의 건물에 설정된 전세권은 건물에만 전세권의 효력이 있고 대지(토지)에는 효력이 미치지 않아 건물을 판 돈에서만 배당을 받게 되는데, 대항요건과 확정일자를 갖추게 되면 주택임대차보호법상 임차인의 지위도 갖게 되어 대지와 건물을 판 돈에서 우선변제권을 행사할 수 있기 때문에 전세권을 설정할 경우 임차인의 지위도 함께 갖추는 게 좋습니다.

집주인의 체납 세금을 확인해야 하는 이유

경매와 관련된 용어 중에 '당해세'와 '일반세'라는 용어가 있습니다. '당해세'는 부동산 자체에 부과된 국세와 지방세를 말하고, '일반세'는 당해세를 제외한 국세와 지방세를 말합니다.

국세는 국가에서 징수하는 세금으로 세금이 체납되면 세무서에서 압류를 걸게 되고, 압류의 권리자에 '국'이라고 기재됩니다. 지방세는 지방자치단체가 징수하는 세금으로 세금이 체납되면 해당 지방자치단체에서 압류를 걸게 됩니다.

【 갑 구 】	(소유권에 관한 사항)			
순위번호	등기목적	접수	등기원인	권리자 및 기타사항
1	소유권이전	2014년2월12일 제 △△△호	2012년2월12일 매매	소유자 홍길동 611016-1****** 서울특별시 종로구 △△동
2	압류	2016년5월22일 제 △△△호	2016년5월22일 압류(△△납세과)	권리자 국 처분청 종로세무서
3	압류	2016년8월16일 제 △△△호	2016년8월16일 압류(징수과)	권리자 서울특별시 종로구

경매가 진행됐을 때 해당 주택 또는 그 소유자(집주인)에게 체납된 세금이 있다면 낙찰 대금에서 세금도 배당을 받아갑니다.

세금의 배당 순위를 정하는 기준은 등기부등본상의 압류일이 아니라 다른 규칙이 적용되는데, 당해세의 배당 순위는 0순위 중 두 번째에 해당하여 근저당권자나 선순위 임차인, 선순위 전세권자보다도 먼저 배당을 받아갑니다.

일반세는 세금의 종류별 명목에 따라 세법에서 정한 법정 기일이 있는데 이 법정기일을 기준으로 배당 순위가 결정됩니다.

법정 기일은 납세의무자에게 세금을 부과하기로 확정한 날짜로 간단하게 '세금 신고일' 또는 '납세고지서의 발송일'이라고 보면 되는데, 이 날짜가 근저당권이나 전세권의 등기접수일이나 임차인의 우선변제권 취득일과 동일한 경우에는 세금이 우선합니다.

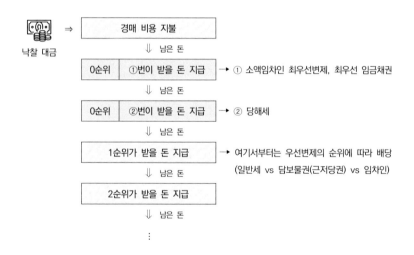

당해세가 있거나 법정 기일이 임차인의 우선변제권 취득일과 같거나 빠른 세금이 있다면 먼저 배당을 받아 가기 때문에 집주인의 체납 세금이 많을수록 임차인이 배당받을 금액이 줄어들게 되어 임차보증금의 손해가 발생할 가능성이 커지게 됩니다.

계약 전 등기부등본을 확인했을 때 국세나 지방세의 압류 등기가 있다면 집주인에게 체납 세금이 있다는 의미이므로 이런 집은 피하면 되겠지만, 세금 체납이 있어도 일정 기간까지는 압류를 하지 않아 압류 등기가 없을 수도 있기 때문에 집을 계약하기 전에 따로 확인해 볼 필요가 있습니다.

하지만 체납 사실은 체납자의 개인정보에 해당하여 임차인이 직접적으로 확인하기 어렵고, 집주인 본인이 확인해 주거나 집주인에게 동의를 얻어야 확인이 가능하다는 어려움이 있습니다.

따라서 계약 전에 공인중개사에게 집주인의 체납 세금을 확인해 달라고 요청하는 것이 방법이 될 수 있으나 이를 집주인이 불쾌하게 생각하여 확인 요청을 거부하거나 계약을 하지 않겠다고 할 수 있음을 염두에 두시기 바랍니다.

| 집주인의 체납 세금을 확인하는 방법 2가지

(1) 국세청 '미납국세 열람제도'를 이용하여 확인하기

임차할 건물소재지 관할 세무서 민원봉사실에 직접 방문하여 '미납국세 등 열람신청서'를 작성하여 제출합니다. '미납국세 등 열람신청서'에는 집주인의 서명 또는 날인이 필요하며, 집주인의 신분증 사본, 건물의 등기부등본 또는 건축물대장을 첨부해야 합니다.

(2) 집주인에게 국세 및 지방세 완납증명서를 요구해서 확인하기

임대차 계약 시 집주인에게 국세 및 지방세 완납증명서를 발급받아 확인시켜 줄 것을 공인중개사를 통해 요청합니다. 이때 발급받은 납세증명서의 기본 유효기간은 30일입니다.

국세 완납증명서 ⇒ 홈택스 - https://www.hometax.go.kr

'홈택스' 로그인 ▶ 민원증명 ▶ 납세증명서(국세완납증명) ▶ 발급신청

 지방세 완납증명서 ⇒ 정부24 - https://www.gov.kr

'정부24' 로그인 ▶ 자주 찾는 서비스에 '지방세 납세증명' 클릭 ▶ 신청하기

150

전세보증금 반환보증

전세보증금 반환보증이란?

전세보증금 반환보증은 전세 계약 종료 시 임대인이 임차인에게 반환해야 하는 전세보증금의 반환을 보장받는 보험 상품입니다.

이 상품에 가입하게 되면 임대인(집주인)이 임차인(세입자)에게 전세 계약 종료 후에 전세보증금을 반환하지 않을 때, 보증회사에서 임차인에게 보험금을 지급한 후 임차인을 대신하여 임대인에게 전세보증금의 반환을 청구합니다. 보증금 사고에 대비해야 할 필요성을 느끼거나 매매가와 전세가의 갭이 커서 깡통전세 걱정이 없더라도 계약 만료 후 제때 보증금을 반환받지 못하는 것이 걱정되시는 분은 가입하시는 것을 추천합니다.

상품에는 HUG 주택도시보증공사의 '전세보증금 반환보증'과 SGI 서울보증의 '전세금보장신용보험'이 있으며, 두 상품을 비교해보고 자신에게 맞는 상품을 선택하면 됩니다. 각 보증회사의 정책 변경에 따라 세부적인 내용은 바뀔 수 있으니 여기서 소개하는 내용은 참고만 하시고, 좀 더 자세한 내용은 각 보증회사 홈페이지를 방문하여 확인하시거나 해당 보증회사의 고객센터에 문의하시면 됩니다.

참고로 해당 주택이 보증 상품 가입이 가능한 집인지 **임대차 계약 전에 보증회사에 문의할 수 있는데**, 만약 문의했을 때 보증 상품의 가입이 안 되는 집이라면 보증회사에서도 나중에 전세보증금이 위험할 수 있는 집이라 판단한 것이기 때문에 계약하지 않는 것이 좋습니다.

HUG 주택도시보증공사의 '전세보증금 반환보증'

보증 신청 가능 시기	신규 전세계약	전세계약서상 잔금지급일과 전입신고일 중 늦은 날로부터 전세 계약기간의 2분의 1이 경과하기 전
	갱신 전세계약	갱신 전세 계약서상 전세 계약 기간의 2분의 1이 경과하기 전
보증대상		단독·다중·다가구·연립·다세대주택, 주거용 오피스텔, 아파트, 노인복지주택
임차보증금		수도권 7억 원 이하, 그 외 지역 5억 원 이하
보증기간		보증서 발급일 ~ 전세 계약 기간의 만료일 후 1개월
보증금액		보증한도 내에서 보증신청인이 신청한 금액
가입 가능 금융기관		· 보증기관에 방문하거나 홈페이지(http://www.khug.or.kr)에서 가입 · 신한, 국민, 우리, 광주, KEB하나, IBK기업, NH농협, 경남, 수협, 대구은행 · 우리은행, 국민은행은 해당 은행 모바일 앱을 통해 보증가입 가능 · 모바일 신청 　– 네이버부동산 ▶ 금융상품 ▶ 전세보증금반환보증 　– 카카오페이 ▶ 간편보험 ▶ 전세보증금반환보증 　– KB국민카드 ▶ 국가몰app ▶ 라이프샵 ▶ 전세보증

| 보증료

보증료는 전액을 한 번에 납부할 수도 있고, 6개월 단위로 분납도 가능합니다. 연말정산 세액공제도 가능하고, 사회배려계층은 40~60%의 할인 혜택이 있고, 청년가구 할인, 전자계약 할인, 비대면보증 할인, 모범 납세자 할인, 일시납 할인 등이 있습니다.

HUG 주택도시보증공사의 전세보증금 반환보증은 보증기간에 해당하는 일수에 따라 보증료를 산정하기 때문에 늦게 가입할수록 비용이 절감되며 전세보증금 환급에 불이익은 없습니다. 다만, 전세보증금 반환보증을 가입하기 전에 집이 경매에 넘어가거나 보증 조건에 부합하지 않는 상황이 발생했을 때는 가입이 불가능해지므로 가입할 계획이 있으신 분은 미루지 말고 바로 가입하는 것을 추천합니다.

보증료 산정식	보증금액 × 보증료율 × 전세 계약 기간/365 = 납입 보증료				
	보증금액	**주택유형**	***부채비율**	**보증료율**	
	9천만 원 이하	아파트	80% 이하	연 0.115%	
			80% 초과	연 0.128%	
		단독·다중· 다가구	80% 이하	연 0.139%	
			80% 초과	연 0.154%	
		기타	80% 이하	연 0.139%	
			80% 초과	연 0.154%	
보증료율 (단위: 연)	9천만 원 초과 ~ 2억 원 이하	아파트	80% 이하	연 0.122%	
			80% 초과	연 0.128%	
		단독·다중· 다가구	80% 이하	연 0.146%	
			80% 초과	연 0.154%	
		기타	80% 이하	연 0.146%	
			80% 초과	연 0.154%	
	2억 원 초과	아파트	80% 이하	연 0.122%	
			80% 초과	연 0.128%	
		단독·다중· 다가구	80% 이하	연 0.146%	
			80% 초과	연 0.154%	
		기타	80% 이하	연 0.146%	
			80% 초과	연 0.154%	
보증일 산정식	보증 기간에 따라 산정 (전세 계약 기간/365)				

🖩 **보증료 계산 예시**

임차보증금(보증가입금액) 1억 원, 부채비율이 80%를 초과하는 아파트에 전세 계약 기간이 2년인 임대차 계약을 체결한 계약자가 보증상품에 즉시 가입할 경우 납입할 보증료
⇒ 보증금액 × 보증료율 × 전세 계약 기간/365
　= 1억 원 × 0.128% × 2년 = 256,000원

위와 같은 조건의 계약자가 임차 기간 2년 중 1년을 남겨두고 가입할 경우 납입할 보증료
⇒ 보증금액 × 보증료율 × 전세 계약 기간/365
　= 1억 원 × 0.128% × 1년 = 128,000원

※ 보증료율은 회사 정책상 달라질 수 있으니 HUG 홈페이지를 통해 다시 한 번 확인하시길 바랍니다.

| 보증조건

☑ 신청하려는 주택에 거주하면서 전입신고와 확정일자를 받았을 것

☑ 전세보증금과 선순위채권을 더한 금액이 주택가격 이내일 것

☑ 등기부등본상 확인사항

① 보증발급일 기준 주택 소유권에 대한 권리침해사항(경매신청, 압류, 가압류, 가처분, 가등기 등)이 없을 것 ☞ 등기부등본의 갑구에서 확인

② 선순위채권이 주택가격의 60% 이내일 것 ☞ 등기부등본의 을구에서 확인

③ 주택의 건물과 토지(대지권)가 모두 임대인의 소유일 것

☑ 전입세대열람내역서 확인사항

– 보증신청일 현재 타세대 전입내역이 없을 것 (단독, 다가구, 다중주택 제외).

☑ 전세계약서상 확인사항

① 전세계약기간이 1년 이상일 것

② 공인중개사를 통해 체결(날인)한 전세계약서일 것 (기존 계약 시 공인중개사를 통해 전세 계약을 체결했다면 갱신 전세 계약은 공인중개사를 통해 체결한 전세계약서가 아니어도 가입이 가능함)

③ 전세보증금액이 수도권 7억 원 이하, 그 외 지역 5억 원 이하 일 것

④ 전세보증금반환채권의 담보 및 양도를 금지하는 특약이 없을 것

☑ 단독, 다중, 다가구 주택의 경우 추가 확인사항

① 건축물대장상 위반건축물로 기재되어 있지 않을 것

② 선순위채권과 다른 세입자들의 선순위 보증금액을 합한 금액이 주택가격의 80% 이내일 것

☑ 전세권이 설정된 경우 말소 또는 공사로 전세권을 이전할 것

– 중소기업이 아닌 법인임차인의 경우 전세권을 이전해야 가입 가능

☑ 질권설정 또는 채권양도 통지된 전세대출을 받지 않았을 것

– 신용대출은 보증가입이 가능 ☞ 대출받은 은행에 확인

☑ 임대인이 공사의 보증금지대상자가 아닐 것

※ 주택가격 산정기준은 HUG 주택도시보증공사 사이트의 전세보증금 반환보증 상품개요에서 확인할 수 있습니다.

HUG 주택도시보증공사 – http://www.khug.or.kr

사이트 접속 ▶ 메뉴 '개인보증' ▶ 전세보증금 반환보증 ▶ '상품개요'에서 확인 가능

| 보증 신청 시 제출서류

모든 서류는 보증신청일 기준으로 최근 1개월 이내 발급한 서류여야 합니다. 보증 심사 시 영업 지사에서 추가 서류를 요청할 수 있습니다.

① 공통서류 (아파트·주거용 오피스텔)

제출서류	발급처		
	온라인		**오프라인**
주민등록등본	정부24 (비용: 무료) https://www.gov.kr		주민센터 (비용: 400원)
			무인발급기 (비용: 200원)
신분증 사본	신분증 복사본		
확정일자부 임대차 계약서 사본	· 확정일자가 찍힌 임대차 계약서 사본 (공인중개사 날인 필수) · 갱신계약의 경우 최초 작성한 계약서에 공인중개사 날인이 있다면 공인중개사 날인 생략 가능 · 갱신 계약서인 경우에는 최초 전세계약서 포함하여 제출		
전세 보증금 지급 확인 서류 (택1)	무통장입금증	은행에서 발급	
	계좌이체 내역서	· 임대인 이름, 임대인 계좌번호, 지급 금액 명시 필수 · 해당 은행 홈페이지에서 발급 가능 · 직접 은행에 가서 발급받을 시 비용: 2,000원	
	임대인 또는 공인중개사가 확인한 영수증	· 전세계약서상의 임대인 및 공인중개사의 도장과 동일한 인영이 날인되어야 함 · 전세계약서상으로 전세보증금의 완납 여부가 확인되는 경우 서류 생략 가능	
부동산등기사항 전부증명서 (등기부등본)	**온라인**		**오프라인**
	대법원 인터넷등기소 http://www.iros.go.kr (발급비용: 1,000원)		등기소 (비용: 1,200원)
			무인발급기 (비용: 1,000원)
전입세대 열람내역 (1개월 이내 발급분)	주민센터에서 발급 (온라인 발급 불가, 임차인 본인만 열람 가능) · 준비물: 신분증, 확정일자부 전세 임대차 계약서 · 비용: 300원 · 지번명, 도로명 열람내역 각각 다 발급해야 함 · 단독, 다중, 다가구 주택의 경우 건물 전체의 전입세대열람내역서 제출 필요		

② 상황별 추가서류

단독·다중·다가구주택 추가 제출 서류	· 건축물대장: 위반건축물로 등재된 경우 보증가입 불가
	· 타전세계약체결내역확인서 (공사양식)
	  – 임대인 또는 공인중개사 확인(도장) 필요
	  – 타전세계약체결내역확인서 제출 불가능한 경우 다음의 자료로 대체 가능: 확정일자부여현황(5년 이내의 현황 필요), 건축물대장상 근린생활시설 등 상가가 존재하는 경우 상가 건물 임대차현황서 추가 제출 필요

전세계약을 임대인의 대리인과 체결한 경우	· 대리계약 체결에 대한 위임장 및 인감증명서

SGI 서울보증의 '전세금보장신용보험'

보험 신청 가능 시기	임대차 기간이 1년 이상이면서 임대차 계약기간의 2분의 1이 지나지 않은 임대차 계약 (24개월 초과 임대차 계약의 경우 12개월이 지나지 않은 임대차 계약)
가입 대상	아파트, 단독·다가구, 다세대(연립), 주거용 오피스텔, 도시형생활주택
임차보증금	아파트의 경우 제한 없음, 아파트 이외의 주택은 10억 원 이내
보험기간	임대차 계약 기간
보험금액	임대차 계약서상의 임차보증금 전액
가입 가능 금융기관	· 보증 기관에 방문하거나 홈페이지(https://www.sgic.co.kr)에서 가입 · 위탁 은행에서도 가입이 가능

| 보험료

보험료 산정식	보험가입금액 × 적용요율 × 전세 계약 기간 = 납입 보험료
적용요율	아파트: 연 0.192%, 그 외 주택: 연 0.218% (보증금액과 부채비율에 따라서 적용요율은 달라질 수 있습니다.)
보험일 산정식	임대차 기간 전체로 보험료를 산정
연말정산 여부	임차보증금 3억 원 이하인 경우 보험료에 한하여 특별세액공제 가능

🖩 **보험료 계산 예시**

임차보증금(보험가입금액) 1억 원, 임차기간 2년인 아파트의 임대차 계약을 체결한 계약자
가 납입할 보험료

⇒ 보험가입금액 × 적용요율 × 임대차기간 = 1억 원 × 0.192% × 2년 = 384,000원

| 신청 시 제출서류

모든 서류는 보증신청일로부터 1개월 이내 발급한 서류여야 합니다.
보증 심사 시 영업 지사에서 추가 서류를 요청할 수 있습니다.

제출서류	발급처	
전입신고를 완료한 임차인의 주민등록등(초)본	**온라인**	**오프라인**
	정부24 (비용: 무료) https://www.gov.kr	주민센터 (비용: 400원)
		무인발급기 (비용: 200원)
확정일자부 임대차 계약서	공인중개사의 중개를 받고 확정일자가 있는 임대차 계약서	
부동산등기사항 전부증명서 (등기부등본)	임차물건지의 토지 및 건물 등기부등본(전입신고 이후 발급건)	
	온라인	**오프라인**
	대법원 인터넷등기소 http://www.iros.go.kr (비용: 1,000원)	등기소 (비용: 1,200원)
		무인발급기 (비용: 1,000원)
임대차사실확인서	단독, 다가구 주택 및 주택 일부 임차 시 제출	
전입세대 열람내역	주민센터에서 발급 (온라인 발급 불가, 임차인 본인만 열람 가능) · 단독, 다가구 주택 및 주택 일부 임차 시 제출 · 준비물: 신분증, 확정일자부 전세 임대차 계약서, 비용 300원 · 지번명, 도로명 열람내역 각각 다 발급해야 함	
채권양도약정서 및 부속서류	개인 임차인의 경우 제출 (SGI서울보증 양식을 따름)	

| 가입제한 조건

다음 중 하나라도 해당되는 경우에는 상품에 가입할 수 없습니다.

- ☑ 임차물건의 등기부등본상에 압류, 가압류, 가처분, 가등기, 경매신청 등 임대인의 소유권 행사에 제한사항이 있는 경우
- ☑ 토지와 건물의 소유자가 다른 경우
- ☑ 임차물건이 등기되지 않은 경우
  (단, 신규 분양아파트의 경우 건물만 등기된 경우는 가능)
- ☑ 전세금보장신용보험에 이미 가입된 임대차 계약의 경우
- ☑ 임대인이 보험계약 규제자(금융회사 신용관리대상자)인 경우
- ☑ 임대인이 주택건설업체(임대주택업체)인 경우
- ☑ 전전세(전대차)로 체결한 임대차 계약의 경우
- ☑ 임대인이 여러 개의 증권을 발급받는 데 제한이 있는 경우
- ☑ 임대차 계약의 묵시적 갱신이 이루어진 경우
- ☑ 임대인이 법인인 경우
- ☑ 임차인이 개인이면서 주택임대차보호법 제3조의2 제7항에서 정한 *금융기관을 제외한 제삼자에게 임차보증금반환채권을 양도한 경우
  * 시중은행 (중소기업은행, 한국산업은행, 농협은행, 수협은행 포함), 우체국, 한국주택금융공사, 주택도시보증공사

보증 상품 가입 전 유의할 사항

각 보증회사에서 요구하는 가입 조건에 부합하는지 심사한 후 그 결과에 따라 가입 여부가 달라지고, 집에 문제가 없더라도 집주인이 보증회사의 블랙리스트에 올라간 경우에는 상품 가입이 거절되므로 **전세계약을 하기 전에** 보증상품의 가입이 가능한 집인지 해당 주택의 소재지를 관할하는 영업 지점에 꼭 문의하시기 바랍니다.

ⓘ **Tip** - HUG에 보증상품 문의나 가입 후 생긴 문제에 대해 상담이 필요할 때, HUG 홈페이지에 있는 대표 상담 전화번호로 연락 시 상담사와 전화 연결이 잘 안 되는데, 그럴 때는 해당 주택의 지역을 관리하는 지사에 전화하는 게 조금 더 연결이 잘 된다고 합니다. 또는 홈페이지의 '고객지원센터' 메뉴에 '전자민원/FAQ' 메뉴에 있는 '문의 및 민원 접수' 게시판에 글을 남기면 빠르면 하루, 늦으면 2, 3일 안에 전화 상담이 가능하며, 해당 지사에 직접 방문을 해서 상담을 받는 방법도 있습니다.

보증 상품 가입 기간 동안 유의 사항

나중에 전세보증금의 반환에 문제가 생겼을 때 보험금을 받을 수 있으려면 보증 상품 가입 기간 동안 지켜야 하는 사항들이 있습니다.

이러한 사항들을 지키지 않았을 때는 보험금이 지급되지 않기 때문에 반드시 알아두어야 하며, 보다 자세한 사항은 가입하신 상품의 설명서나 약관의 내용을 참고하시기 바랍니다.

| 임차인의 우선변제권 유지하기

임차인은 보증 기간 동안 우선변제권이 소멸되지 않도록 대항요건을 유지해야 합니다. 만약 다른 주소지로 전입신고를 한다든가 다른 곳으로 이사하여 주택의 점유를 상실하면 대항력을 상실하면서 우선변제권도 소멸되기 때문에 나중에 보증회사에 보험금을 청구할 수 없습니다.

| 임대차 계약의 변경 또는 갱신과 관련하여 주의 사항

임대인과 새로운 임대차 계약을 체결하거나 매매나 증여, 상속 또는 기타 사유로 집주인이 변경된 경우 또는 임대차 계약 종료 2개월 전까지 집주인에게 임대차 계약 갱신 거절 의사를 표시하지 않아 묵시적 갱신이 된 경우에는 보증상품의 변경 또는 갱신이 필요하므로 즉시 보증회사에 연락하여 상담을 받아야 합니다. 만약 이러한 사유가 발생했는데 보증 상품의 변경 또는 갱신을 하지 않은 상태에서 전세보증금의 반환에 문제가 생겼을 때는 보증회사에서 보험금을 지급하지 않습니다.

| 임차 주택에 대하여 경매 또는 공매가 개시된 경우

임차 주택에 대해 경매나 공매가 개시된 경우에는 즉시 보증회사에 이

사실을 알리고 보험금 청구와 관련하여 상담을 받아야 합니다. 그리고 배당요구 종기일까지 우선변제권을 유지해야 하며, 배당을 받기 위해 배당요구를 반드시 해야 합니다.

보험금 청구에 관해서 알아둘 점

보증 상품에 있어서 중요한 것은 나중에 임차보증금을 돌려받지 못하는 상황이 발생했을 때 보험금을 청구하고 돈을 돌려받는 것이라고 할 수 있습니다. 보증회사에서 정해놓은 이행절차나 방법을 미리 숙지하고 있다면 필요한 절차나 서류를 제때 준비할 수 있을 것입니다.

| 보증회사에서 보장하는 손해 및 보험금 신청 시기

	HUG 주택도시보증공사	SGI 서울보증
보증 사고 ①	임대차 계약 해지 또는 종료 후 1월까지 정당한 사유 없이 임차보증금을 반환받지 못하였을 때	임대차 계약이 해지 또는 종료되었으나 임차보증금을 반환받지 못하였을 때
보증 사고 ②	임대차 계약 기간 중 임차목적물에 대하여 경매 또는 공매가 실시되어, 배당 후 임차보증금을 반환받지 못하였을 때	임대차기간 중 임차목적물에 대하여 경매 또는 공매 절차가 개시된 후, 배당 후 임차보증금을 반환받지 못하였을 때

위 표에서 보다시피 각 보증회사에서 정해놓은 보증사고의 유형은 2가지이며 그 내용은 동일합니다. 다만 차이점이 있다면 '보증사고 ①'에서 HUG의 경우 임대차 계약 해지 또는 종료 후 **한 달이 지날 때까지** 임차보증금을 반환받지 못했을 때 보험금 신청이 가능하다는 점입니다. 두 상품 모두 보험금 신청 시 서류도 제출해야 하고, 서류 심사도 거치기 때문에 보험금이 바로 나오지 않으며 시간이 조금 걸릴 수 있음을 알아두시길 바랍니다.

| 보험금 청구를 위한 서류 준비 과정에서 주의할 점

다음 표의 내용은 보험금 청구 시 필요한 서류에 대해서 각 보증회사 홈페이지에서 안내하고 있는 내용입니다. 이 서류들 중에는 적지 않은 시간이 소요되는 것도 있고, 시기적절하게 준비하지 않으면 안 되는 것도 있기 때문에 주의할 점을 몇 가지 짚어보겠습니다.

HUG 주택 도시 보증 공사	공통	· 보증채무이행 청구서 (공사 소정양식) · 전세계약서 원본 (은행이 보관중인 경우 사본 제출 가능) · 주민등록등(초)본 (주소변동내역 포함하여 발급) · 주택 임차권등기가 등재된 등기사항전부증명서 · 대위변제증서 (공사 소정양식) · 계좌입금의뢰서 (통장사본 첨부) · 명도확인서 및 퇴거(예정)확인서 (공사 소정양식) · 주택임차권등기명령취하 및 해제신청서 관련 위임장 (공사 소정양식) · 배당금 수령 관련 위임장 (공사 소정양식) · 인감 증명서 2부 (필요서류에 날인한 인감) · 신분증 사본 (앞, 뒤)
	개별	* '보증사고 ①'의 경우: 전세계약이 종료(해지)되었음을 증명하는 서류
		* '보증사고 ②'의 경우 · 전세권 배당요구 권리신고서 · 배당표 등 전세보증금 중 미수령액을 증명하는 서류
	🖱	보증이행안내 https://www.khug.or.kr/hug/web/ge/er/geer001100.jsp
		이행청구서류 안내 동영상 https://youtu.be/ZkqnH2tTdHQ
SGI 서울 보증	기본 서류	① 보험금 청구서 ② 통장사본 ③ 인감증명서 및 사용인감계(사용인감 날인 시)
	손해 입증 서류	① 임대차계약서 및 임차보증금 지급영수증 (입금증, 영수증 등) ② 임차목적물의 부동산등기부 등본 (청구시점 1개월 내 발급) ③ 임차인의 주민등록등본 (청구시점 1개월 내 발급) ④ 임대인에게 임차보증금 반환을 독촉한 사실을 증명하는 서류 ⑤ 임대차계약 해지통보서 ⑥ 임차목적물의 명도를 확인할 수 있는 서류 또는 임차인의 주택명도확약서 ⑦ (보험금 수령 시) 임차보증금 권리이전통지서 ⑧ 기타 심사 시 필요서류

SGI 서울 보증	사안별 제출 서류	① (청구자 개인인 경우) 임차권등기명령신청에 필요한 서류, 보험금 청구를 위한 필수 동의서 ② (경매로 경락된 경우) 배당관련 서류 (배당표등본 등) ③ (가입 시 보험료 할인 받은 경우) 임차인의 주민등록등본 초본, 전입 세대열람 내역 ④ (사후 채권양도 약정 시) 채권양도 약정서 및 통지위임장, 임차권 등 기신청서, 법무사 위임장

⚙️ 임대차 계약이 해지 또는 종료되었음을 증명하는 서류

⚖️ 주택임대차보호법 제6조(계약의 갱신)

① 임대인이 임대차기간이 끝나기 6개월 전부터 2개월 전까지의 기간에 임차인에게 갱신거절(更新拒絶)의 통지를 하지 아니하거나 계약조건을 변경하지 아니하면 갱신하지 아니한다는 뜻의 통지를 하지 아니한 경우에는 그 기간이 끝난 때에 전 임대차와 동일한 조건으로 다시 임대차한 것으로 본다. 임차인이 임대차기간이 끝나기 2개월 전까지 통지하지 아니한 경우에도 또한 같다. 〈개정 2020. 6. 9.〉
② 제1항의 경우 임대차의 존속기간은 2년으로 본다.

⚖️ 주택임대차보호법 제6조의2(묵시적 갱신의 경우 계약의 해지)

① 제6조 제1항에 따라 계약이 갱신된 경우 같은 조 제2항에도 불구하고 임차인은 언제든지 임대인에게 계약해지(契約解止)를 통지할 수 있다.
② 제1항에 따른 해지는 임대인이 그 통지를 받은 날부터 3개월이 지나면 그 효력이 발생한다.

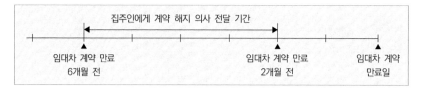

임대인이 임대차기간이 끝나기 6개월 전부터 2개월(2020년 12월 10
일 이후 최초로 체결되거나 갱신된 임대차부터 적용됨) 전까지의 기간
에 임차인에게 갱신거절의 통지를 하지 않거나, 계약조건을 변경하지
않으면 갱신하지 않는다는 뜻의 통지를 하지 않은 경우에는 그 기간이
끝난 때에 전 임대차와 동일한 조건으로 다시 임대차한 것으로 보는데
이를 '묵시적 갱신'이라고 합니다. 임차인이 임대차기간이 끝나기 2개

월 전까지 통지하지 않은 경우에도 또한 같습니다.

묵시적 갱신이 된 경우 계약을 해지하고 싶다면 임차인은 언제든지 임대인에게 계약 해지를 통지할 수 있으나 임대인에게 계약 해지를 통지한 날로부터 3개월이 지나야 계약 해지의 효력이 발생하게 됩니다.

원칙적으로 임차보증금을 반환해야 할 사람은 임대인(집주인)이므로 임차인은 임대차 계약 만료 2개월 전까지 집주인에게 계약 해지 의사가 전달되도록 해야 합니다. 임대인이 공동임대인일 경우에는 공동임대인 모두에게 전달해야 합니다. 만약 임대차 계약 만료 2개월 전까지 집주인에게 계약 해지 의사가 도달하지 않으면 묵시적 갱신이 되므로 주의해야 합니다.

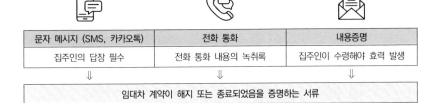

문자 메시지 (SMS, 카카오톡)	전화 통화	내용증명
집주인의 답장 필수	전화 통화 내용의 녹취록	집주인이 수령해야 효력 발생
⇓	⇓	⇓
임대차 계약이 해지 또는 종료되었음을 증명하는 서류		

계약 해지 의사는 '임대차 계약 만료가 다가오는데 임대차 계약을 연장할 의사가 없으며 계약 만료 후 이사를 나갈 테니 계약 만료일에 임차보증금을 반환해 달라'는 내용으로 **임차한 집의 주소(임차인이 현재 살고 있는 곳의 주소), 임대차 계약 만료일, 임차인의 이름, 임차보증금 반환 시 입금 계좌** 등을 포함하여 문자 메시지(SMS, 카카오톡 대화 내용), 전화 통화, 내용증명을 사용하여 전달하면 됩니다.

문자 메시지로 계약 해지 의사를 전달했을 때는 이에 대한 집주인의 답장이 꼭 있어야 하고, 전화 통화는 계약 해지에 관해 대화한 것을 녹음하여 녹취록으로 만들어야 증거로 인정받을 수 있습니다.

내용증명은 같은 내용의 문서를 3통 준비하여 하나는 수신인(우편을 받는 사람)에게 등기우편으로 보내고, 하나는 발신인(우편을 보내는 사람)이 보관하고, 나머지 하나는 우체국에서 보관하여 발신인이 수신인에게 보낸 우편물의 내용과 날짜를 우체국에서 서면으로 증명해주는 방법입니다.

내용증명에 정해진 양식이 있는 것은 아니지만 '전세보증금 반환 청구서'라는 제목으로 수신인과 발신인의 인적사항(이름, 주소, 연락처), 임대차 계약 내용을 적고, 계약 종료 시점이 언제이기 때문에 전세보증금을 임차인의 계좌로 반환해 달라는 내용으로 작성하면 됩니다. 그리고 임차보증금의 반환이 제때 이루어지지 않았을 때 발생하는 특수한 손해나 비용 등이 있다면 같이 언급하는 것이 좋습니다.

내용증명은 문서를 준비해서 직접 우체국에 가서 보내도 되고, 인터넷 우체국의 내용증명 서비스를 이용해서 보내는 방법도 있습니다. 내용증명은 이 우편을 집주인이 수령해야 내용이 전달된 것으로 봅니다.

이렇게 집주인에게 계약 해지 의사를 전달하고 이에 관한 증거를 남겨 놓는 것은 임대차 계약 해지를 위해 반드시 해야 하는 절차입니다.

만약 문자 메시지에도 답이 없고, 전화 연결도 되지 않는 등 집주인과 계속 연락이 되지 않아 내용증명을 보냈는데 이것 역시 수령하지 않아 반송되는 경우가 생길 수 있습니다.

반송된 이유가 '수취인 불명'이나 '주소지 불명'인 경우 집주인의 주소가 변경되어 반송되었을 가능성이 있으므로 반송된 내용증명서, 임대차 계약서, 신분증을 지참하여 거주지 관할 주민센터에 방문하면 집주인의 초본을 발급받을 수 있습니다. 주민등록초본을 통해 집주인의 최종 주소지를 확인하여 한 번 더 내용증명을 발송해 보고, 그래도 반송이 된다면 공시송달을 이용하여 전달하는 방법이 있습니다.

공시송달은 상대방의 주소 또는 근무 장소를 알 수 없는 경우 등의 이유로 상대방에게 통상의 방법으로 서류를 송달할 수 없을 때 신청하는 것으로 법원사무관 등이 송달할 서류를 보관하고 그 사유를 법원게시판에 게시하거나 전자통신매체 등을 이용하여 공시하여 전달하는 방법입니다.

공시송달은 신청서와 소명 자료를 갖춰 신청하며, 공시송달명령이 결정되어 공시송달이 되면 그 다음 날부터 2주 후에 효력이 생겨 상대방에게 전달된 것으로 간주하는데, 공시송달을 신청해서 그 효력이 발생하기까지 걸리는 시간은 빠르면 한 달 정도이며, 서류에 부족함이 있어 중간에 보정 명령을 받아 서류를 보완하여 다시 신청하게 되면 한 달 이상의 시간이 걸리게 됩니다.

집주인과 계속 연락이 안 되고, 내용증명도 반송되어 공시송달의 방법까지 사용하는 경우에 집주인에게 계약 해지 의사를 전달하기까지 많은 시간이 소요되므로 이러한 상황이 발생할 수 있음을 염두에 두고, 미리 시간적 여유를 두고 진행하여 임대차 계약 만료 2개월 전까지 계약 해지 의사가 도달할 수 있도록 하는 것이 좋습니다.

⚙ 임차권등기명령

'보증사고 ①'에 해당하는 경우, 주택임차권등기명령을 마친 후 보험금을 청구할 수 있습니다. 임차권등기명령은 신청하자마자 효력이 발생하지 않고, 2~3주 정도 지나서 해당 주택의 등기부등본의 을구에 '주택임차권'이 기재됐을 때부터 효력이 발생합니다.

효력이 발생하기까지 시간이 걸리므로 **임대차 계약이 만료된 다음 날바로 신청하도록** 하고, 효력 발생 전까지는 주택의 점유와 주민등록, 확정일자를 유지하여 우선변제권이 소멸되지 않도록 해야 합니다.

HUG에서는 전세보증금 반환보증의 이행청구가 필요한 임차인을 대신하여 임차권등기를 신청해주는 '임차권등기 대위신청' 서비스를 제공하고 있습니다. 비용도 HUG에서 부담하므로 필요하신 분은 제출서류를 구비하여 신청하시면 됩니다.

⚙ 배당요구

'보증사고 ②'에 해당하는 경우, 경매 또는 공매가 개시된 후 배당요구를 반드시 해야 하며, 배당요구를 하지 않은 경우에 그에 대한 손해는 보증회사에서 보상하지 않습니다. 배당요구는 배당요구종기일 안에 해야 하는 기한이 정해져 있으므로 기한을 놓치지 않도록 주의합니다.

PART
02

집 구하기

STEP 01

#예산잡기 #비용계산
#생활비 #계약금 #잔금
#관리비 #중개수수료

STEP 02

#지역정하기
#교통접근성 #주변환경
#지도서비스

STEP 03

#집의조건 #예산 #위치
#입주시기 #주차공간
#방의개수

PART 02
집 구하기

STEP 04

#공인중개사확인
#부동산사무실조회
#중개요청 #중개보조원

STEP 05

#집보러다니기
#체크리스트 #채광
#소음 #주변환경

STEP 06

#집분석하기
#여유있는마음가짐
#집선택하기

STEP 07

#대출상담받기
#서류준비
#대출상담사

STEP 08

#조건조율하기
#상호전환 #계약기간
#계약금 #잔금일

예산 잡아보기

step
01-1

전세 계약과 월세 계약의 차이 알아보기

전세 계약과 월세 계약의 차이를 알아보고, 어떤 계약 방식으로 집을 구할지 정해봅시다.

전세 계약은 임대차 계약 시 큰 금액의 임차보증금을 집주인에게 맡기고 집을 빌리는 계약을 말합니다. 따라서 내가 어느 정도 목돈을 가지고 있거나 주변의 도움을 받아 목돈을 구할 수 있을 때, 또는 전셋집의 임차보증금을 지불하기에는 돈이 조금 모자라지만 은행에서 대출을 받아 충당할 계획이 있을 때 생각해 볼 수 있습니다.

월세 계약은 전세 계약보다는 상대적으로 적은 금액의 임차보증금을 집주인에게 맡기는 대신, 다달이 내는 월세로 임대료를 지불하여 집을 빌리는 계약을 말합니다. 당장에 큰 목돈은 없지만 매달 월세를 지불할 수 있거나 또는 목돈을 가지고 있어도 목돈을 임차보증금으로 묶어두고 싶지 않을 때 생각해 볼 수 있습니다.

전세 계약과 월세 계약은 한 번에 큰 금액을 임차보증금으로 맡기느냐, 아니면 상대적으로 적은 금액의 임차보증금을 맡기고 다달이 월세를 지불하느냐의 차이만 있을 뿐, 집을 알아보고 계약하는 데는 공통된 절차를 밟습니다.

집을 구하는 과정에서 드는 비용 알아보기

집을 구하는 과정에서 지출하게 되는 비용에는 어떤 것이 있는지 대략적으로 살펴봅시다.

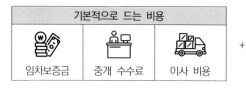

기본적으로 드는 비용		
임차보증금	중개 수수료	이사 비용

+

대출을 이용할 때 드는 비용
대출 부대 비용 (인지세, 보증료)

집을 구하는 과정에서 드는 비용에는 기본적으로 임차보증금과 중개 수수료, 이사 비용이 있습니다. 예전에는 '복비'라고도 부르던 중개 수수료는 공인중개사가 집을 소개하여 거래가 성사되면 그 대가로 지불하는 돈을 말합니다. 만약 임차보증금을 마련할 때 대출을 이용한다면 은행에 인지세, 보증료 등을 지불하게 되는데, 이 금액은 대출 금액에 따라 다르게 적용되므로 대출 상담 시 은행에 문의하면 됩니다.

| 임차보증금의 지불 시기

	지불 시기	지불 금액	
		대출을 이용하지 않을 시	대출 이용 시
계약금	계약일	임차보증금의 10%	임차보증금의 5%
잔금	잔금일	임차보증금 - 계약금	임차보증금 - (계약금 + 대출 금액)

계약금은 계약서를 작성한 후 지불하며, 대출을 이용하지 않을 때는 임차보증금의 10%에 해당하는 금액을, 대출을 이용할 때는 임차보증금의 5%에 해당하는 금액을 계약금으로 지불합니다.

임차보증금에서 계약금으로 지불한 금액을 제외하고 남은 금액을 '잔금'이라고 하며, 잔금을 지불하는 날(잔금일)과 이사하는 날을 동일하게 잡는 경우가 많습니다.

전세자금대출을 이용하지 않는다면 잔금일에 집주인의 계좌로 잔금을 입금하면 되고, 전세자금대출을 이용한다면 잔금일에 은행에서 집주인의 계좌로 대출 금액을 입금하므로 임차보증금에서 계약금과 대출받은 금액을 제외한 나머지 금액을 집주인의 계좌로 입금하면 됩니다.

| 전세자금대출이란?

전세자금대출은 은행으로부터 전세보증금의 일부를 전세 계약 기간 동안 빌리는 것을 말하며, 임차인은 전세 계약 기간 동안 대출금에 대한 이자를 매달 은행에 납부하게 됩니다. 은행에서 보통 전세보증금의 70~80%에 해당하는 금액을 대출해주고 있습니다.

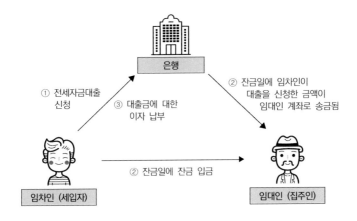

전세자금대출이 필요한 경우, 주택도시기금을 재원으로 하는 저금리 대출상품도 있고, 서울에서는 대출이자를 지원해주는 청년주거정책도 있으므로 신청 자격이 되는 분은 이러한 것을 잘 활용하시면 좋을 것 같습니다. 🕮 저금리 전세자금대출 상품에 관한 내용은 200쪽에서 자세히 다루고 있습니다.

| 중개 수수료 계산 방법과 지불 시기

중개 수수료는 임대인(집주인)과 임차인(세입자)이 각각 부담하고, 보통 잔금 지급이 완료되는 날에 지불합니다.

중개 수수료는 임차보증금에 따라 상한요율과 한도액을 정해놓은 '법정 중개보수 요율표'에 따라 '거래금액×중개보수 요율'로 계산하는데, 포털 사이트 검색창에 '부동산 중개보수 계산기'를 검색하여 나오는 페이지를 이용하면 중개 수수료를 간편하게 계산할 수 있습니다.

부동산 중개보수 계산기에 내가 계약할 집의 종류와 거래 지역, 거래 종류, 보증금을 차례로 입력합니다. 중개 수수료가 얼마나 될지 가늠해 볼 때는 협의보수율은 입력하지 않고 계산합니다. 그러면 법으로 정해 놓은 상한 중개 보수 요율이 적용되어 계산이 되고, 이렇게 해서 나온 금액이 공인중개사에게 최대로 지불하게 되는 중개 수수료이며, 이 금액을 넘을 수는 없습니다. 실제로 거래를 할 때는 이 금액 안에서 공인중개사와 협의하여 결정하면 됩니다.

이렇게 미리 중개 수수료를 계산해 본다면 공인중개사가 요구하는 중개 수수료가 적정한 금액인지 판단할 수 있고, 이 금액에서 조금 깎아 달라고 협상할 수도 있을 것입니다. 다음 예는 서울에서 임차보증금 1억 원인 주택의 전세 계약 시 중개 수수료를 계산한 것입니다.

부동산 중개보수 계산기

매물종류	주택	오피스텔	주택 외 부동산	주택의 부속토지, 주택분양권 포함

거래지역 서울시

거래종류	매매/교환	전세 임대차	월세 임대차

보증금 　　　　　　　100,000,000 원

1억원

협의보수율 　　　　　　　%

협의보수율을 입력하지 않거나, 상한요율보다 높으면 상한요율이 적용됩니다

최대 중개보수 (VAT 별도)	300,000	원
협의 / 상한요율	0.3	%
거래금액	100,000,000	원

중개보수는 [거래금액 x 상한요율] 범위 내에서 협의(단, 계산된 금액은 한도액을 초과할 수 없습니다

↻ 초기화

중개보수 요율표 (서울시 주택 전세 임대차)

거래금액	상한요율	한도액
5천만원 미만	0.5%	200,000원
5천만원 이상~1억원 미만	0.4%	300,000원
1억원 이상~6억원 미만	**0.3%**	-
6억원 이상~12억원 미만	0.4%	-
12억원 이상~15억원 미만	0.5%	-
15억원 이상	0.6%	-

상세보기 ▸

ℹ 부동산 거래 시 부과될 수 있는 부동산 중개보수 예상 금액을 산정하기 위한 참고용 계산기이며, 실제 부과되는 중개보수와는 차이가 있을 수 있습니다.

| 이사 비용

이사 비용은 이삿짐의 양, 서비스별, 업체별로 다르므로 나중에 이삿날이 잡혔을 때 두세 개 업체의 견적을 받은 후, 견적 내용을 꼼꼼히 비교하여 적정한 금액을 제시하고 믿음이 가는 업체로 결정합니다.

| 요약정리

내가 가진 돈으로만 임차보증금을 마련하는 경우 드는 비용				
지출처	지출내역		지출금액	지출시기
집주인	임차 보증금	계약금	임차보증금의 10%	계약서 작성 후
		잔금	임차보증금의 90%	잔금을 치르는 날
공인중개사	중개 수수료		거래금액 × 법정 중개 수수료율	잔금을 치르는 날
이사업체	이사비용		이삿짐의 양, 업체별로 상이	이사 완료 후

전세자금대출을 받아 임차보증금을 마련하는 경우 드는 비용				
지출처	지출내역		지출금액	지출시기
집주인	임차 보증금	계약금	임차보증금의 5%	계약서 작성 후
		잔금	임차보증금에서 '계약금 + 전세자금대출 받은 금액'을 제외한 금액	잔금을 치르는 날
은행	대출 초기 비용		대출 금액에 따라 차등 적용됨	대출받을 때
공인중개사	중개 수수료		거래금액 × 법정 중개 수수료율	잔금을 치르는 날
이사업체	이사비용		이삿짐의 양, 업체별로 상이	이사 완료 후

※ **선택사항**

지출처	지출내역	지출금액	지출시기
주택도시 보증공사	전세보증금 반환보증료	보증금액 × 보증료율 × 보증기간에 해당하는 일수/365	전입신고 후 보증상품 가입 시

step
01-3

생활하면서 드는 비용 알아보기

집을 구할 때는 매달 생활하면서 드는 비용도 염두에 두고 집을 알아보는 것이 좋습니다.

집을 구할 때는 집을 구하는 과정에서 드는 비용뿐만 아니라 앞으로 생활하면서 드는 비용까지 잘 생각해보고 결정하는 것이 좋습니다.

아래 표는 월세집과 전셋집에 살 경우 매달 들어가는 비용입니다.

월세집의 경우 매달 드는 비용	월세	관리비	공과금	생활비	
전셋집의 경우 매달 드는 비용	관리비	공과금	생활비	전세자금대출 이용 시	대출이자

월세집의 경우, 생활비 이외에도 다달이 나가는 월세와 관리비를 기본적으로 염두에 두고 집을 구합니다. 전셋집의 경우, 전세자금대출을 이용한다면 다달이 들어가는 대출이자에 대해서도 생각해 봐야 할 것입니다.

관리비는 지불하는 곳도 있고, 없는 곳도 있으며, 관리비를 지불하는 경우에는 건물마다 관리비에 들어가는 항목이나 비용에도 차이가 있고, 관리비 안에 공과금이 포함되는 경우도 있으니 집을 알아볼 때는 관리비에 어떤 항목이 들어가고 비용은 얼마나 되는지 알아봐야 합니다.

아파트나 오피스텔 같은 공동주택의 경우 입주민이 공동으로 사용하는 엘리베이터나 건물 시설의 유지 보수 및 관리, 인건비 등에 들어가는 비용이 관리비에 포함되어서 일반 주택보다 조금 더 비싼 편입니다.

내 보유 자금 확인하고 예산 잡아보기

앞에서 살펴봤던 비용들을 고려하여 어떤 계약 방식을 선택할 것이며 임차보증금이 얼마 정도 되는 집을 구할 것인지 예산을 잡아봅니다.

| **내가 가진 돈으로만 임차보증금을 마련하는 경우**

월세로 할 것인지, 전세로 할 것인지 계약 방식을 먼저 정하고, 집을 구하는 과정에서 드는 비용을 고려하여 내 보유 자금 중 얼마를 임차보증금으로 사용할지 예산을 잡아봅니다.

| **전세자금대출을 이용하여 임차보증금을 마련하는 경우**

전세자금대출을 이용할 경우 보통 은행에서 임차보증금의 70~80%에 해당하는 금액을 대출해주므로, 임차보증금의 20~30%는 내 보유 자금으로 마련하게 됩니다. 그러므로 먼저 내가 가진 돈 중 얼마를 임차보증금으로 사용할 것인지 정한 후, 대출 받을 금액을 가늠하여 내가 구할 집의 임차보증금을 대략적으로 정합니다. 아래 표의 예시 내용을 참고하여 계산해봅니다. (임차보증금의 70~80%를 전세자금대출로 마련하고, 나머지 20~30%도 신용 대출을 이용하여 자금을 마련하는 분도 있지만, 이 책에서는 다루지 않습니다)

임차보증금 中		계산 방법
30%	70%	임차보증금 × 30% = 내 보유 자금
▼	▼	⇒ 즉, 내 보유 자금 ÷ 30% = 임차보증금
내 보유 자금	전세자금대출	

예시	3,600만 원 ÷ 0.3 = 1억 2,000만 원
· 내 보유 자금: 3,600만 원 · 임차보증금의 70%까지 대출을 받는다고 가정 ⇒	보유 자금 3,600만 원에 전세자금대출을 받은 돈을 합쳐 임차보증금이 1억 2,000만 원 정도 되는 집을 찾아볼 수 있겠다고 생각할 수 있습니다.

이사 갈 지역 정하기

어떤 지역으로 이사하면 좋을지 조건을 정해봅니다. 직장이나 학교와의 거리나 교통 접근성, 주변의 편의시설이나 주변 환경에 대해 어떤 것을 원하고 어떤 부분까지는 양보할 수 있는지 생각해 봅니다.

직장, 학교	▶	직장이나 학교에서 가까운 곳으로 구합니다.
대중교통	▶	대중교통을 이용할 수 있도록 지하철역이나 버스 정류장 등과 가까운 곳인지 살펴봅니다.
편의시설	▶	편의점이나 마트 등 본인이 자주 이용하는 편의시설이 주변에 있는지 살펴봅니다.
주변 환경	▶	번화가는 주변이 시끄러울 수 있으니, 번화가와 거리상 떨어진 곳인지 살펴봅니다.

이 외에도 내가 원하는 조건들을 정한 후, '네이버 지도'와 같은 지도 서비스를 통해 내가 원하는 조건이 있는 지역을 대략적으로 정합니다. 그리고 내가 집을 구하고자 하는 지역에 전세나 월세 시세가 어느 정도 되는지 포털사이트나 부동산 매물 사이트 등을 통해 대략적으로 파악해봅니다. 시세를 알고 있으면 집을 보러 다닐 때 이 가격이 적정한 가격인지 알 수 있습니다.

내가 원하는 집의 조건 정하기

공인중개사에게 중개를 요청할 때 내가 원하는 집의 조건들을 전달할 수 있도록 간단하게 정리해 봅니다.

| 거래종류
전세 계약인지, 월세 계약인지 공인중개사에게 전달합니다.

| 예산 (대출 여부)
월세의 경우는 내가 희망하는 보증금 금액과 월세 금액을 전달하고 (예) 보증금은 1,000만 원까지 가능하고 월세랑 관리비 합쳐서 50만 원 이내인 집을 구하고 있습니다), 전세의 경우는 희망하는 보증금 금액을 전달하되, 내가 최대로 생각하는 전세보증금보다 2천만 원에서 3천만 원 정도 낮은 금액을 전달합니다. 왜냐하면 공인중개사가 내가 희망하는 금액보다 조금 더 높은 금액의 집까지 찾아 놓는 경우가 있기 때문입니다. 이런 것이 싫다면 예산을 넘어가는 집은 보여주지 말아달라고 미리 얘기합니다. 전세자금대출을 받을 예정일 때는 전세자금대출이 가능한 집을 소개해 달라고 하는데, 따로 생각해 둔 대출상품이 있다면 그 대출상품이 가능한 집을 소개해 달라고 요청합니다. (예) 안심전세대출, 버팀목 전세자금대출, 중소기업 청년 전세대출 등)

| 위치

내가 원하는 지역에 기준점이 되는 건물 등을 정해서 전달합니다.
(예) ○○역 도보 10분 이내, △△빌딩 근처 등)

| 입주 시기

집마다 입주할 수 있는 날짜가 다 다르기 때문에 입주 시기가 정해지지 않은 상태에서 집을 구하면 공인중개사도 어떤 집을 보여줘야 할지 기준을 잡기 어렵습니다. 그러므로 입주 가능한 시기를 정한 다음에 집을 알아보는 것이 좋습니다.

보통 전셋집을 구할 때는 입주 날짜(잔금을 치르는 날짜)까지 두 달 정도의 여유를 가지고 집을 알아보고 계약을 합니다. 전세자금대출은 처리 기간이 있어서 신청했을 때 바로 대출이 실행되지 않으므로 입주 날짜로부터 최소한 3주 이상의 기간을 두고 신청하는 것이 좋습니다.

| 주차 여부

자가용이 있는 경우, 주차가 가능한 곳을 조건으로 전달합니다.

| 방의 개수

원하는 방의 개수나 방의 형태 등을 전달합니다. (예) 원룸, 투룸, 쓰리룸, 복층, 주방 분리형 원룸 등)

| 기타

이 외에도 내가 원하는 조건을 전달합니다. (예) 풀옵션 원룸, 반려동물 가능한 집, 전세보증금 반환보증 가입이 가능한 집 등)

공인중개사 선택하고 약속잡기

**step
04-1**

공인중개사 사무실 리스트 뽑아보기

포털 사이트의 지도 검색 페이지나 '부동산' 메뉴, 부동산 매물을 소개하는
사이트 등을 통해 공인중개사 사무실 리스트를 뽑아봅니다.

포털 사이트의 지도 검색 페이지에 접속해 내가 집을 구하려는 지역에
'부동산' 또는 '공인중개'라고 검색하여 공인중개사 사무실 리스트를 뽑
아봅니다. 또는 포털 사이트의 '부동산' 메뉴나 부동산 매물 웹사이트
나 앱에 올라와 있는 글을 보고 연락할 공인중개사 사무실의 리스트를
추려볼 수도 있습니다. 온라인에 올라와 있는 매물은 허위매물이 있을
수 있다는 점을 참고하고 살펴봅니다.

**step
04-2**

실제 등록된 공인중개사 사무실인지 조회하기

온라인과 오프라인으로 찾은 공인중개사 사무실이 실제 등록되고 영업을 하
고 있는 곳인지 국가공간정보포털 사이트에서 검색해 봅니다.

국토교통부의 국가공간정보포털 사이트에는 공인중개사 사무실의 정보
를 조회할 수 있는 서비스를 제공하고 있습니다. 사이트에 접속하여
내가 찾은 곳이 실제 등록된 공인중개사 사무실인지, 영업 중인지 확

인합니다. 동일한 이름의 사무실이 여러 개 나왔을 때는 소재지가 맞는지 확인합니다. 사이트에서 조회되지 않거나 공인중개사 사무실의 상태가 '업무정지'나 '휴업'인 경우는 거릅니다.

이렇게 1차로 추린 공인중개사 사무실의 연락처를 메모해 놓습니다. 공인중개사에게 전화로 연락해도 좋지만, 많은 곳에 연락할 때는 문자가 더 간편하므로 핸드폰 번호를 메모해 놓으시는 것을 추천합니다.

공인중개사의 핸드폰 번호는 포털사이트의 '부동산' 메뉴나 부동산 매물 소개 사이트에 공인중개사 사무실의 상세 정보에 안내되어 있습니다. 사이트나 앱에 공인중개사와 문자로 연락할 수 있는 서비스가 있는 경우 해당 서비스를 이용하여 연락하는 방법도 있습니다.

공인중개사 사무실에 연락해서 중개 요청하기

step 04-3

공인중개사 사무실에 연락을 해 내가 원하는 조건에 부합하는 집을 찾아달라고 중개를 요청합니다.

수집한 전화번호를 가지고 전화를 하거나 단체 문자를 보내서 앞서 step 03에서 정했던 조건을 가진 집을 찾고 있으니 중개를 부탁한다고 연락합니다. 만약 원하는 조건에 부합하는 집이 없다는 답변을 받는다면 그건 공인중개사마다 중개하려고 가지고 있는 집이 다 다르기 때문이므로 실망하지 말고 다른 공인중개사 사무실에 연락합니다.

공인중개사와 약속 잡기

step 04-4

공인중개사에게서 집에 관한 연락을 받았을 때, 집의 조건 등이 마음에 들면 집을 보러 갈 날짜를 잡습니다.

공인중개사는 같이 집을 보러 다녀야 하고, 집주인과 협의가 필요할 때 도움을 받아야 하기 때문에 연락했을 때 친절한 느낌이 드는 분과 약속을 잡는 게 좋습니다.

하루를 시간 내서 집을 보는 경우, 한 사람이 4개 정도의 집을 소개해 준다고 가정했을 때 이동 시간까지 합쳐서 1시간에서 1시간 반 정도 걸릴 것을 예상하고 적당한 시간 간격을 두고 2, 3명의 공인중개사와 약속을 잡는 것이 좋습니다.

일요일은 공인중개사 사무실도 휴무이기 때문에 일요일에 집을 봐야 하는 상황이라면 미리 일요일에 집을 볼 수 있는지 문의합니다.

집은 가능하면 해가 떴을 때 보는 게 좋고, 집의 채광을 보려면 맑은
날 오전 11시에서 오후 2시 사이에 방문해서 확인해 봅니다.

⚠️ **추천하지 않아요.**
'내가 오늘 이 지역에 있는 집은 모조리 다 보겠다.'는 마음으로 너무 많은 공인중개사와 약속을 잡는
것은 추천하지 않습니다. 체력적으로 지친 상태일 때는 판단력이 흐려질 수 있습니다.

---

step
04-5

공인중개사 사무실에서 확인할 사항

내가 만나는 사람이 공인중개사인지 확인하는 방법과 공인중개사 사무실에
가면 확인해야 하는 4가지 게시물에 대해서 알아봅시다.

⚖️ **공인중개사법 제2조(정의)**

이 법에서 사용하는 용어의 정의는 다음과 같다.
1. "중개"라 함은 제3조에 따른 중개대상물에 대하여 거래당사자간의 매매·교환·임대차 그 밖의 권리의
득실변경에 관한 행위를 알선하는 것을 말한다.
2. "공인중개사"라 함은 이 법에 의한 공인중개사자격을 취득한 자를 말한다.
3. "중개업"이라 함은 다른 사람의 의뢰에 의하여 일정한 보수를 받고 중개를 업으로 행하는 것을 말한다.
4. "개업공인중개사"라 함은 이 법에 의하여 중개사무소의 개설등록을 한 자를 말한다.
5. "소속공인중개사"라 함은 개업공인중개사에 소속된 공인중개사(개업공인중개사인 법인의 사원 또는 임
원으로서 공인중개사인 자를 포함한다)로서 중개업무를 수행하거나 개업공인중개사의 중개업무를 보조하
는 자를 말한다.
6. "중개보조원"이라 함은 공인중개사가 아닌 자로서 개업공인중개사에 소속되어 중개대상물에 대한 현장
안내 및 일반서무 등 개업공인중개사의 중개업무와 관련된 단순한 업무를 보조하는 자를 말한다.

우리가 부동산 사무실에 가면 만날 수
있는 사람에는 공인중개사와 중개보조원
이 있습니다.

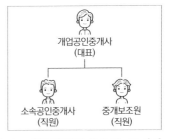

위의 공인중개사법에 명시된 것처럼 공
인중개사자격을 취득하고 중개사무소를
개설등록한 사람을 개업공인중개사라고 하고, 개업공인중개사의 중개사
무소에 소속되어 일하는 공인중개사를 소속공인중개사라고 합니다.

중개보조원은 현장안내 및 일반서무 등 공인중개사의 중개업무와 관련된 단순한 업무를 보조하는 직원을 말합니다.

공인중개사 사무실은 개업공인중개사 혼자서 운영하는 곳도 있고, 개업공인중개사가 소속공인중개사나 중개보조원을 고용하여 운영하는 곳도 있습니다.

고객의 입장에서는 부동산 사무실에 가서 만나는 사람이 누구인지, 계약서를 작성하는 사람이 누구인지 확인하지 않는 경우가 많은데, 공인중개사와 중개보조원을 구분해서 알아야 하는 이유는 중개업무나 계약서를 작성하고 서명, 날인하는 일은 공인중개사만 가능하며, 중개보조원이 계약서를 작성하거나 개업공인중개사의 이름으로 서명, 날인하는 것은 불법이기 때문입니다. 그러나 일부 부동산 사무실에서는 편법으로 공인중개사가 해야 할 계약서 작성 업무를 중개보조원에게 맡기는 경우도 있고, 전세사기 중 이중계약 사기에 중개보조원이 연관되는 경우가 다수 있었기 때문에 주의할 필요가 있습니다.

그래서 부동산 사무실에 갔을 때는 만나는 사람의 명함을 받아 누구인지 확인하는 것이 좋습니다. 명함을 봤을 때, 공인중개사의 경우 이름 앞에 '공인중개사'라고 적혀있고, 중개보조원의 경우에는 이름만 적혀있거나 이름 앞에 부장이나 과장, 이사, 실장 등의 직위만 적혀있는 경우가 많으므로 이를 통해서 확인할 수 있습니다.

명함 예시)

 ☆☆☆ 공인중개사 사무소

공인중개사 **홍길동**
010-○○○-○○○○

 ☆☆☆ 공인중개사 사무소

실장 **김신비**
010-○○○-○○○○

좀 더 정확한 방법은 국가공간정보포털 사이트에 접속하여 해당 부동산 사무실을 조회하는 방법입니다. 해당 부동산 사무실을 조회하여 상세 정보를 보면 개업공인중개사와 소속공인중개사, 중개보조원의 이름이 나오므로 부동산 사무실에 방문하기 전에 미리 알아보고 가거나 방문했을 때 받은 명함과 비교하여 확인할 수 있습니다.

공인중개사법 제17조, 시행규칙 제10조의 규정에 따르면 개업공인중개사는 중개사무소등록증 원본, 중개보수 요율표, 공인중개사자격증 원본, 보증설정 서류(공제증서)를 해당 중개사무소 안에 보기 쉬운 곳에 게시해야 합니다.

보통 이 4가지 서류는 사무실의 한 쪽 벽면에 모아서 걸어두거나 세워두기 때문에 쉽게 찾으실 수 있습니다. 그리고 게시 의무 사항은 아니지만 사업자등록증도 이 4가지 서류와 함께 게시하는 편입니다.

중개사무소에 가면 이 4가지 서류가 있는지 확인하고, 공인중개사자격증에 있는 사진과 이름이 내가 만난 공인중개사와 일치하는지도 확인합니다. 왜냐하면 등록된 중개사무소라도 무자격자가 타인의 자격증을 대여하여 영업하는 경우도 있기 때문입니다.

무자격자가 임차보증금이나 계약금을 가로채거나 이중계약 사기를 치는 경우도 있고, 꼭 사기를 목적으로 하지 않아도 무자격자가 중개를 했는데 중개사고가 나면 손해배상을 받기 어려우므로 확인이 필요합니다.

> ⚠ 이중계약 사기는 집주인 대신 계약하러 나온 대리인이 임차인과는 전세 계약을 맺고, 집주인에게는 임차인과 월세 계약을 했다고 속이고 임차보증금의 차액의 가로채는 사기를 말합니다. 이러한 이중계약 사기에서 집주인의 대리인으로 중개보조원이 연관된 경우가 많기 때문에 주의를 요합니다.

> ⚠ 부동산 사무실을 방문했을 때 공인중개사자격증에 있는 공인중개사가 항상 자리에 없고, 계약 때에도 나타나지 않는다면 일반인이나 중개보조원이 일정 금액을 지불하고 공인중개사의 명의를 빌려 영업하는 경우일 수도 있기 때문에 주의해야 합니다.

ⓘ 공제증서

부동산 공제증서는 공인중개사의 고의나 과실로 계약 당사자에게 손해가 발생한 경우, 공제증서에 기재된 공제가입금액 한도 내에서 한국공인중개사협회나 보험회사에서 피해 금액 보상을 보증한다는 내용을 담은 문서입니다. 개업공인중개사는 개인은 1억 원, 법인은 2억 원 이상의 한도로 의무 가입해야 하며, 공제증서에 적혀있는 공제기간 내에 부동산 계약서를 작성한 날짜가 포함되어야 중개사고 발생 시 피해 보상을 받을 수 있습니다.

여기서 주의할 점은 이 공제증서에 적혀 있는 금액의 한도로 보상해주는 것이 계약 건당 보상해 주는 것이 아니라 해당 부동산 사무실에서 1년간 발생한 전체 사고에 대한 것이라는 점입니다. 만약 공인중개사 한 명에게 여러 명의 계약자가 손해를 봤다면 공제증서에 적혀있는 한도 금액을 피해자들이 나누어서 보상받게 되고, 이미 공제증서 한도 내의 보상이 이루어졌다면 공제증서를 통한 보상이 불가능합니다.

거기에다 보상을 받기 위해서는 공인중개사를 상대로 손해배상청구소송을 한 뒤 공인중개사의 과실로 인해서 손해가 발생했다는 판결문이 있어야 공제 협회에 보상을 청구할 수 있기 때문에 빠르게 보상받기 어려우며, 중개거래 시 발생한 공인중개사의 과실에 대해서만 배상금이 결정되기 때문에 임차인이 피해 금액의 100%를 보상받는 것도 아닙니다. 그러므로 부동산 공제증서는 부동산 거래에 있어서 최소한의 안전장치일 뿐 큰 기대는 안 하는 것이 좋고, 계약 시 문제가 없도록 임차인도 꼼꼼하게 체크하는 것이 필요합니다.

ⓘ 부동산 중개인

'부동산 중개인'은 공인중개사 자격증 제도가 없던 시절부터 부동산 중개업을 해온 사람을 말하며, '공인중개사'라는 명칭을 사용할 수 없기 때문에 '○○부동산중개인', '○○부동산중개인사무소', '○○부동산중개인영업소' 등의 상호를 사용합니다. 중개업무는 가능하지만 부동산 경매 및 공매 업무는 할 수 없으며 해당 사무소가 있는 시, 군, 구에서만 활동이 가능합니다. '국가공간정보포털'의 '부동산중개업 조회'에서 조회를 했을 때도 기본정보에 '중개인'이라고 기재되어 있는 것을 볼 수 있습니다.

집 보러 다니기

집을 보러 다니기 전에 알아둘 것

집을 보러 갔을 때 집이 마음에 들어도 나중에 계약 조건을 조율할 때 조금이라도 유리할 수 있도록 포커페이스를 유지하도록 하고, 내가 원하는 조건과 부합하는 집인지 꼼꼼하게 확인합니다.

집을 보러 갔는데 전에 다른 공인중개사와 본 적이 있는 집이라면 "이 집은 이전에 다른 공인중개사와 본 집입니다."라고 말씀하시고 다른 집을 보러 가면 됩니다. 집을 보러 갔을 때 아래 목록에 해당하는 공인중개사라면 그 사람과는 거래하지 않고 다른 공인중개사에게 중개를 부탁합니다.

> ☑ 무례한 말투나 태도를 보이는 중개인
> ☑ 집의 단점은 얘기하지 않고 장점만 설명하는 중개인
> ☑ 집주인에게만 유리하게 편을 들거나 집주인과 협상을 꺼리는 중개인
> ☑ 계약 때나 잔금일에 등기부등본이나 건축물대장 등의 서류를 확인해주지 않는 중개인
> ☑ 등기부등본을 새로 뽑아주지 않고 며칠 전에 뽑아 놨던 것을 보여주는 중개인

체크리스트를 정하기에 앞서서 기억할 점

집을 볼 때 어떤 부분을 주의 깊게 볼 것인지 미리 기준을 정해놓으면 확인하고 싶은 부분을 빠뜨리지 않고 꼼꼼하게 체크할 수 있습니다.

자신의 중요도에 따라 체크리스트를 작성하고 각 항목에 가중치를 부여해서 집을 보기를 추천합니다.

> ☑ 집의 조건을 정할 때 꼭 포기하지 못하는 조건을 두 가지 정도 정합니다.
> ☑ 채광과 습도, 수압 등은 개선하기 어려운 부분이므로 잘 체크해 봅니다.
> ☑ 집이 마음에 들 때는 낮과 밤에 모두 방문해서 인적이나 주변 환경 등을 확인합니다.

| 집의 방향

보통 집의 방향을 따질 때는 거실을 기준으로 합니다. 집의 방향은 꼭 어떤 방향의 집이 좋다기보다는 자신의 생활패턴에 맞는 방향의 집을 선택하는 것이 좋습니다. 집의 방향은 핸드폰에 있는 나침반 어플 등을 사용하여 확인해보면 됩니다.

동향	아침 일찍부터 해가 들어오는 편이며, 오후 일조량은 부족합니다. 새벽 일찍부터 일과를 시작하는 사람에게 좋습니다. 여름에는 시원한 반면, 겨울에는 조금 추울 수 있습니다.
서향	오전보다는 오후에 일조량이 많으며, 저녁 늦게까지 해가 집 안으로 들어오므로 집에서 오후 시간부터 밤늦게까지 활동하는 사람에게 좋습니다. 여름에 덥고 겨울에는 따뜻합니다.
남향	오전부터 시작해서 오후까지 하루 종일 해가 잘 들어옵니다. 거실이 남서향이면 오후부터 해질 때까지 계속 해가 들어옵니다.
북향	해가 적게 들어와 집이 어두울 수 있습니다. 빨래가 잘 마르지 않거나 여름에는 습할 수 있습니다. 겨울에는 좀 더 추울 수 있습니다.

| 채광

채광은 맑은 날에 확인하는 것이 좋으며, 일조량이 좋은 오전 11시에서 오후 2시 사이에 집을 방문하여 방 안의 불을 끄고 확인합니다.

| 소음

환기를 하거나 날이 좋을 때는 창문을 열어놓고 생활하기도 하므로 창문을 닫았을 때의 소음뿐만 아니라 창문을 열었을 때의 소음도 확인해봅니다. 층간소음이나 벽간소음, 집 근처 도로에서 차량으로 인한 소음이 어느 정도인지 확인하고, 집이 역에서 가까우면 지하철이 지나다닐 때 소음이 발생할 수 있으므로 확인합니다.

지역에 따라서는 비행기로 인한 소음이 발생할 수 있는데, 비행기의 소음이 발생하는 지역은 공항소음포털에 접속하여 온라인으로 미리 확인할 수 있습니다. 비행기 소음이 발생하는 지역이라도 그 정도가 다 다르고, 사람마다 소음을 느끼는 정도도 다르므로 직접 방문해서 확인해봅니다.

공항소음포털 '소음대책 대상지역' - https://www.airportnoise.kr/anps/guide/Area

공항소음포털 '소음지도' - https://www.airportnoise.kr/anps/gis

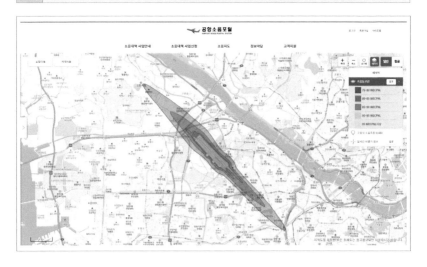

주택 내부 체크리스트

주택에 따라서 구조나 상황이 다르므로 아래의 체크리스트는 집 내부를 볼 때 적절하게 참고하는 용도로 사용하시길 바랍니다.

채광	☑ 채광이 좋은지 방 안의 불을 끄고 확인하기		
	☑ 옆 건물로 인해 해가 가려지지 않는지 살펴보기		
소음	☑ 층간소음, 벽간소음이 있는지 확인하기		
	☑ 길가의 소음이나 지나다니는 차량의 소음 확인하기		
	☑ 비행기나 지하철 소음이 들리는지 확인하기		
	☑ 집 근처나 창문 근처에 실외기 소리나 그 외 소음 요인이 있는지 확인하기		
방 & 거실	☑ 방의 높이가 장롱이나 다른 가구가 들어갈 수 있을 만큼의 높이인지 확인하기		
	☑ 곰팡이 흔적이 있는지 확인하기 ⇒ 천장이나 벽, 벽의 모서리, 장판 등 확인하기		
	☑ 물이 새서 벽지에 얼룩진 흔적은 없는지 확인하기 ⇒ 천장이나 벽 확인하기		
	☑ 냉난방은 잘 되는지 확인하기		
	☑ 이중창이라 웃풍을 잘 막아주는지 확인하기		
	☑ 창문의 뒤틀림 여부, 방범창, 방충망 유무 확인하기		
	☑ 형광등은 잘 켜지는지, 켜지지 않으면 단순 고장인지 배선 문제인지 확인하기		
욕실	수도	☑ 물은 잘 나오는지, 수압은 센지, 따뜻한 물이 잘 나오는지 확인하기	
		☑ 녹물이 나오는지 확인하기 ⇒ 흰색 종이컵에 물을 받아서 확인하기	
	배수	☑ 세면대나 변기에 물이 잘 내려가는지 확인하기	
	환기	☑ 창문이 있는지 확인하기 ⇒ 욕실은 환기가 잘 되는 것이 중요함	
		☑ 곰팡이 흔적은 없는지 확인하기 ⇒ 천장이나 문 안쪽, 실리콘이 있는 부분	
	창문	☑ 창문에 방충망이 있는지 확인하기	
		☑ 창문 새시 종류 확인하기 ⇒ 알루미늄, 나무 창틀은 단열이 잘 안 됨	
	냄새	☑ 세면대나 하수구에서 냄새가 나는지 확인하기	
	시설물	☑ 욕실의 변기나 샤워기, 거울 등에 파손된 부분은 없는지 확인하기	
		☑ 세탁기를 놓을 수 있는 공간이 있는지 확인하기	

주방	**수도**	☑ 물은 잘 나오는지, 수압은 센지, 배수는 잘 되는지 확인하기
		☑ 녹물이 나오는지 확인하기 ⇒ 흰색 종이컵에 물을 받아서 확인하기
	환기	☑ 환기할 수 있는 창문이 있는지, 곰팡이 흔적은 없는지 확인하기
	냄새	☑ 개수대에서 냄새가 올라오는지 확인하기
	시설물	☑ 싱크대, 후드, 수납장 등에 파손된 부분은 없는지 확인하기
		☑ 냉장고를 놓을 수 있는 공간이 있는지 확인하기
여유공간		☑ 빨래를 건조할 수 있는 공간이 있는지 확인하기
		☑ 다용도실 같은 별도의 공간이 있는지 확인하기
		☑ 베란다 문은 잘 열리는지, 베란다 안쪽에 곰팡이가 있는지 확인하기
보일러		☑ 보일러에 적혀있는 설치년도가 10년이 넘었는지 확인하기
		(보일러는 설치 후 10년이 지나면 잔고장이 심해지고 교체가 필요합니다. 보일러의 설치년도를 미리 알아두면 나중에 이걸 이용해서 협상할 여지가 있습니다.)
기타		☑ 전기와 수도 계량기는 별도로 사용하는지 확인하기
		☑ 옆 건물 간의 거리가 너무 가까워서 집의 내부가 보일 수 있는지 확인하기
		☑ 집에 방범창이나 이중 잠금장치가 설치되어 있는지 확인하기
주차		☑ 주차장이 있는지, 있다면 사용 가능한지 확인하기
		☑ 주차 공간이 혼잡하지 않은지 확인하기

집 주변 체크리스트

주변환경	☑ 지하철역이나 버스 정류장의 위치 파악하기
	☑ 편의점이나 할인마트, 시장, 병원, 기타 편의 시설이 주변에 있는지 확인하기
	☑ 집 주변에 혐오시설은 없는지 확인하기
치안관련	☑ 집이 너무 외진 곳에 있지 않은지, 늦은 시간에도 유동인구가 많은지 확인하기
	☑ 길거리와 건물 주변에 CCTV가 설치되어 있는지 확인하기
	☑ 집 주변에 가로등이 잘 설치되어 있는지 확인하기

ⓘ 인터넷에 올라와 있는 집 소개 문구나 공인중개사 또는 집주인이 말하는 '지하철역 도보로 10분, 도보로 마트 5분' 등의 거리는 실제로 그러한지 핸드폰의 타이머를 사용해서 직접 측정해봅니다.

관리비 목록 확인하기

집마다 임대인이 관리비에 포함시킨 내역이 다 다르기 때문에 관리비에 어떤 내역들이 포함되어 있는지, 금액은 얼마인지 계약 전에 미리 알아둘 필요가 있습니다. 그리고 계약서를 작성할 때 관리비 비용에 어떤 항목이 들어가는지 기재해 놓으면 그 집에 거주하는 동안 계약 시 협의하지 않은 다른 관리비를 추가로 청구하는 것을 막을 수 있습니다.

아파트나 오피스텔의 관리비 중 '장기수선충당금'

'장기수선충당금'은 일정 세대수 이상의 공동주택인 아파트나 오피스텔의 관리비 항목 중 하나로 건물의 내부 주요 시설을 수리, 교체하거나 보수하기 위해 사용하는 비용을 말합니다. 건물의 외벽에 페인트칠을 하거나 승강기를 보수하거나 각종 배관을 교체하는 등의 작업을 예로 들 수 있습니다.

장기수선충당금은 원칙적으로 소유자인 집주인이 내는 것이 맞지만, 관리비 항목에 포함되어 있기 때문에 임대차 계약 기간 동안에는 세입자가 관리비와 함께 장기수선충당금을 대신 납부하게 되며, 임대차 계약이 만료되어 이사 나갈 때 해당 건물의 관리사무소에 가서 그동안 납부했던 장기수선충당금 내역을 발급받은 후 집주인에게 청구하고 돌려받으면 됩니다.

마음에 드는 집 분석하기

마음에 드는 집을 선택하고 분석해보기

마음에 드는 집 1~2개를 선정한 후, 공인중개사에게 해당 집의 등기부등본을 가지고 권리관계 등을 설명해 달라고 요청합니다. 그리고 나중에 따로 해당 집의 등기부등본을 직접 열람하여 이상한 부분이 없는지, 미처 보지 못한 부분은 없는지 살펴보고, 계약해도 괜찮은 집인지 종합적으로 분석해 봅니다.

> ☑ 등기부등본과 건축물대장을 보고 문제가 되는 부분이 없는지 살펴봅니다.
> ☑ 전세가율을 계산해봅니다. (보통 60% 정도라면 괜찮다고 봄)
> ☑ 전세보증금 반환보증 가입이 가능한 집인지 보증조건을 따져보거나 보증회사에 전화해 상품 가입이 가능한 집인지 그 집의 주소를 가지고 문의해 봅니다.

집을 선택할 때 주의사항

집을 보러 다니다 지쳐있는 상태일 때는 등기부등본에 미심쩍은 부분이 있어도 그냥 집을 계약하는 경우가 있습니다. 체크해야 할 부분들을 충분히 따져본 후 여유로운 상태일 때 계약을 결정하는 것이 좋고, '이 집이야!'라는 느낌이 들더라도 등기부등본에 문제가 있거나 임대인과 연락이 잘 안 된다던가 마음에 걸리는 부분이 있으면 과감하게 계약을 중지하고 중요 내용들을 한 번 더 확인하는 것이 필요합니다.

은행에서 대출상담 받기

※ 전세자금대출을 이용하지 않는 분은 이 단계를 건너뛰고 다음 단계 내용으로 가시면 됩니다.

전세자금대출을 받는 과정

대출 상담		임대차 계약		대출 신청		대출 실행
대출 가능 여부 확인	⇒	(대출이 가능하면) 임대차 계약하고 계약금 입금	⇒	은행에 대출 신청	⇒	(대출심사에 통과하면) 잔금을 치르는 날에 대출 실행됨

임대차 계약을 하기 전에 대출 상담을 받아야 하는 이유

대출 가능 여부나 대출을 받을 수 있는 금액의 한도, 금리 등은 개인의 여러 가지 정보를 바탕으로 결정되고, 내가 임대차 계약을 하려는 집의 시세나 권리관계 등에 따라서도 달라집니다.

그런데 이를 고려하지 않고 급한 마음에 임대차 계약을 먼저 하고 계약금을 냈는데 대출이 불가능하거나 내가 원하는 금액만큼 대출이 나오지 않는다면 임차보증금을 마련할 수 없어 계약을 파기해야 하고, 지불했던 계약금도 날리게 됩니다. 그러므로 임대차 계약 전에 계약할 집의 등기부등본과 나의 소득 서류 등을 가지고 은행에 가서 대출 상담을 먼저 받은 후에 임대차 계약을 하는 것이 좋습니다.

대출 상담을 위한 준비물

필요 서류	발급처		비용
신분증	본인 주민등록증 또는 운전면허증 지참		–

재직증명서	· 소속 회사
	· 국민연금가입증명서로 대체 가능
	  ↳ 국민연금공단 (https://www.nps.or.kr)
	· 건강보험 자격득실 확인서로 대체 가능
	  ↳ 국민건강보험공단 (http://minwon.nhis.or.kr)
	    정부24 (https://www.gov.kr)
			무료

근로소득원천 징수영수증	· 소속 회사 · 홈택스 (www.hometax.go.kr)		무료
계약할 집의 등기부등본	온라인	대법원 인터넷등기소 (http://www.iros.go.kr)	열람 700원 발급 1,000원
	오프라인	등기소	1,200원
		무인민원발급기	1,000원

대출 상담 받기

| 대출 상담 받을 은행 선택하기

대출 가능 금액은 은행마다 다르고, 같은 은행이라도 지점이나 은행원의 역량에 따라서도 달라지기 때문에 가능한 상담을 많이 받아보는 게 좋고, 주거래 은행을 포함해서 2~3개 은행을 비교한 뒤 대출한도 금액이 크고 이자가 낮은 대출상품으로 결정합니다. 상담은 내가 계약 예정인 집 주변에 있는 은행 지점에서 받습니다.

| 대출 상담 받기

준비해 간 서류를 가지고 은행에 가서 "지금 준비한 자금은 ○○만 원인인데, 보증금 ○○만 원인 집에 전세 계약을 하려고 합니다. 그래서

○○만 원 정도의 차액이 필요해 대출 상담을 받고 싶습니다."하면서 전세자금대출 상담을 신청하면 됩니다.

공인중개사가 소개해주는 대출상담사

집을 구하는 과정에서 공인중개사가 대출상담사를 소개해 주는 경우가 있는데, 이 대출상담사는 무슨 일을 하는 사람인지, 대출상담사를 통해서 대출을 받을 때 주의할 점은 무엇인지 알아보겠습니다.

| 대출모집인 제도란?

'대출모집인'은 대출상담사와 대출모집법인을 의미하며, '대출모집인 제도'는 금융업협회에 등록된 개인 대출상담사나 대출모집법인이 금융회사와 위탁 계약을 하여 금융회사를 위해 대출 신청 상담, 대출 신청서 접수 및 전달 등의 모집업무를 대신 수행하는 것을 말합니다.

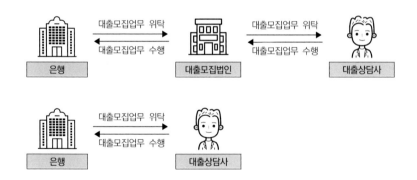

대출상담사를 통해서 대출을 받는 경우, 대출상담사가 고객에게 기본적인 상품 설명을 하고, 고객에게 받은 서류를 실제로 대출 관련 업무를 하는 은행 직원에게 전달합니다.

| 금융업협회에 등록된 대출상담사인지를 확인하는 방법

대출상담사를 만나면 명함을 받을 수 있는데, 대출상담사는 명함에 '대출상담사'라는 명칭과 등록번호를 반드시 표기해야 합니다.

만약 명함을 받았는데 대출모집인 등록번호가 없다면 그 사람과는 거래를 안 하는 게 맞고, 명함을 받지 못한 경우에는 명함을 요청하거나 명함을 사진으로 찍어서 보내달라고 하여 확인합니다.

대출상담사는 금융업협회에 등록이 된 경우에만 대출영업을 할 수 있으며, 정식으로 등록된 대출상담사인지 여부는 '대출모집인 포털 사이트'에서 대출모집인 조회를 통해 확인할 수 있습니다.

🖱 대출모집인 통합조회 시스템 – http://www.loanconsultant.or.kr

명함에 있는 대출모집인 등록번호와 대출모집인의 이름을 가지고 대출모집인 포털 사이트에서 조회하면 이 사람이 정식으로 등록된 상담사인지, 언제부터 이 일을 했는지, 대출모집을 하면서 위반행위를 한 적은 없는지 등을 확인할 수 있습니다.

만약 위반행위를 한 적이 있는 대출모집인이라면 좀 더 고려해보시는 것이 좋고, 대출상담사가 대출모집인 포털 사이트에서 조회되지 않는 경우 대출모집인을 사칭한 불법 브로커 등일 가능성이 높으므로 절대 대출 상담이나 서류 제출 등에 응하지 않아야 합니다.

| 대출상담사를 통해 거래 시 알아둘 점

대출상담사는 금융회사의 대출모집업무를 위탁받아 수행하는 사람으로 금융회사 직원이 아니기 때문에 금리 결정에 관해 어떠한 권한도 가지고 있지 않습니다. 대출심사 과정에서 금리나 대출한도는 은행 직원이 결정하는 것으로, 그 과정에서 은행에서 추가로 서류를 요청할 수도 있고, 처음에 대출상담사가 안내한 내용과 달라질 수도 있습니다.

발품을 팔아보면 대출상담사가 추천해 준 대출상품보다 더 좋은 조건의 대출상품이 있을 수도 있으니 다른 은행의 조건들과도 비교해 보고 선택하기를 추천합니다.

대출상담사는 대출을 성사시켰을 때 성사된 대출 금액의 일정 부분을 금융회사나 대출모집법인으로부터 수수료를 받으므로 어떠한 경우라도 고객에게 직접 수수료를 요구할 수 없습니다. 만약 대출상담사가 수수료를 요구한다면 금융회사 또는 금융감독원(☎1332)에 신고하시면 됩니다.

저금리 전세자금대출 상품 간략 소개

청년들의 주거 안정을 위해서 주택도시기금을 재원으로 하는 저금리 전세자금대출 상품을 소개합니다. 이 대출상품은 수탁기관으로 지정된 5개 시중 은행에서 대출 업무를 수행하고 있습니다. (세부적인 사항은 정책이나 금리 변동에 따라 달라질 수 있습니다.)

중소기업취업청년 전월세보증금대출 (이하 '중기청')

대출대상		· 만 19세 이상 ~ 만 34세 이하 청년 (병역의무를 이행한 경우 복무 기간에 비례하여 자격기간을 연장하되 최대 만 39세까지 연장) · 단독 세대주 또는 외벌이 부부의 경우: 연소득 3,500만 원 이하 · 맞벌이 부부: 부부합산 연소득 5,000만 원 이하 · 중소·중견기업 재직자 또는 중소기업진흥공단, 신용보증기금 및 기술 보증기금의 청년창업 지원을 받고 있는 자
대출금리		연 1.2%
대출한도		· 최대 1억 원 이내 · 주택도시보증공사의 보증서인 경우 전세 금액의 100% · 한국주택금융공사의 보증서인 경우 전세 금액의 80%
대출기간		최초 2년 (4회 연장, 최장 10년 이용 가능)
대상주택	임차 전용면적	85㎡ 이하 주택 (주거용 오피스텔은 85㎡이하 포함)
	임차보증금	2억 원 이하
유의사항		· 본 대출상품은 2023년 12월 31일까지 신청 가능 · 생애 중 1회만 이용 가능 · 주택도시보증공사의 보증서로 100% 대출을 받으려면 계약하는 집에 융자(대출)가 없어야 함 · 쉐어하우스 입주자의 경우 본 대출상품 이용 불가

| 중기청 가능 여부에 대해 은행에서 상담을 받을 때 필요한 서류

구분	서류명	발급처
개인 준비 서류	신분증	본인 주민등록증이나 운전면허증 지참
	주민등록등본	· 정부24 (https://www.gov.kr) 　– 최근 5년 주소변동 이력 포함, 1개월 이내 발급분 　– 주민등록번호 전체 표시해서 발급
	주민등록초본	
	가족관계 증명서	· 대법원 전자가족관계등록시스템 　(http://efamily.scourt.go.kr) 　– 본인 기준으로 발급하며, 본인 및 가족 주민등록번 　　호 전체 표시해서 발급
	건강보험 자격득실 확인서	· 국민건강보험공단 　(http://minwon.nhis.or.kr)
	건강보험납부확인서	
	고용보험 피보험자격 이력 내역서	· 근로복지공단 고용 산재보험 토탈서비스 　(http://total.kcomwel.or.kr)
	4대보험 가입내역 확인서	· 4대사회보험 정보연계센터 　(http://www.4insure.or.kr)
회사에 요청할 서류	재직증명서	· 회사에서 직접 발급받음 · 국민연금가입증명서로 대체 가능 　↳ 국민연금공단 (https://www.nps.or.kr)
	근로소득 원천징수 영수증	· 소속 회사 · 홈택스 (www.hometax.go.kr)
	사업자등록증(사본)	소속 회사
	국세청 기준 주업종코드 확인자료	회사에 문의
부동산 관련	이사 갈 집의	등기부등본	대법원 인터넷등기소 (http://www.iros.go.kr)
		건축물대장	정부24 (https://www.gov.kr)

※ 기본적인 서류는 같으나 은행마다 약간 차이가 있을 수 있습니다. 모든 서류는 1개월 이내
　발급받은 서류여야 하며, 회사에 요청하여 발급받은 서류는 회사 직인이 찍혀있어야 합니다.

청년전용 버팀목전세자금

대출대상	· 만 19세 이상 ~ 만 34세 이하의 세대주 (예비 세대주 포함) · 부부합산 연소득 5천만 원 이하 · 순자산가액 2.92억 원 이하 무주택 세대주 (예비세대주 포함)	
대출금리	연 1.5%~2.1%	
대출한도	최대 7천만 원 이내 (임차보증금의 80% 이내)	
대출기간	최초 2년 (4회 연장, 최장 10년 이용 가능)	
대상주택	임차 전용면적	85㎡ 이하 주택 (주거용 오피스텔 포함)
		단, 쉐어하우스(채권양도협약기관 소유주택에 한함)에 입주하는 경우 예외적으로 면적 제한 없음
	임차보증금	1억 원 이하

버팀목전세자금

대출대상	· 대출 접수일 현재 민법상 성년인 세대주 · 부부합산 연소득 5천만 원 이하 · 순자산가액 2.92억 원 이하 무주택 세대주		
대출금리	연 1.8%~2.4%		
대출한도	· 일반가구: 전세 금액의 70% 이내 · 신혼가구, 2자녀 이상 가구: 전세 금액의 80% 이내		
	구분	일반가구	2자녀 이상 가구
	수도권 (서울, 인천, 경기)	최대 1억 2천만 원	최대 2억 2천만 원
	그 외 지역	최대 8천만 원	최대 1억 8천만 원
대출기간	2년 (4회 연장, 최장 10년 이용가능)		
대상주택	임차 전용면적	85㎡ (수도권을 제외한 도시지역이 아닌 읍 또는 면 지역은 100㎡) 이하 주택 (주거용 오피스텔은 85㎡이하 포함)	
		단, 쉐어하우스(채권양도협약기관 소유주택에 한함)에 입주하는 경 우 예외적으로 면적 제한 없음	
	임차 보증금	· 일반가구·신혼가구: 수도권 3억 원, 수도권 외 2억 원 · 2자녀 이상 가구: 수도권 4억 원, 수도권 외 3억 원	

신혼부부전용 전세자금

대출대상	· 부부합산 연소득 6천만 원 이하 · 순자산가액 2.92억 원 이하 무주택 세대주 신혼부부 (혼인기간 7년 이내 또는 3개월 이내 결혼 예정자)	
대출금리	연 1.2% ~ 연 2.1%	
대출한도	수도권 2억 원, 수도권 외 1.6억 원 이내 (임차보증금의 80% 이내)	
대출기간	2년 (4회 연장, 최장 10년 이용 가능)	
대상주택	임차 전용면적	85㎡ (수도권을 제외한 도시지역이 아닌 읍 또는 면 지역은 100㎡) 이하 주택(주거용 오피스텔은 85㎡이하 포함)
		단, 쉐어하우스(채권양도협약기관 소유주택에 한함)에 입주하는 경우 예외적으로 면적 제한 없음
	임차 보증금	· 일반가구·신혼가구: 수도권 3억 원, 수도권 외 2억 원 · 2자녀 이상 가구: 수도권 4억 원, 수도권 외 3억 원

앞서 소개한 대출상품들의 공통사항

대출대상	· 주택 임대차 계약을 체결하고 임차보증금의 5% 이상을 지불한 자 · 세대주를 포함한 세대원 전원이 무주택인 자 · 주택도시기금 대출, 은행재원 전세자금대출 및 주택 담보대출 비이용자 · 대출 접수일 현재 공공임대주택에 입주하고 있는 경우 불가	
대출 신청 시기	임대차 계약서상 잔금 지급일과 주민등록등본상 전입일 중 빠른 날로부터 3개월 이내까지 신청	
상환방법	일시상환 또는 혼합상환	
고객부담 비용	· 인지세 : 고객/은행 각 50% 부담 · 보증서 담보 취급 시 보증료	
취급은행	우리, 국민, 기업, 농협, 신한	
대출취급 영업점	임차대상주택이 소재한 도내 영업점에서 취급이 원칙. 단, 특별시, 광역시는 동시가 접한 도(특별시, 광역시 포함)와 동일 지역으로 운용하고 영업점이 타 도 인접지역에 위치한 경우 타 도의 인접 시, 군까지 취급	
대출신청	온라인 신청	기금e든든 홈페이지 (https://enhuf.molit.go.kr)
	방문 신청	대출 취급 은행에 방문하여 신청

서울특별시 주거정책

서울특별시 청년 임차보증금 대출

목돈 마련이 어려운 근로 청년 및 취업 준비생의 소득 대비 높은 주거 비용 부담 경감을 위해 서울시에서 추천서를 발행하며, 연 2%의 이자를 지원합니다.

신청 대상자	만 19~39세 이하의 청년이며, 연소득 4천만 원 이하인 무주택세대주로서 다음 각 호의 하나에 해당되는 자 ① 근로 청년: 현재 근로 중인 자 ② 취업 준비생 등: 현재 근로 중이 아니면서 과거 근로 기간의 총합이 1년(365일) 이상 있거나 부모 연소득이 7천만 원 이하인 자		
	연소득이 4천만 원 이하이기만 하면 되므로 무소득자도 신청 가능 ⇒ 소득이 없는 경우는 '신고사실없음 사실증명원'을 제출하면 됨		
대출취급은행	하나은행	대출용도	임차보증금
대출한도	최대 7,000만 원 (임차보증금의 90% 이내)		
서울시 지원 금리	대출금의 연 2.0%	본인 부담금리	대출금리 – 서울시 지원 금리 = 최저 연 1.0% (본인 부담금리가 1% 이하인 경우 최저 연 1.0% 적용)
대출 및 이자 지원 기간	· 만 39세까지 대출 및 이자 지원 · 주택 임대차 계약 기간에 따라 회당 6개월~2년 · 회수 제한 없이 대출 기간 합산 최대 8년까지 추가연장 가능		
대상주택	· 서울시 내에 위치한 주택 또는 주거용 오피스텔 · 임차보증금 3억 원 이하, 월세 70만 원 이하의 전세·월세계약 · 서울시 역세권청년주택은 '민간임대주택' 유형만 지원 가능 · 건축물대장상 주택이 아닌 곳과 불법건축물, 다중주택, 공공임대주택은 지원 불가		
추천서 유효기간	추천서 발급일로부터 3개월 이내 임차계약 및 대출심사를 신청해야 함		

문의처	추천서 발급 문의	서울시 다산콜센터(☎ 02-120) 또는 서울시 주거복지센터
	대출관련 은행 상담	하나은행 콜센터(☎ 1599-2222)로 전화 후, 내선 2번 전세 대출을 연결 또는 서울 소재 하나은행 각 지점에서 가능

| 추천서 신청 시 필요한 서류

아래 서류들을 준비하여 서울주거포털(http://housing.seoul.go.kr)에서 온라인으로 신청하면 추천 심사 후 추천서가 발급됩니다.

필요 서류			발급처	
공통	주민등록등본		온라인	정부24 (https://www.gov.kr)
			오프라인	주민센터, 무인발급기
	건강보험자격 득실확인서		국민건강보험 (https://www.nhis.or.kr)	
			정부24 (https://www.gov.kr)	
	소득금액증명 또는 신고사실없음 사실증명		홈택스 (https://www.hometax.go.kr)	
	가족관계증명서(상세) (본인)		대법원전자가족관계등록시스템 (https://efamily.scourt.go.kr)	
	'지급명세서 등 제출내역' 촬영 사진		홈택스 (홈택스 〉 MY홈택스) (https://www.hometax.go.kr)	
신청 유형 (택1)	근로 청년	① 추가 근로증명서류 ② 추가 소득증명서류		
	취업 준비생 등	① 추가 근로증명서류 ② 소득금액증명 또는 신고사실없음 사실증명 (부모) 　※ 부모 모두 제출		
	추가 근로 및 소득 증명서류는 '청년 임차보증금 지원사업 공고문' 페이지의 '붙임1. 상황별 근로 및 소득증명서류' 참고			

※ 정책의 변경에 따라 세부 내용이 변경될 수 있으니 자세한 내용은 아래 링크 페이지의 공고문을 참고하시길 바랍니다.

 청년 임차보증금 지원 사업 공고문
https://housing.seoul.go.kr/site/main/content/sh01_070201

| 추천서 신청 및 대출절차

추천서 신청	서울주거포털 접속 → 신청서 작성
추천심사	3일 이내 (평일 기준)
추천서 발급	추천서는 '마이페이지'에서 직접 확인 후 출력
대출가능여부 및 보증한도 조회	신청자 및 임차예정주택의 대출가능여부 및 보증한도 확인 (하나원큐APP 이용 혹은 은행 방문)
임차주택계약	지원가능주택 (보증금, 월세 등 확인)
대출 신청	서울시 추천서, 임대차 계약서 등 하나은행에 제출
대출심사 및 대출금 지급	임차주택조건, 대출자격, 담보평가 후 대출실행 (약 2주 내외)

추천서를 발급받았음에도 신용 등급이나 주택의 권리관계 등으로 대출이 거절될 수 있으므로 임대차 계약 및 은행 대출 신청 전에 하나은행 APP이나 은행 지점을 방문하여 상담을 받아 대출 가능 여부를 확인하는 것이 좋습니다.

이 대출상품은 대출심사 과정에서 은행이 집주인에게 연락하거나 주택 조사를 위해 방문할 수 있으므로 집주인의 협조가 필요합니다. 따라서 계약 전에 미리 집주인에게 청년임차보증금 사업을 통한 대출을 받는 것을 알리고, 계약서의 특약사항에 '임대인은 전세자금대출(청년임차보증금사업대출)에 협조하기로 한다.'는 조항을 넣으면 좋습니다. 그리고 대출이 되지 않을 경우를 대비하여 '만약 이 사업을 통해 ○○만 원의 대출이 되지 않을 경우 본 계약은 무효로 하며, 계약금은 임차인에게 즉시 반환한다.'는 내용을 넣으시길 권장합니다.

서울특별시 신혼부부 임차보증금 대출

신청대상자	· 서울 시민이거나 대출 후 1개월 이내 서울로 전입 예정인 자 · 혼인신고일 기준 7년 이내 신혼부부 혹은 서울시 추천서 신청일로부터 6개월 이내 결혼식 예정인 예비 신혼부부 · 부부합산 연소득 9천 7백만 원 이하인 자 · 본인 및 배우자 무주택자 · 서울시 역세권 2030청년주택 임차보증금 무이자 대출 지원을 신청했거나 신청 예정인 자는 신청 불가		
	본 대출은 본인 및 배우자 포함 신혼(예비)부부 한 쌍에게 생애 최초 1회만 지원되며, 신랑 또는 신부 중 한 명만 한 번 신청이 가능하며, 대출 실행 후 전액 상환할 경우 재신청이 불가함		
대출취급은행	국민은행, 하나은행, 신한은행	대출용도	임차보증금
대출한도	최대 2억 원 이내 (임차보증금의 90% 이내)		
대출금리	기준금리 + 가산금리	본인 부담금리	대출금리 - 서울시 지원 금리 = 실부담금리
서울시 지원 금리	최대 연 3.6% 이하 (다자녀가구 추가 이자 지원 우대금리 포함)		
이자 지원 기간	· 최장 10년 이내 (대출 실행 이후 자녀수 증가에 따라 차등) · 기본 지원은 2년+2년 이내 (기한 연장 시 소득 등 기준 충족 시 연장가능) · 대출 기간 중 출산·입양 등으로 자녀수 증가에 따라 최장 6년(2년씩 3회) 이내 연장 지원 가능		
대상주택	· 서울시 관내의 임차보증금 5억 원 이하의 주택 혹은 주거용 오피스텔 · 공공주택특별법에 따른 공공주택사업자가 공급 및 지원하는 공공주택은 지원 불가. 건축물대장상 주택이 아닌 곳과 불법건축물, 다중주택, 공공임대주택은 지원 불가. 다중주택은 협약기관 규정에 따라 대출취급이 어려움		
추천서 유효기간	추천서 발급일로부터 2개월 이내 임차 계약 및 대출심사를 신청해야 함		
대출관련 은행 상담	협약 은행 콜센터 (국민은행 ☎1599-9999, 하나은행 ☎1599-2222, 신한은행 ☎1599-8000) (대출한도, 개인신용에 따른 대출 가능 여부, 소득조건 등)		

※ 정책의 변경에 따라 세부 내용이 변경될 수 있으니 자세한 내용은 아래 링크 페이지의 공고문을 참고하시길 바랍니다.

 신혼부부 임차보증금 이자 지원 사업 공고문
https://housing.seoul.go.kr/site/main/content/sh01_070101

계약 전 계약 조건 협의하기

집주인과 계약 조건에 대해 의견조율이 끝난 후 계약해야 하는 이유

공인중개사를 통해 계약 조건이나 협의 사항에 대해 집주인과 의견 조율을 하게 되는데, 이러한 과정이 잘 마무리 된 다음에 계약서를 작성해야 합니다. 왜냐하면 사전에 협의되지 않은 사항을 계약서를 작성하는 자리에서 요청한다면 의견 조율이 잘 되지 않을 수 있고, 내용에 따라서 집주인이 계약을 재고하게 되는 일이 생길 수 있기 때문입니다. 그리고 계약서를 작성하고 도장을 찍은 후에는 그 내용을 쉽게 번복할 수 없습니다. 계약금에 관해 특별한 약정이 없는 경우, 계약 후 임차인이 계약을 취소하려면 자신의 계약금을 포기해야 하고, 집주인이 취소하려면 임차인이 준 계약금의 2배를 배상해야 합니다. 그렇기 때문에 사전에 모든 내용들이 잘 협의되어야 하고, 계약서를 쓸 때는 자신에게 불리한 점이 없는지 꼼꼼하게 확인해야 합니다.

계약 전에 조율할 수 있는 조건들

| 임차보증금과 월세

임차보증금은 보통 집주인이 제시한 금액으로 계약하게 되지만 집주인에 따라서 어느 정도 금액을 조정할 수 있는 여지가 있습니다.

특히 월세 계약은 임차보증금과 월세를 상호 조정할 수 있는데, 임차보증금을 높이고 월세를 낮추거나 임차보증금을 낮추고 월세를 높이는 식입니다. 보통 보증금 100만 원당 월세 1만 원으로 조정합니다.

예를 들어 500에 50(보증금 500만 원, 월세 50만 원)인 집이라면 200에 53 또는 1,000에 45, 1,500에 40 등으로 조정이 가능한지 협의해 볼 수 있습니다.

| 관리비 항목과 금액

관리비는 어떤 항목들이 포함되는지 계약 전에 명확하게 하는 것이 좋고, 계약서를 작성할 때 특약사항 란에 관리비 항목과 금액을 기재하면 나중에 집주인이 협의되지 않은 관리비 항목을 요구한다든가 관리비 금액을 증액하려고 할 때 분쟁의 소지를 줄일 수 있을 것입니다.

| 임대차 기간

주택임대차보호법 제4조(임대차기간 등)
① 기간을 정하지 아니하거나 2년 미만으로 정한 임대차는 그 기간을 2년으로 본다. 다만, 임차인은 2년 미만으로 정한 기간이 유효함을 주장할 수 있다.
② 임대차기간이 끝난 경우에도 임차인이 보증금을 반환받을 때까지는 임대차관계가 존속되는 것으로 본다.

보통 임대차 기간은 2년으로 정하지만, 기간을 정하지 않았거나 2년 미만으로 정한 임대차는 그 기간을 2년으로 보기 때문에 반드시 2년으로 계약할 필요는 없습니다.

예를 들어 임대차 계약을 최초로 체결할 때 계약 기간을 1년으로 정한 경우라면 1년 후 이사를 가고 싶으면 이사를 가도 되고, 계속 살고 싶으면 최소한 2년간의 임대차 기간이 보장됩니다.

| 가계약금

가계약금은 정식으로 계약을 체결하기 전에 주택을 선점하는 의미로 계약금 중 일부를 지불하는 방식으로 많이 사용하는데, 법률적으로 정의되어 있는 용어는 아니며 필수적인 절차도 아닙니다.

가계약금을 지불한 후 나중에 계약을 하지 않겠다고 했을 때 가계약금을 돌려받을 수 있는지 여부는 그 계약을 유효한 계약으로 볼 수 있는지에 따라 달라집니다.

만약 거래할 주택이 특정됐고 거래 금액(임차보증금 또는 월세)이 얼마인지, 계약금과 잔금의 지불 방법 등을 정한 상태라면 문서가 오가지 않았어도 유효한 계약으로 인정되며, 가계약금을 계약금의 일부로 취급하기 때문에 계약을 하지 않겠다고 했을 때 돌려받을 수 없습니다.

반면에 '얼마의 금액대의 월세집이 나오면 잡아주세요.'라는 취지로 가계약금을 걸어두는 경우나 오피스텔에서 똑같은 2개의 호실이 나왔는데 어느 호실로 할 것인지 결정하지 않은 상태에서 일단 가계약금을 걸어두는 경우와 같이 거래할 주택과 거래 금액 등이 확정되지 않았을 때는 유효한 계약으로 보지 않기 때문에 계약을 하지 않겠다고 했을 때 가계약금을 돌려받을 수 있습니다. 또는 계약을 안 하게 됐을 경우 가계약금을 반환한다는 것을 조건으로 달고 그에 대한 증거(문자 등)를 남겨놨다면 돌려받을 수도 있을 것입니다.

가계약금의 금액에 대해서는 특별하게 정해진 기준은 없으나 계약을 안 하게 될 가능성이 있다면 반환 규정과 함께 최소한의 금액으로 정하는 것이 좋을 것이고, 가계약도 유효한 계약으로 인정될 수 있음을 인지하고 신중하게 결정하는 것이 좋겠습니다.

| 계약금

계약금은 금액이 법적으로 명시되어 있지는 않지만 일반적으로 임차보증금의 10%이며, 이 금액은 집주인과 협의 하에 조정할 수 있습니다. 가계약금은 계약금의 일부이기 때문에 이미 지불한 가계약금이 있다면 계약금에서 그 금액을 제외한 나머지 금액을 지불하면 됩니다. 전세자금대출을 이용한다면 임차보증금의 5%의 금액을 계약금으로 입금하면 되고, 전세자금대출이 승인되지 않았을 때 계약금을 반환한다는 조건을 특약사항에 넣어줄 수 있는지 계약 전에 미리 확인합니다.

| 수리할 부분

계약 전에 집을 한 번 더 둘러보고 수리가 필요한 부분이 있다면 수리 범위나 수리할 날짜 등을 협의합니다. 풀옵션인 경우에는 옵션으로 있는 가전제품의 작동 여부도 확인해봅니다.

| 잔금 치르는 날, 이사하는 날

'잔금'이란 전체 임차보증금에서 내가 먼저 냈던 계약금을 제외한 나머지 금액을 말합니다. 보통 잔금을 치르는 날에 이사를 하는 편입니다. 전세 계약의 경우 보통 계약일로부터 두 달 정도 후를 잔금일로 정하는 편이며, 각자 상황에 따라 공인중개사를 통해 잔금일과 이사 날짜를 협의하면 됩니다. 돈이 마련되는 날짜가 확정되지 않은 경우에도 계약서에 잔금을 치르는 날짜를 적어야 하는데, 그럴 때는 임차인의 목돈이 마련되는 날짜에 따라서 잔금일을 조정할 수 있다는 특약사항을 적고, 돈이 마련될 거라고 예상하는 날짜보다 조금 더 여유를 두고 잔금일을 정하는 것이 좋습니다.

| 중개 수수료

계약이 성사된 후 공인중개사에게 중개 수수료의 금액을 조율하려고 하면 협상력이 떨어지므로, 계약하기 전에 집주인이 없는 자리에서 공인중개사와 직접 얘기를 하거나 전화로 통화하여 중개 수수료 금액을 미리 조율하는 것이 좋습니다.

| 기타 사항

전세자금대출을 받거나 전세보증금 반환보증에 가입할 예정이라든지, 반려동물을 키우거나 에어컨을 새로 설치해야 한다든지, 벽에 구멍을 뚫어야 하는 등 임대인의 협조가 필요하거나 분쟁이 생길 수 있는 사항은 계약 전에 협의를 하고 그 내용을 계약서의 특약사항 란에 기재하는 것이 좋습니다.

이외에도 특약사항에 기재하면 좋은 문구에 대해 253쪽에서 소개하고 있습니다. 이 문구들 중에서 각자의 상황에 맞게 넣어야 하는 특약사항이 있다면 그러한 특약사항을 넣어줄 수 있는지 집주인과 협의하는 것이 좋습니다.

PART
03

계약하기

STEP 09

#계약전준비사항
#신분증 #도장
#이체한도변경

STEP 10

#계약당일
#부동산사무실방문
#공인중개사확인

STEP 11

#집주인확인
#공동명의 #대리인확인
#위임장 #인감증명서

PART 03
계약하기

STEP 12

#계약서작성하기
#주택임대차표준계약서
#특약사항

STEP 13

#주택임대차신고제
#확정일자받기
#주민센터 #등기소

STEP 14

#전세자금대출신청
#서류준비
#잔금일한달전

계약 전 준비하기

계약 전 임차인 준비 사항

| 준비사항

> ☑ 신분증 (주민등록증이나 운전면허증 또는 여권)
> ☑ 도장 (자필 서명 또는 지문 날인 가능)
> ☑ 계약금 이체를 위해 미리 이체한도를 확인하고 변경하기

| 계약 시 유의할 점

계약은 집주인을 직접 만나서 하는 것이 가장 좋습니다. 정말 어쩔 수 없이 대리인과 계약을 해야 하는 상황이라면 대리인이 집주인의 신분증 사본과 위임서류(위임장, 인감증명서)를 가지고 오도록 공인중개사에게 요청합니다. 이런 부분은 임차인이 요청하지 않아도 공인중개사가 집주인 측에 잘 전달하겠지만 그렇지 않은 공인중개사도 있으므로 계약 전에 당부해두는 것이 좋을 것입니다.

내 임차보증금이 안전할 수 있는 집을 계약하기 위해서는 계약 전에 등기부등본과 건축물대장을 확인하고, 전세가율도 따져봐야 하며, 임차하는 주택이 단독주택이나 다가구주택인 경우에는 선순위 세입자의 임차보증금이 집의 매매가 대비 얼마나 되는지도 알고 있어야 하며, 집주인에게 미납 세금이 있는지 확인하는 것도 필요합니다.

단독주택이나 다가구주택의 선순위 세입자의 임차보증금은 확정일자 부여현황으로 확인시켜 달라고 요청하면 되고, 집주인의 미납 세금은 집주인에게 국세 완납 증명서와 지방세 완납 증명서의 발급을 요구하여 확인하면 됩니다.

계약하기 전에 집주인과 만나서 직접 이야기하고 싶다거나 통화를 하고 싶다고 했을 때 공인중개사가 이런저런 핑계를 대면서 못 만나게 하거나 전화 연결을 해주지 않거나 계약이나 집에 관해 뭔가 숨기는 듯한 인상이 들거나 의심스러운 부분이 있다면 계약을 안 하는 것이 좋습니다. 계약서 내용도 대충 넘어가지 말고, 협의한 내용이 잘 들어가 있는지, 바뀐 내용은 없는지 꼼꼼하게 검토하고, 불안한 점에 대해서는 계약 전에 충분히 협의한 후 계약서에 특약으로 넣는다면 나중에 분쟁이 생길 수 있는 여지가 줄어들 것입니다.

부동산 중개업도 서비스업이고, 여러분은 수수료를 지불하고 그에 상응하는 중개서비스를 받는 것입니다. 그러므로 공인중개사에게 계약 시 필요한 부분을 정당하게 요구할 수 있다는 점을 기억하시기 바랍니다.

계약 당일 아침에 확인할 사항

계약 당일 아침에는 계약할 주택의 등기부등본, 건축물대장을 직접 열람하여 주택의 권리관계나 그 밖에 내용들이 달라지지 않았는지 확인합니다.

계약 당일
부동산 사무실 방문하기

계약서 작성자가 공인중개사가 맞는지 확인하기

중개 관련 업무 및 계약서를 작성하고 서명 날인하는 일은 공인중개사만 가능하고, 공인중개사가 아닌 중개보조원 등이 하게 되면 불법입니다. 중개를 담당하고 계약서를 작성하는 사람이 공인중개사가 맞는지 확인하는 방법과 부동산 사무실에 의무적으로 게시해야 하는 4가지 게시물에 대해서는 step 04-5에서 설명했는데, 이전에 부동산 사무실을 방문했을 때 확인하지 못했다면 계약서를 작성하기 전에 확인하도록 합니다.

※ 중개사무소에 의무적으로 게시해야 하는 4가지 게시물

217

부동산 관련 서류 확인하기

공인중개사는 임차인에게 해당 주택의 등기부등본과 건축물대장 등 주택 관련 서류와 이를 근거로 작성한 중개대상물 확인·설명서의 내용을 설명해줘야 하는 법적인 의무가 있습니다. 공인중개사와 같이 관련 서류를 확인하고, 잘 이해가 되지 않는 부분은 물어보도록 합니다. 만약 공인중개사가 이러한 문서들을 보여주지 않는다면 요청해야 합니다.

| 중개대상물 확인·설명서

중개대상물 확인·설명서는 공인중개사가 등기부등본, 토지·건축물 대장, 토지이용계획확인원 등을 확인하고, 그 내용을 바탕으로 해당 부동산에 관한 정보를 기재해 놓은 문서입니다. 이 문서에서 확인해야 할 부분을 간단히 살펴보겠습니다.

권리관계

	등기부 기재사항		소유권에 관한 사항		소유권 외의 권리사항	
② 권리관계			토지		토지	
			건축물		건축물	
	민간임대등록여부	등록	[ ] 장기일반민간임대주택 [ ] 공공지원민간임대주택 [ ] 그 밖의 유형( )			
			임대의무기간		임대개시일	
		미등록	[ ] 해당사항 없음			
	계약갱신요구권 행사 여부		[ ] 확인(확인서류 첨부) [ ] 미확인			

등기부등본에 있는 권리관계가 이곳에 기재되어 있습니다.

실제 권리관계 또는 공시되지 않은 물건의 권리 사항

⑨ 실제 권리관계 또는 공시되지 않은 물건의 권리 사항

다가구주택의 경우 선순위 세입자들의 임차보증금이 이 부분에 기록되는데, 그 금액이 확정일자 부여현황 문서를 바탕으로 정확하게 파악된 금액인지 확인하고, 이 집을 계약했을 때 내 임차보증금이 위험하지 않은지 전세가율을 따져봅니다.

내부·외부 시설물의 상태(건축물) / 벽면 및 도배상태

⑩ 내부·외부 시설물의 상태 (건축물)	수도	파손 여부	[ ] 없음　　　[ ] 있음 (위치:　　　　　)	
		용수량	[ ] 정상　　　[ ] 부족함 (위치:　　　　　)	
	전기	공급상태	[ ] 정상　　　[ ] 교체 필요 (교체할 부분:　　　)	
	가스(취사용)	공급방식	[ ] 도시가스　　[ ] 그 밖의 방식 (　　　　　)	
	소방	단독경보형 감지기	[ ] 없음 [ ] 있음(수량:　　개)	※ 「화재예방, 소방시설 설치·유지 및 안전관리에 관한 법률」 제8조 및 같은 법 시행령 제13조에 따른 주택용 소방시설로서 아파트(주택으로 사용하는 층수가 5개층 이상인 주택을 말한다)를 제외한 주택의 경우만 작성합니다.
	난방방식 및 연료공급	공급방식	[ ] 중앙공급 [ ] 개별공급　시설작동 [ ] 정상 [ ] 수선 필요 (　　)	
		종류	[ ] 도시가스 [ ] 기름 [ ] 프로판가스 [ ] 연탄 [ ] 그 밖의 종류 (　　)	
	승강기		[ ] 있음 ([ ] 양호 [ ] 불량)　　[ ] 없음	
	배수		[ ] 정상　　[ ] 수선 필요 (　　　　　)	
	그 밖의 시설물			

⑪ 벽면 및 도배상태	벽면	균열	[ ] 없음　[ ] 있음 (위치:　　　)
		누수	[ ] 없음　[ ] 있음 (위치:　　　)
	도배		[ ] 깨끗함　　[ ] 보통임　　[ ] 도배 필요

집의 시설물 상태와 벽면 및 도배상태를 확인합니다.

중개보수 등에 관한 사항

⑬ 중개보수 및 실비의 금액과 산출내역	중개보수		<산출내역> 중개보수:
	실비		실 비:
	계		
	지급시기		※ 중개보수는 시·도 조례로 정한 요율에 따르거나, 시·도 조례로 정한 요율한도에서 중개의뢰인과 개업공인중개사가 서로 협의하여 결정하도록 한 요율에 따르며 부가가치세는 별도로 부과될 수 있습니다.

이전에 공인중개사와 협의했던 중개보수와 일치하는지 확인합니다.

| 등기부등본과 건축물대장에서 확인할 부분 간략 정리

등기부등본

☑ '등기부등본 표제부의 주소 = 건축물대장상의 주소 = 계약서상의 주소'인지 확인

☑ '내가 계약하려는 사람 = 갑구의 현재 부동산 소유자'인지 확인

☑ 갑구에 (가)압류, 가등기, 경매개시결정, 신탁등기 등이 생기지 않았는지 확인

☑ 을구에 새로운 근저당권이 생기지 않았는지 확인하기

☑ 등기부등본의 열람일시가 지금 또는 당일 최신에 뽑은 것인지 확인

☑ 페이지 수가 맞는지, 페이지 별로 열람일시가 일치하는지 확인

건축물대장

☑ '건축물대장상의 주소 = 계약서상의 주소' 일치 여부 확인

☑ 내가 계약할 집의 '주용도'와 '건축물현황'에서의 용도가 '주택'인지 확인

☑ '소유자 인적사항 = 계약 당사자' 일치 여부 확인

☑ 위반 건축물인지 확인

집주인(또는 대리인)이
맞는지 확인하기

option
A

집주인과 계약 시 확인할 사항

이제 계약하러 온 집주인을 만났습니다. 근데 이 사람이 진짜 집주인인지 확인이 필요하겠죠? 진짜 집주인인지 확인하는 방법에 대해 알아보겠습니다.

계약하러 온 사람이 진짜 집주인인지 확인하는 방법

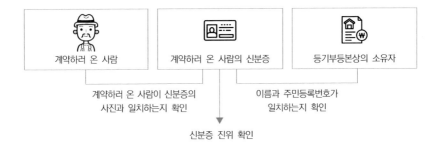

계약하러 온 사람에게 신분증을 요구하여 신분증상의 사람이 맞는지 사진을 확인하고, 신분증의 진위 여부를 확인합니다. 그리고 계약하러 온 사람의 신분증에 적힌 이름과 주민등록번호가 등기부등본상의 소유자의 이름과 주민등록번호와 같은지 확인합니다.

👉 신분증의 진위 확인 방법은 238쪽에서 자세히 다루고 있습니다.

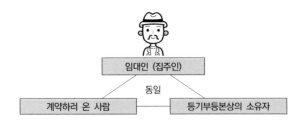

이중계약 사기를 차단하기 위해서는 계약 시 **집주인을 대면해서** 진행하는 것이 가장 좋습니다. 만약 어쩔 수 없이 대리인과 계약을 해야하는 경우라면 더욱 주의를 요하며, 대리인의 신분증과 대리인이 가져온 위임서류를 꼼꼼하게 확인해야 합니다.

사기 수법	**[이중계약 사기]** 이중계약 사기는 임대인(집주인)에게 월세 계약을 위탁받은 사람이 임차인과 전세 계약을 체결하고, 임대인에게는 월세 계약을 했다고 한 뒤 임차보증금의 차액을 챙겨 달아나는 사기를 말합니다. 예를 들어 집주인으로부터 임대차 계약을 위탁받은 사람이 임차인과는 보증금이 1억 원인 전세 계약을 맺은 후 보증금을 자신의 계좌로 입금하도록 하고, 임대인에게는 보증금 2천만 원에 월세 50만 원인 월세 계약을 했다고 속이는 식입니다. 사기꾼은 진짜 월세 계약을 한 것처럼 임대인을 속이기 위해 임차인에게 받은 보증금 중 일부를 임차인이 낸 월세인 것처럼 임대인에게 입금을 하다가 어느 시점이 되면 차액을 챙겨 잠적하게 됩니다. 그러면 월세를 받지 못하게 된 임대인이 임차인에게 연락해 월세가 밀리고 있다고 항의하게 되고, 임차인은 자신은 월세가 아닌 전세 계약을 했다고 주장하면서 양쪽 모두 사기를 당했다는 사실을 알게 되는 것입니다. 이중계약 사기를 치는 사람에는 임대인에게 임대차 계약을 위탁받은 대리인, 공인중개사, 중개보조원, 건물 관리인, 임대관리업체 등이 있었으며, 자신이 임대인의 위임장과 인감증명서를 가지고 있으니 안심하고 계약을 해도 괜찮다며 보증금을 임대인의 계좌가 아닌 자신의 계좌로 입금하도록 유도합니다. 임차인이 임대인과 연락하고 싶다고 하면 임대인이 외국에 산다거나 지방 멀리에 있다거나 건강이 좋지 않아서 등 여러 가지 이유를 대며 연결해 주지 않으며 임대인과 임차인을 만나지 못하게 합니다. 또는 집주인이 멀리 있어서 계약서를 작성하러 오지 못하기 때문에 우편으로 계약서를 작성한다고 하면서 중간에서 다른 계약서를 만들어서 각각 체결하는 방법으로 속이기도 합니다.
방지법	☑ 계약은 집주인과 대면해서 하는 것이 가장 좋습니다. ☑ 우편으로 계약서를 주고받는다고 하면 계약하지 않습니다. ☑ 집주인이 아닌 대리인과 계약을 해야 할 때는 위임서류(위임장, 인감증명서)를 꼼꼼히 살펴보고, 위임 권한의 범위가 현 계약에 어긋나지 않는지 등을 꼼꼼하게 따져봐야 합니다. ☑ 등기부등본상 주택의 소유자의 명의로 된 계좌로 임차보증금을 입금합니다. ☑ 주변 시세보다 많이 저렴한 집은 주의할 필요가 있습니다.

사기 수법	월세 세입자인 A씨가 계약 과정에서 알아낸 집주인의 개인 정보로 신분증을 위조한 후 집주인 행세를 하며 집을 시세보다 저렴하게 전세로 내놓고, 계약이 되자 전세보증금을 가로채 달아나는 사기 사건이 있었습니다.
방지법	☑ 시세보다 많이 싼 집은 조금 더 주의를 기울입니다. ☑ 계약하러 온 사람이 진짜 집주인인지 신분증의 진위 여부를 확인하고, 등기부등본상 주택의 소유자가 맞는지 확인합니다. ☑ 등기부등본상 주택의 소유의 명의로 된 계좌로 임차보증금을 입금합니다.

집주인이 다수(공동 명의)일 경우 계약 시 주의할 사항

'공동 명의'란 공유물(주택)을 두 명 이상이 공동으로 소유하는 것을 말합니다. 즉, 집주인이 두 명 이상이라는 뜻입니다. 공유자의 정보와 지분에 관한 내용은 등기부등본 갑구에서 확인할 수 있습니다.

 등기부등본의 갑구에서 공동 명의자 표시의 예

【 갑 구 】	(소유권에 관한 사항)			
순위번호	등기목적	접수	등기원인	ⓘ 권리자 및 기타사항
1	소유권보존	2010년7월25일 제△△△△호		공유자 지분 2분의 1 김길동 611016-1****** 　서울특별시 종로구 △△동 △△△ 지분 2분의 1 박연희 650812-2****** 　서울특별시 종로구 △△동 △△△

ⓘ '권리자 및 기타 사항'에서 공유자가 누구인지, 각각 지분이 어떻게 되는지 적혀있습니다. 이 집은 김길동 씨와 박연희 씨가 각각 2분의 1의 지분을 가지고 있는 공동 명의의 집입니다.

공유물 관련 법 조항

민법 제265조(공유물의 관리, 보존)

ⓘ공유물의 관리에 관한 사항은 ⓘ공유자의 지분의 과반수로써 결정한다. 그러나 보존행위는 각자가 할 수 있다.

공동 명의인 집을 임차하는 경우, 공유자의 지분의 합이 과반수가 되도록 공유자와 계약을 해야 유효한 계약이 됩니다.

공유자				⇒	지분이 3분의 1인 공유자 2명과 계약하면 지분의 합이 3분의 2로 과반수가 됩니다.
지분	3분의 1	3분의 1	3분의 1		
계약 여부	O	O	X		**임대차 계약 유효**

| 과반수 지분권자와의 임대차 계약

지분이 50%를 초과하는 과반수 지분권자가 있다면 다른 공유자가 동의를 하지 않더라도 과반수 지분권자 한 명과의 계약으로도 임대차 계약은 유효합니다. 하지만 임대차 계약 만료 후 임차보증금의 반환에 분쟁이 생겼을 때 임차보증금의 회수를 위해서는 모든 공유자와 계약을 하는 형태가 가장 좋다고 할 수 있습니다.

경우1)

공유자	【A씨】	【B씨】	⇒	3분의 2의 지분을 가진 A씨와 임대차 계약 시 이 계약은 유효합니다.
지분	3분의 2	3분의 1		
계약 여부	O	X		**임대차 계약 유효**
임차보증금 반환 의무	있음	없음		

'경우1'과 같이 임차인이 과반수 지분권자인 A씨와 한 임대차 계약은 유효한 계약입니다. 다만 임대차 계약 만료 후 임차보증금을 돌려받지

224

못해 임대차보증금반환청구소송을 했을 때 임대차 계약의 당사자는 A씨이기 때문에 A씨에게만 임차보증금의 반환을 요구할 수 있습니다.

이때 A씨의 지분만으로 임차보증금 전액의 회수가 어려울 수 있으니 공유자 전원과 계약하는 것이 좋다고 할 수 있습니다.

경우2)

공유자	【A씨】	【B씨】	⇒	공유자 모두와 계약했으므로, 임차인은 공유자 중 어느 누구에게든 보증금의 반환 청구가 가능합니다.
지분	3분의 2	3분의 1		**임대차 계약 유효**
계약 여부	O	O		
임차보증금 반환 의무	있음	있음		

'경우2'와 같이 임차인이 공유자 전부와 임대차 계약을 체결했다면 임차인은 공유자 모두에게 임차보증금의 반환을 요구할 수 있습니다.

| 소수 지분권자와의 임대차 계약

지분이 과반수를 넘지 않는 소수 지분권자와의 임대차 계약은 지분이 과반수를 넘지 않아 무효이므로 법의 보호를 받을 수 없습니다.

대항력, 우선변제권, 최우선변제권 등 임대차보호법의 적용을 받을 수 없고, 만약 계약에 참여하지 아니한 공유자가 임차인에게 집에서 나가 달라고 요청하면 그것은 공유자의 보존 행위로서 적법하게 됩니다.

공유자			⇒	소수 지분권자 한 명하고만 임대차 계약을 하면 지분의 합이 50%를 초과하지 않기 때문에 임대차 계약의 효력이 발생하지 않습니다.
지분	2분의 1	2분의 1		**임대차 계약 무효**
계약 여부	O	X		

| 부부 공동 명의인 경우

앞에서 설명한 공동 명의자와의 계약에 관한 사항이 동일하게 적용됩니다.

① 부부의 지분이 같은 경우

이 경우 부부 모두와 계약을 해야 임대차 계약이 유효합니다.

공유자	【남편】	【아내】	부부 모두와 임대차 계약을 해서 지분의 합이 과반수를 초과하기 때문에 이 계약은 유효합니다.
지분	2분의 1	2분의 1	
계약 여부	○	○	임대차 계약 유효

부부가 계약에는 동의하는데 계약 시 부부 중 한 명이 참석하지 못해 공유자 1인과 계약을 하는 경우라면 계약을 하러 온 공유자가 참석하지 않은 다른 공유자의 위임장과 인감증명서를 지참해야 합니다.

공유자	【남편】	【아내】	남편이 지참해야 하는 서류 · 아내가 남편에게 계약에 관해 위임한다는 내용의 위임장 · 아내의 인감증명서 · 아내의 신분증 사본
지분	2분의 1	2분의 1	
계약 시 참석	참석함	불참함	

이때 참석하지 못한 공유자에게 임대차 계약에 동의하는지, 배우자에게 대신 계약을 하도록 권한을 위임했는지 전화 통화로 확인하는 게 안전합니다. 만약 계약 때 연락이 닿지 않았다면 잔금 입금 전까지는 연락해 계약에 동의하는지, 계약 내용을 알고 있는지 확인해야 합니다.

계약금이나 잔금을 부부 중 한 명의 계좌에 입금한다면 누구의 계좌에 입금하는지 계약서 특약사항에 명시하는 것이 좋습니다.

② 부부의 지분이 다른 경우

이 경우 부부 중 과반수 지분권자 한 명과 계약을 해도 임대차 계약은 유효하지만, 부부 모두와 계약을 하면 계약 만료 후 어느 한쪽에라도 임차보증금의 반환을 요구할 수 있습니다.

대리인과 계약 시 확인할 사항

option B

대리인이 계약을 하러 왔을 때, 대리인과 대리인이 가져온 위임 서류의 어떤 점을 확인해야 하는지 알아보겠습니다.

대리인과 계약 시 확인해야 하는 문서

계약 전 공인중개사에게 연락해 대리인이 집주인의 신분증 사본, 위임장, 인감증명서를 지참하도록

집주인의 신분증 사본

집주인의 위임장

집주인의 인감증명서

요구합니다. 대리인이 집주인의 신분증 사본을 가져오는 게 여의치 않다면 집주인과 전화 통화를 해서 집주인의 이름과 주민등록번호, 주민등록증의 발급일자를 통해 신분증 진위 여부를 확인해야 합니다.

대리인이 위임서류(위임장과 인감증명서)를 가지고 왔다고 단순히 안심하지 말고, 위임서류의 세부적인 내용들을 꼼꼼하게 확인해야 합니다.

📢 신분증의 진위 확인 방법은 238쪽에서 자세히 다루고 있습니다.

| 대리인이 집주인의 가족인 경우

대리인이 집주인의 가족이든 가족관계증명서를 발급받아서 가족임을 증명하든 그런 것은 상관이 없습니다. 집주인의 가족이라고 위임서류도 없이 자동으로 대리인의 권한을 가질 수 있는 것은 아닙니다.

대리인은 집주인으로부터 받은 위임서류가 꼭 있어야 합니다.

| 집주인이 해외 거주 중이어서 대리인이 계약하는 경우

집주인은 해당 국가의 한국영사관을 방문하여 영사의 입회하에 위임장을 작성하고 영사관의 직인을 받아 공증된 위임장 원본을 대리인에게 송달해야 하며, 그 위임장 원본을 가지고 대리인이 계약을 진행해야 합니다. 또한 집주인과 통화하여 위임사실 및 계약 내용을 확인하여 녹음해두시기 바랍니다. 위임장 발급 사실은 '영사민원24' 사이트 또는 해당 국가 영사관에 문의하여 확인할 수 있습니다.

 영사민원24 - https://consul.mofa.go.kr
메뉴 '민원신청' ▶ '문서발급사실확인' 클릭

위임서류의 내용과 대리인 확인 및 임대차 계약 과정

① 위임서류(집주인의 인감증명서와 위임장) 지참 여부 확인
② 대리인의 신분 확인
③ 위임장 내용 확인
④ 인감증명서의 진위여부 및 내용 확인
⑤ 집주인과 계약 내용 및 위임 여부에 관해 전화 통화로 확인
⑥ 계약서 작성 및 검토
⑦ 위임장과 인감증명서의 복사본을 계약서에 첨부하여 보관
⑧ 계약금을 집주인의 계좌로 입금

이제 위의 각 절차에 대해 자세히 알아보겠습니다.

│ 위임서류(집주인의 인감증명서와 위임장) 지참 여부 확인

대리인이 위임서류를 지참했는지 확인하고, 지참하지 않았다면 위임서류를 지참하도록 요구하고, 서류가 준비되면 다음 확인 절차를 진행합니다.

│ 대리인의 신분 확인

대리인에게 신분증을 요구하여 신분증과 일치하는 사람인지 확인하고, 신분증의 진위 여부도 확인합니다. 그리고 위임장에 적혀있는 대리인의 이름과 주민등록번호가 신분증과 일치하는지 확인합니다.

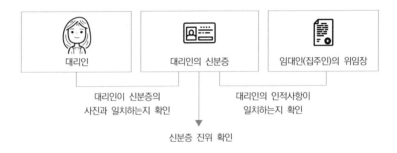

│ 위임장 내용 확인

위임장은 그 양식이 특정되어 있는 것은 아니지만, 부동산의 표시, 위임인(집주인)과 수임인(대리인)의 인적사항, 위임하는 내용, 위임날짜, 인감도장의 날인이 필수적으로 들어가야 합니다.

보통 다음 예시의 위임장과 비슷한 형식을 가집니다. 위임하는 내용에는 위임하는 범위와 권한을 한정하는 내용이 적혀있으며, 이 부분을 특히 주의 깊게 살펴봐야 합니다.

🔅 위임장 확인 시 주의사항

위임장은 원본을 받아 위임 여부를 확인합니다. 팩스를 통하여 출력된 팩스본 위임장이나 복사한 위임장은 원본으로 볼 수 없습니다.

위임장에 명시된 내용이 현재 하려는 계약과 내용이 일치하는지, 위임장에 내용을 수정한 흔적은 없는지 확인합니다.

🔅 위임장 형식 살펴보기

❶ 제목: '위임장'이라고 명시되어야 합니다.

❷ 부동산의 표시: 계약을 위임한 부동산의 주소가 적혀있습니다. 내가 계약하려는 집의 주소가 맞는지, 동, 호수까지 정확히 기입되었는지 확인합니다.

❸ 위임인 및 수임인의 인적사항: 위임인은 임대인(집주인)을 말합니다. 위임인의 인적사항이 등기부등본상 주택의 소유자와 일치하는지 등기부등본을 통해 확인합니다.
수임인은 법률행위나 기타 사무의 처리를 위임받은 사람, 즉 대리인을 말합니다. 위임장에 기재된 대리인의 인적사항이 실제 계약을 하러 온 대리인의 신분증상의 인적사항과 동일한지 확인합니다.

❹ 위임 내용: 위임 내용에는 계약을 위임한 범위와 대리인의 권한을 한정하는 내용이 적혀 있습니다. 계약하는 날짜를 특정하거나 특정 호실의 계약으로 한정하여 위임하기도 하며, 위임한 임대차 계약이 전세인지 월세인지, 임차보증금이나 월세가 얼마인지 등을 지정해 놓습니다. 위임장에 명시된 내용과 지금 진행하는 계약이 일치하는지 확인하면 됩니다.
대리인은 위임 내용과 일치하는 계약만 대리할 권한이 있으므로 위임 내용과 일치하지 않는 계약을 하려고 한다면 계약하지 않아야 합니다. 위임한 기간이 정해져 있는 경우에는 계약하는 시점이 위임 기간 안에 포함되는지 확인하고, 위임 기간이 끝난 위임장을 가져온 대리인과는 계약하지 않습니다.

대금 수령 방법이 지정되어 있으면 그 방법을 따르지만, 일반적으로 집주인(등기부등본상 주택의 소유자)의 계좌로 입금하는 게 사고가 나지 않는 가장 좋은 방법입니다.

❺ **서명란**: 여기에는 위임인(집주인)의 인감도장이 찍혀있는데, 인감증명서에 있는 집주인의 인감과 동일한지 확인합니다.

⚙ 위임장 체크사항 간단 정리

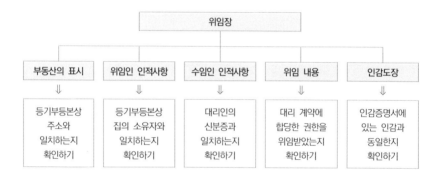

| 인감증명서의 진위여부 및 내용 확인

인감증명서는 해당 인감이 행정청에 신고된 인감과 같다는 것을 증명하는 문서입니다. 위임장에 찍힌 인감도장이 인감증명서의 인감도장과 일치하는지 확인하면 되는데, 인감증명서 역시 원본을 가지고 확인해야 하며, 인감증명서의 진위 여부도 파악해야 합니다.

⚙ 인감증명서 형식 살펴보기

■ 인감증명법 시행령 [별지 제14호서식]

❷ 신청인: 홍길동 (생년월일: 1967.01.21)

인감증명서 발급사실 확인용 번호   **❶** ☆☆☆☆ - ☆☆☆☆ - ☆☆

담당자: 김일동 (전화: △△-△△△-△△△)

※ 이 용지는 위조식별표시가 되어 있음

❹ 주민등록 번호	6 7 0 1 2 1 - 1 2 3 4 5 6 7	**인감증명서** ❸	본 인	대리인
			○	

성 명 (한 자)	홍길동 (洪吉同)	인 감	❺ (洪吉同)

국 적	

주 소	서울특별시 ○○구 ○○동 ◇◇◇◇

용 도

		[ ] 부동산 매수자	[ ] 자동차 매수자	
매 도 용	성명(법인명)	빈 칸		주민등록번호 (법인등록번호)
	주 소 (법인 소재지)			
	위의 기재사항을 확인합니다. (발급신청자)		(서명)	
일 반 용				

비 고	

1. 인감증명서 발급사실통보서비스를 신청하면 발급 사실을 휴대폰 문자로 즉시 통보받을 수 있습니다.
2. 인감증명서 발급 신청인이 본인인 경우에는 본인란에, 대리인이 신청하는 경우에는 대리인란에 ○표시합니다.
3. 주민등록번호란에는 미주민등록 재외국민의 경우에 여권번호, 국내거소신고자의 경우에는 국내거소신고번호, 외국인의 경우에는 외국인등록번호를 기재하며, 주민등록번호가 있는 경우 그 아래에 ( )를 하고 주민등록번호를 기재할 수 있습니다.
4. 민원인이 요청하는 경우 주소이동사항을 포함하여 발급합니다.
5. 부동산 또는 자동차(「자동차관리법」제5조에 따라 등록된 자동차를 말합니다) 매도용으로 인감증명서를 발급받으려면 매수자의 성명, 주민등록번호, 주소를 확인받고 서명하여야 합니다. 다만, 부동산 또는 자동차 매도용 외의 경우에는 "빈칸"으로 표시합니다.
6. 용도의 일반용란은 '은행제출용', '○○은행의 대출용으로만 사용' 등 자유롭게 기재할 수 있습니다. 다만, 피한정후견인의 인감증명서를 발급하는 경우에는 담당 공무원이 신청인에게 구체적인 용도를 확인하여 직접 기재하여 발급하여야 합니다.
7. 매수자가 개인사업자인 경우 대표자의 성명, 주민등록번호를 작성하되, 주소는 사업장소재지를 기재합니다.
8. 미성년자, 피한정후견인, 피성년후견인의 표시와 미성년자의 법정대리인, 한정후견인, 성년후견인의 성명 및 주민등록번호의 기재는 비고란에 합니다. 비고란은 개별한 사람인 경우 개별 전 성명 등 민원인 요청사항을 기재하면 됩니다.
9. 인감증명서의 발급사실은 전자민원창구(www.minwon.go.kr)를 통하여 '발급일, 인감증명 발급사실 확인용 번호, 주민등록번호, 발급기관'으로 확인할 수 있습니다.
10. 인감증명서와 동일한 효력이 있는 본인서명사실확인서는 미리 신고해야 하는 불편없이 전국 읍면사무소 및 동주민센터에서 바로 발급이 가능한 편리한 제도입니다.

발급번호	No. ◇◇◇◇	위 인감은 신고되어 있는 인감임을 증명합니다.

❻ 20◇◇년 ◇월 ◇일

서울특별시 ○○구 ○○동장

❶ 인감증명서 발급사실 확인용 번호: '정부24' 사이트에서 이 번호를 조회하면 인감증명서 발급이 사실인지 확인할 수 있습니다.

정부24 - https://www.gov.kr

메뉴에 '서비스' ▶ '사실/진위확인' ▶ '인감증명발급 사실확인' 클릭

⇓

⇓

인감증명발급 사실확인

인감증명발급 사실확인　　　　　　　　　　　　　　　　　　　　　＊ 표시는 필수 입력사항입니다

＊ 발급기관 (시군구)		검색
＊ 발급일자		(예 20160803)
＊ 주민등록번호	─ ※ 주민등록번호 수집근거 (전자정부법 시행령 제90조)	
여권번호	※ 주민등록번호가 없는 경우 여권번호를 입력하세요	
＊ 확인용 발급번호	─　─	
＊ 입력확인	※ 아래의 숫자를 입력하세요 674879　새로고침 음성듣기	

❷ **인감증명서 신청인:** 인감증명서를 신청한 신청인이 나와 있습니다.

❸ **인감증명서를 발급받은 사람:** 인감증명서 발급 신청인이 본인인 경우에는 본인 란에, 대리인이 신청하는 경우에는 대리인 란에 ○표시가 됩니다. 인감소유자 본인이 발급받았는지 확인합니다.

> ⚠ 인감증명서는 일정한 서류를 준비하면 대리인도 발급받을 수 있지만, 임대인 대신 대리인이 와서 계약하는 자리에 인감증명서까지도 대리인이 발급받은 것이라면 더욱 신중을 기해야 하고 계약을 안 하는 게 좋습니다. 되도록 집주인 본인이 발급한, 그리고 대리인이 대신 계약한다고 고지한 이후에 발급한 인감증명서를 요구하시기 바랍니다.

❹ **인감소유자의 이름과 주민등록번호:** 인감소유자의 이름과 주민등록번호가 등기부등본상 주택의 소유자와 위임장에 있는 위임인의 이름과 주민등록번호와 일치하는지 확인합니다.

❺ **인감:** 인감증명서에 찍힌 인감과 위임장에 찍힌 인감이 동일한지 확인합니다.

❻ **발급날짜:** 인감증명서의 발행일입니다. 대리인과 임대차 계약 시 위임장에 찍힌 인감이 진짜인지 확인하기 위한 용도로서 사용되는 인감증명서는 유효기간이 따로 있지는 않으나, 보통 3개월 이내 발급된 인감증명서를 사용합니다. 전세자금대출 이용 시 은행에서 특정 기간 이내에 발급받은 인감증명서를 요구한다면 그 기간 내에 발급받은 인감증명서를 임대인에게 요청합니다.

⚙ 인감증명서 진위 확인법

인감증명서는 특수용지로 제작되어 진본인 인감증명서를 복사하면 복사본에 '사본'이라는 글자가 나타나 간단하게 확인할 수 있습니다.

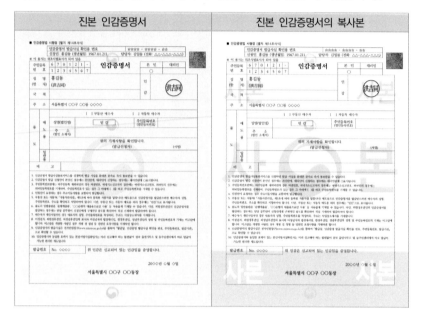

| 집주인과 계약 내용 및 위임 여부에 관해 전화 통화로 확인

집주인에게 전화해서 계약할 주택의 소유자가 맞는지 인적사항을 확인한 후, 대리인의 인적 사항, 계약 조건과 계약 금액, 집주인이 대리인에게 계약에 관해서 위임한 범위가 위임장에 명시된 것과 맞는지, 임차보증금을 입금할 은행과 계좌번호를 다시 한 번 확인합니다.

계약 조건과 계약 금액에 대해 확인할 때는 "계약 조건과 금액이 이러한데 맞습니까?"라고 물어보기보다는 집주인에게 계약 조건과 금액에 대해 어떻게 알고 있는지 질문을 한 다음에 집주인의 대답이 내가 알고 있는 계약 내용과 일치하는지 확인하는 편이 좋습니다.

그리고 나중에 분쟁이 발생했을 때 임차인이 계약 시 계약상 문제가 없도록 주의를 기울였다는 점을 입증하기 위해 집주인과의 통화 내용을 녹음하는 것이 좋습니다.

| 계약서 작성 및 검토
계약서 작성 방법은 다음에 나올 step 12에서 자세하게 다루고 있습니다.

| 위임장과 인감증명서의 복사본을 계약서에 첨부하여 보관
계약서를 작성한 후에는 대리인이 가져온 위임서류를 복사해서 임대차계약서와 함께 보관하면 됩니다. 복사한 위임서류에 '원본대조필' 도장을 찍거나 대리인이 자필로 '원본대조필'이라고 적은 다음에 대리인의 도장이나 지장, 또는 서명을 받으면 더 좋습니다.

만약 전세자금대출을 받는다면 은행에서 위임장 원본, 임대인의 인감증명서 원본, 임대인과 대리인의 신분증 사본 제출을 요구하므로, 위임서류를 원본으로 받아 은행에 제출합니다.

| 계약금을 집주인의 계좌로 입금
계약금은 집주인 명의의 계좌로 입금하는 게 가장 좋습니다.

만약 집주인이 대리인에게 줘야 할 돈이 있다거나 다른 여러 가지 이유를 들며 대리인의 계좌로 입금을 요구한다면, 집주인 명의의 계좌로 입금할 테니 본인이 직접 대리인에게 입금하라고 얘기하는 것이 좋습니다. 대리인이 집주인의 배우자나 가족이라 하더라도 마찬가지입니다.

알아보기

신분증 진위 여부 확인 방법

신분증으로 많이 사용하는 주민등록증과 운전면허증의 진위 여부를 확인하는 방법에 대해 알아보겠습니다.

주민등록증 진위여부 확인 방법

(1) '정부24' 사이트에서 확인하는 방법

정부24 - https://www.gov.kr

메뉴 '서비스' ▶ '사실/진위확인' ▶ '주민등록증 진위확인/잠김해제'

'주민등록증 진위확인'에 들어가 공동인증서 로그인 후, 확인하고자 하는 사람의 성명, 주민등록번호, 발급일자와 입력 확인을 위해 표시되는 6자리 숫자를 입력합니다. 결과 화면에서 "입력하신 내용은 등록된 내용과 일치합니다." 이외에 다른 문구가 뜬다면 그 주민등록증은 진짜가 아닐 수 있습니다.

(2) 모바일에서 '정부24' 애플리케이션을 사용하여 확인하는 방법

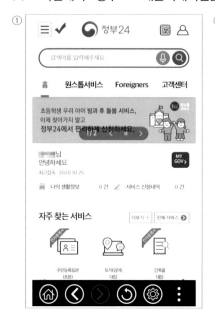

(3) 행정안전부 주민등록증 진위확인 ARS 서비스로 확인하는 방법

전국 어디서나 국번 없이 1382번으로 전화하여 안내에 따라 주민등록
번호와 발급일자를 입력하면 진위여부를 확인할 수 있습니다.

운전면허증 진위여부 확인 방법

안전운전 통합민원 - https://www.safedriving.or.kr/

전체 메뉴 ▶ '운전면허 발급' - '운전면허 정보조회' - '면허증 진위여부조회'

조회했을 때, 아래 그림과 같이 "암호일련번호가 일치합니다.", "도로교통공단 전산 자료와 일치합니다."의 문구가 뜬다면 정상적인 운전면허증입니다.

면허증 진위여부 조회

면허증 진위여부 조회결과
- 암호일련번호가 일치합니다.
- 도로교통공단 전산 자료와 일치합니다.

성명	
생년월일	
운전면허번호	
조회 일시	

임대차 계약하기

step 12-1

임대차 계약서 작성하기

계약서 작성 시 주의사항과 임대차 계약서의 구성이 어떻게 되는지, 그리고 계약서에 특약사항으로 쓰면 좋은 문구 등에 대해 알아보겠습니다.

계약서 작성 시 주의사항

계약서 작성은 공인중개사가 하지만, 임차인도 계약서에 주택에 관한 내용이 등기부등본과 건축물대장상의 내용과 일치하는지 살펴봅니다.

특약사항은 집주인과 공인중개사가 있는 자리에서 그 내용을 한 번 더 확인한 후 작성하며, 애매한 표현이나 다의어는 피하고 누구나 알기 쉽게 구체적으로 작성하는 것이 좋습니다.

계약서 내용 중 일부 문구를 수정하거나 삭제하는 경우에는 수정할 부분을 두 줄을 그어 표시하고 내용을 정정한 후 그 위에 계약에 참여한 모든 사람(임대인, 임차인, 공인중개사)의 도장을 찍습니다.

임대차 계약서 양식 살펴보기

임대차 계약서 양식에는 부동산에서 기존에 사용하던 임대차 계약서 양식과 법무부에서 제공하는 주택임대차 표준 계약서 양식이 있습니다. 법무부에서 제공하는 주택임대차 표준 계약서 양식은 임대인과 임차인의 권리와 의무 관계를 명확하게 할 수 있도록 구성되어 있으므로 이 계약서 양식으로 계약서를 작성하는 것을 추천합니다.

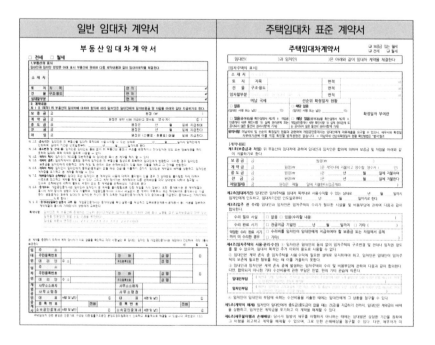

임대차 계약서는 임차주택의 표시, 계약 내용, 특약사항, 계약 당사자와 중개사의 정보 및 날인의 4개의 항목으로 구성되어 있습니다.

일반 임대차 계약서와 주택임대차 표준 계약서에서 각 항목이 어떻게 구성되어 있는지 자세히 살펴보도록 하겠습니다.

임차주택의 표시

내가 임차하는 주택에 관한 정보가 기재되는 부분입니다.

| 일반 임대차 계약서

전세인지, 월세인지 계약 종류를 체크하고, 임차하는 주택의 주소, 동, 층, 호수, 구조, 용도, 면적 등을 기재합니다. 부동산 사무실에서 계약을 하게 된다면 계약서 작성은 공인중개사가 하므로 이 부분을 작성하는데 큰 어려움은 없지만, 건물에 관한 내용은 건축물대장의 내용이 기준이 되므로 건축물대장과 내용이 일치하는지 확인합니다.

'임대할 부분'은 해당 소재지의 주택에서 내가 어느 부분을 임대하는지 적는 부분입니다. (예) ○○아파트 304호라면 '304호 전체'라고 기재)

표준 계약서와 다르게 일반 계약서에는 집주인의 미납 세금이나 선순위 세입자에 대해 확인하는 양식이 포함되어 있지 않습니다. 하지만 임차인으로서 이 부분을 확인하는 것이 필요하므로 집주인에게 국세 완납 증명서와 지방세 완납 증명서를 요구하여 미납 세금이 있는지 확인하고, 단독주택이나 다가구주택을 임차한다면 확정일자 부여현황을 통해 선순위 세입자의 보증금을 확인시켜 달라고 요청합니다.

주택임대차계약서

☐ 보증금 있는 월세
☐ 전세 ☐ 월세

임대인(   )과 임차인(   )은 아래와 같이 임대차 계약을 체결한다

[임차주택의 표시]

소 재 지	(도로명주소)				
토 지	지목		면적		㎡
건 물	구조·용도		면적		㎡
임차할부분	상세주소가 있는 경우 동·층·호 정확히 기재		면적		㎡

미납 국세	선순위 확정일자 현황	확정일자 부여란
☐ 없음 (임대인 서명 또는 날인 ㉑)	☐ 해당 없음 (임대인 서명 또는 날인 ㉑)	
☐ 있음(중개대상물 확인설명서 제2쪽 II. 개업공인중개사 세부 확인사항 ⑨ 실제 권리관계 또는 공시되지 않은 물건의 권리사항에 기재)	☐ 해당 있음(중개대상물 확인설명서 제2쪽 II. 개업공인중개사 세부 확인사항 ⑨ 실제 권리관계 또는 는 공시되지 않은 물건의 권리사항에 기재)	

유의사항: 미납국세 및 선순위 확정일자 현황과 관련하여 개업공인중개사는 임대인에게 자료제출을 요구할 수 있으나, 세무서와 확정일자부여기관에 이를 직접 확인할 법적권한은 없습니다. ※ 미납국세·선순위확정일자 현황 확인방법은 "별지"참조

오른쪽 상단에 계약 종류를 체크하고, 계약서 상단에 임대인과 임차인의 이름을 적습니다. 집 주소, 동, 층, 호수, 구조, 용도, 면적 등은 건축물대장의 내용을 기준으로 기재합니다.

미납국세: 임대인에게 미납한 세금이 있는지 기재하는 란입니다.
국세가 미납되면 해당 주택이 공매로 처분되기도 하고, 만약 해당 주택에 설정된 권리로 인해 경매가 됐다면 집주인이 미납한 당해세나 임차인의 우선변제권 생성일보다 법정 기일이 빠른 세금이 먼저 배당을 받아가므로 집주인에게 국세 완납 증명서와 지방세 완납 증명서를 요구하여 미납 세금이 있는지 확인하는 것이 필요합니다.

선순위 확정일자 현황: 단독주택이나 다가구주택의 경우 먼저 입주해서 살고 있는 다른 세입자들이 있는지 체크하는 부분입니다.

확정일자 부여란: 계약서 작성 후 주민센터에 방문해서 확정일자를 받을 때 이곳에 도장을 받으면 됩니다.

계약 내용

실질적인 계약 내용에 관한 부분으로 계약서에 지정된 양식에 따라 작성하면 됩니다.

| 일반 임대차 계약서

2. 계약내용
제 1 조 (목적) 위 부동산의 임대차에 대하여 합의에 따라 임차인은 임대인에게 임차보증금 및 차임을 아래와 같이 지급하기로 한다.

보 증 금	금	원정 (₩			)
계 약 금	금	원정은 계약 시에 지급하고 영수함. 영수자 (			⑩)
중 도 금	금	원정은	년	월	일에 지급하며
잔 금	금	원정은	년	월	일에 지급한다.
차 임	금	원정은 (선불로 · 후불로) 매월			일에 지급한다.

제 2조 (존속기간) 임대인은 위 부동산을 임대차 목적대로 사용·수익할 수 있는 상태로 _____ 년 _____ 월 _____ 일까지 임차인에게 인도하며, 임대차 기간은 인도일로부터 _____ 년 _____ 월 _____ 일까지로 한다.
제 3조 (용도변경 및 전대 등) 임차인은 임대인의 동의 없이 위 부동산의 용도나 구조를 변경하거나 전대임차권 양도 또는 담보제공을 하지 못하며 임대차 목적 이외의 용도로 사용할 수 없다.
제 4조 (계약의 해지) 임차인이 제3조를 위반하였을 때 임대인은 즉시 본 계약을 해지 할 수 있다.
제 5조 (계약의 종료) 임대차계약이 종료된 경우에 임차인은 위 부동산을 원상으로 회복하여 임대인에게 반환한다. 이러한 경우 임대인은 보증금을 임차인에게 반환하고, 연체 차임 및 관리비 또는 손해배상이 있을 때는 이를을 제하고 그 잔액을 반환한다.
제 6조 (계약의 해제) 임차인이 임대인에게 중도금(중도금이 없을 때는 잔금)을 지불하기 전까지, 임대인은 계약금의 배액을 상환하고, 임차인은 계약금을 포기하고 본 계약을 해제할 수 있다.
제 7조 (채무불이행과 손해배상) 임대인 또는 임차인이 본 계약상의 내용에 대하여 불이행이 있을 경우 그 상대방은 불이행한 자에 대하여 서면으로 최고하고 계약을 해제 할 수 있다. 그리고 계약 당사자는 계약해제에 따른 손해배상을 각각 상대방에 대하여 청구할 수 있으며, 손해배상에 대하여 별도의 약정이 없는 한 계약금을 손해배상의 기준으로 본다.
제 8조 (중개보수) 개업공인중개사는 임대인과 임차인이 본 계약을 불이행함으로 인한 책임을 지지 않는다. 또한, 중개보수는 본 계약체결과 동시에 계약 당사자 쌍방이 각각 지불하며, 개업공인중개사의 고의나 과실없이 본 계약이 무효·취소 또는 해제되어도 중개보수는 지급한다. 공동중개인 경우에 임대인과 임차인은 자신이 중개 의뢰한 개업공인중개사에게 각각 중개보수를 지급한다. (중개보수는 거래가액의 _____ %로 한다.)
제 9 조 (중개대상물확인설명서 교부 등) 개업공인중개사는 중개대상물 확인·설명서를 작성하고 업무보증관계증서(공제증서 등) 사본을 첨부하여 계약체결과 동시에 거래당사자 쌍방에게 교부한다.

제1조 (목적) 위 부동산의 임대차에 대하여 합의에 따라 임차인은 임대인에게 임차보증금 및 차임을 아래와 같이 지급하기로 한다.

보증금	금	원정 (₩			)
계약금	금	원정은 계약 시에 지급하고 영수함. 영수자 (			⑩)
중도금	금	원정은	년	월	일에 지급하며,
잔 금	금	원정은	년	월	일에 지급한다.
차 임	금	원정은 (선불로 · 후불로) 매월			일에 지급한다.

임차보증금의 금액과 계약금, 중도금, 잔금으로 구분하여 각각 지급할 금액이 얼마인지, 언제까지 지급해야 하는지 구체적으로 정해서 계약서에 기재합니다. 계약금은 계약 시 지급하며, 계약서의 계약금 란에 있는 '영수자'에 집주인의 서명과 도장을 받으면 계약금 영수증을 대체할

수 있습니다.

보통 임대차 계약에서는 중도금이 있지 않지만, 중도금이 있다면 기입을 하면 되고, 없는 경우 그 부분에 선을 그어주거나 '없음'이라고 적으면 됩니다. 잔금은 전체 보증금에서 먼저 지급한 계약금 등을 뺀 나머지 보증금을 말하며, 차임은 월세를 의미합니다. 금액을 적을 때는 위조가 어려운 한글로 적고, 숫자로도 병행해서 표기합니다.

> **제2조 (존속기간)** 임대인은 위 부동산을 임대차 목적대로 사용·수익할 수 있는 상태로
> ____년 ___월 ___일까지 임차인에게 인도하며, 임대차 기간은 인도일로부터
> ____년 ___월 ___일까지로 한다.

임대차 계약 기간을 명시하는 곳입니다.

> **제3조 (용도변경 및 전대 등)** 임차인은 임대인의 동의 없이 위 부동산의 용도나 구조를
> 변경하거나 전대 · 임차권 양도 또는 담보제공을 하지 못하며 임대차 목적 이외의 용도로
> 사용할 수 없다.

임대인의 동의 없이 주택의 용도나 구조를 변경하거나 전대차(임차인이 집을 제삼자에게 임대하는 계약) 등을 할 수 없다는 내용입니다.

> **제4조 (계약의 해지)** 임차인이 제3조를 위반하였을 때 임대인은 즉시 본 계약을 해지할
> 수 있다.

임차인이 제3조를 위반하였을 때 임대인은 계약 해지가 가능합니다.

> **제5조 (계약의 종료)** 임대차 계약이 종료된 경우에 임차인은 위 부동산을 원상으로 회복하
> 여 임대인에게 반환한다. 이러한 경우 임대인은 보증금을 임차인에게 반환하고, 연체 차임
> 및 관리비 또는 손해배상금이 있을 때는 이들을 제하고 그 잔액을 반환한다.

민법 615조 '빌린 물건을 돌려줄 때에는 원상에 회복하여야 한다.'에 따르면 세입자는 임대차 기간이 만료된 후 집을 원래의 상태로 복구시

켜 놓을 의무가 있는 것은 맞습니다. 하지만 일상생활에서 생길 수 있는 하자까지 원상회복을 해야 하는 것은 아닙니다.

제6조 (계약의 해제) 임차인이 임대인에게 중도금(중도금이 없을 때는 잔금)을 지불하기 전까지, 임대인은 계약금의 배액을 상환하고, 임차인은 계약금을 포기하고 본 계약을 해제할 수 있다.

잔금을 지불하기 전까지는 임대인은 계약금의 2배를 상환하고, 임차인은 지급했던 계약금을 포기하면 계약을 해제할 수 있습니다.

제7조 (채무불이행과 손해배상) 임대인 또는 임차인이 본 계약상의 내용에 대하여 불이행이 있을 경우 그 상대방은 불이행한 자에 대하여 서면으로 최고하고 계약을 해제할 수 있다. 그리고 계약 당사자는 계약해제에 따른 손해배상을 각각 상대방에 대하여 청구할 수 있으며, 손해배상에 대하여 별도의 약정이 없는 한 계약금을 손해배상의 기준으로 본다.

계약 내용의 불이행 시 계약 해제와 손해배상에 관한 내용입니다.

제8조 (중개보수) 개업공인중개사는 임대인과 임차인이 본 계약을 불이행함으로 인한 책임을 지지 않는다. 또한, 중개보수는 본 계약체결과 동시에 계약 당사자 쌍방이 각각 지불하며, 개업공인중개사의 고의나 과실 없이 본 계약이 무효·취소 또는 해제되어도 중개보수는 지급한다. 공동중개인 경우에 임대인과 임차인은 자신이 중개 의뢰한 개업공인중개사에게 각각 중개보수를 지급한다. (중개보수는 거래가액의 _____%로 한다.)

중개보수에 관한 내용입니다. 중개 수수료 요율을 빈 칸에 적습니다.

제9조 (중개대상물확인·설명서 교부 등) 개업공인중개사는 중개대상물 확인·설명서를 작성하고 업무보증관계증서(공제증서 등) 사본을 첨부하여 계약체결과 동시에 거래당사자 쌍방에게 교부한다.

공인중개사는 계약 체결 후 임대인과 임차인에게 중개대상물 확인·설명서와 공제증서의 사본을 첨부하여 계약서와 함께 교부해야 합니다.

| 주택임대차 표준 계약서

[계약내용]
제1조(보증금과 차임) 위 부동산의 임대차에 관하여 임대인과 임차인은 합의에 의하여 보증금 및 차임을 아래와 같이 지불하기로 한다.

보증금	금		원정(₩	)
계약금	금	원정(₩	)은 계약시에 지불하고 영수함. 영수자 (	인)
중도금	금	원정(₩	)은 _____ 년 _____ 월 _____ 일에 지불하며	
잔 금	금	원정(₩	)은 _____ 년 _____ 월 _____ 일에 지불한다	
차임(월세)	금	원정은 매월 _____ 일에 지불한다(입금계좌:	)

제2조(임대차기간) 임대인은 임차주택을 임대차 목적대로 사용·수익할 수 있는 상태로 _____ 년 _____ 월 _____ 일까지 임차인에게 인도하고, 임대차기간은 인도일로부터 _____ 년 _____ 월 _____ 일까지로 한다.

제3조(입주 전 수리) 임대인과 임차인은 임차주택의 수리가 필요한 시설물 및 비용부담에 관하여 다음과 같이 합의한다.

수리 필요 시설	□ 없음 □ 있음(수리할 내용:)
수리 완료 시기	□ 잔금지급 기일인 _____ 년 _____ 월 _____ 일까지 □ 기타 ( )
약정한 수리 완료 시기 까지 미 수리한 경우	□ 수리비를 임차인이 임대인에게 지급하여야 할 보증금 또는 차임에서 공제 □ 기타 ( )

제4조(임차주택의 사용·관리·수선) ① 임차인은 임대인의 동의 없이 임차주택의 구조변경 및 전대나 임차권 양도를 할 수 없으며, 임대차 목적인 주거 이외의 용도로 사용할 수 없다.

② 임대인은 계약 존속 중 임차주택을 사용·수익에 필요한 상태로 유지하여야 하고, 임차인은 임대인이 임차주택의 보존에 필요한 행위를 하는 때 이를 거절하지 못한다.

③ 임대인과 임차인은 계약 존속 중에 발생하는 임차주택의 수리 및 비용부담에 관하여 다음과 같이 합의한다. 다만, 합의되지 아니한 기타 수선비용에 관한 부담은 민법, 판례 기타 관습에 따른다.

임대인부담	(예컨대, 난방, 상하수도, 전기시설 등 임차주택의 주요설비에 대한 노후·불량으로 인한 수선은 민법 제623조, 판례 상 임대인이 부담하는 것으로 해석됨)
임차인부담	(예컨대, 임차인의 고의·과실에 기한 파손, 전구 등 통상의 간단한 수선, 소모품 교체 비용은 민법 제623조, 판례 상 임차인이 부담하는 것으로 해석됨)

④ 임차인이 임대인의 부담에 속하는 수선비용을 지출한 때에는 임대인에게 그 상환을 청구할 수 있다.

제5조(계약의 해제) 임차인이 임대인에게 중도금(중도금이 없을 때는 잔금)을 지급하기 전까지, 임대인은 계약금의 배액을 상환하고, 임차인은 계약금을 포기하고 이 계약을 해제할 수 있다.

제6조(채무불이행과 손해배상) 당사자 일방이 채무를 이행하지 아니하는 때에는 상대방은 상당한 기간을 정하여 그 이행을 최고하고 계약을 해제할 수 있으며, 그로 인한 손해배상을 청구할 수 있다. 다만, 채무자가 미리 이행하지 아니할 의사를 표시한 경우의 계약해제는 최고를 요하지 아니한다.

제7조(계약의 해지) ① 임차인은 본인의 과실 없이 임차주택의 일부가 멸실 기타 사유로 인하여 임대차의 목적대로 사용할 수 없는 경우에는 계약을 해지할 수 있다.

② 임대인은 임차인이 2기의 차임액에 달하도록 연체하거나, 제4조 제1항을 위반한 경우 계약을 해지할 수 있다.

제8조(계약의 종료) 임대차계약이 종료된 경우에 임차인은 임차주택을 원래의 상태로 복구하여 임대인에게 반환하고, 이와 동시에 임대인은 보증금을 임차인에게 반환하여야 한다. 다만, 시설물의 노후화나 통상 생길 수 있는 파손 등은 임차인의 원상복구의무에 포함되지 아니한다.

제9조(비용의 정산) ① 임차인은 계약종료 시 공과금과 관리비를 정산하여야 한다.

② 임차인은 이미 납부한 관리비 중 장기수선충당금을 소유자에게 반환 청구할 수 있다. 다만, 관리사무소 등 관리주체가 장기수선충당금을 정산하는 경우에는 그 관리주체에게 청구할 수 있다.

제10조(중개보수 등) 중개보수는 거래 가액의 _____ % 인 _____ 원(□ 부가가치세 포함 □ 불포함)으로 임대인과 임차인이 각각 부담한다. 다만, 개업공인중개사의 고의 또는 과실로 인하여 중개의뢰인간의 거래행위가 무효·취소 또는 해제된 경우에는 그러하지 아니하다.

제11조(중개대상물확인·설명서 교부) 개업공인중개사는 중개대상물 확인·설명서를 작성하고 업무보증관계증서(공제증서등) 사본을 첨부하여 _____ 년 _____ 월 _____ 일 임대인과 임차인에게 각각 교부한다.

250

표준 계약서의 제1조, 제2조, 제5조, 제6조, 제10조, 제11조는 앞에서 설명한 일반 임대차 계약서의 내용과 같거나 비슷하므로 여기서는 일반 임대차 계약서와 다른 부분만 살펴보도록 하겠습니다.

제3조 (입주 전 수리) 임대인과 임차인은 임차주택의 수리가 필요한 시설물 및 비용부담에 관하여 다음과 같이 합의한다.

수리 필요 시설	□ 없음 □ 있음 (수리할 내용:)
수리 완료 시기	□ 잔금지급 기일인 _____년 ____월 ____일까지 □ 기타 ( )
약정한 수리 완료 시기까지 미 수리한 경우	□ 수리비를 임차인이 임대인에게 지급하여야 할 보증금 또는 차임에서 공제 □ 기타 ( )

입주 전에 수리가 필요한 시설이 있는지 체크하고, 있다면 수리 완료 시기와 비용 등을 협의하여 작성합니다. 수리에 관한 사항은 구두 약속으로만 끝내지 말고 계약서에 기록을 남겨두면 나중에 불필요한 분쟁을 줄일 수 있습니다.

제4조 (임차주택의 사용·관리·수선) ① 임차인은 임대인의 동의 없이 임차주택의 구조변경 및 전대나 임차권 양도를 할 수 없으며, 임대차 목적인 주거 이외의 용도로 사용할 수 없다.
② 임대인은 계약 존속 중 임차주택을 사용·수익에 필요한 상태로 유지하여야 하고, 임차인은 임대인이 임차주택의 보존에 필요한 행위를 하는 때 이를 거절하지 못한다.
③ 임대인과 임차인은 계약 존속 중에 발생하는 임차주택의 수리 및 비용부담에 관하여 다음과 같이 합의한다. 다만, 합의되지 아니한 기타 수선비용에 관한 부담은 민법, 판례 기타 관습에 따른다.

임대인 부담	(예컨대, 난방, 상·하수도, 전기시설 등 임차주택의 주요설비에 대한 노후·불량으로 인한 수선은 민법 제623조, 판례상 임대인이 부담하는 것으로 해석됨)
임차인 부담	(예컨대, 임차인의 고의·과실에 기한 파손, 전구 등 통상의 간단한 수선, 소모품 교체 비용은 민법 제623조, 판례상 임차인이 부담하는 것으로 해석됨)

④ 임차인이 임대인의 부담에 속하는 수선비용을 지출한 때에는 임대인에게 그 상환을 청구할 수 있다.

임대인의 동의 없이 주택의 구조를 변경하거나 전대차(임차인이 집을 제삼자에게 임대하는 계약) 등을 할 수 없고, 주거 이외의 용도로 사용할 수 없다는 내용과 함께 임대차 계약 기간 중 발생하는 수리 및 비용 부담 범위에 대해 협의한 사항을 기재하는 부분입니다.

제7조 (계약의 해지) ① 임차인은 본인의 과실 없이 임차주택의 일부가 멸실 기타 사유로 인하여 임대차의 목적대로 사용할 수 없는 경우에는 계약을 해지할 수 있다.
② 임대인은 임차인이 2기의 차임액에 달하도록 연체하거나, 제4조 제1항을 위반한 경우 계약을 해지할 수 있다.

임차인이나 임대인이 계약을 해지할 수 있는 사유에 관한 내용입니다.

제8조 (계약의 종료) 임대차 계약이 종료된 경우에 임차인은 임차주택을 원래의 상태로 복구하여 임대인에게 반환하고, 이와 동시에 임대인은 보증금을 임차인에게 반환하여야 한다. 다만, 시설물의 노후화나 통상 생길 수 있는 파손 등은 임차인의 원상복구의무에 포함되지 아니한다.

일반 임대차 계약서의 제5조와 내용이 비슷하지만, 시설의 노후화나 일상생활에서 생길 수 있는 파손 등이 임차인의 원상복구 의무에 포함되지 않는다는 점을 명시하여 원상복구의 범위를 명확하게 했습니다.

제9조 (비용의 정산) ① 임차인은 계약종료 시 공과금과 관리비를 정산하여야 한다.
② 임차인은 이미 납부한 관리비 중 장기수선충당금을 소유자에게 반환 청구할 수 있다. 다만, 관리사무소 등 관리주체가 장기수선충당금을 정산하는 경우에는 그 관리주체에게 청구할 수 있다.

임차인은 임대차 기간이 만료했을 때 공과금과 관리비를 정산해야 하며, 관리비 항목에 포함되어 있던 장기수선충당금은 원래 임대인(소유자)이 납부해야 하는 부분이기 때문에 임대인에게 청구할 수 있다는 내용입니다.

특약사항

집주인과 추가로 협의한 사항을 작성하는 부분입니다. 임대인과 구두로 협의한 내용을 문서화하지 않으면 나중에 말이 바뀌어도 이행을 주장할 근거가 없지만, 계약서에 특약사항으로 명시해놓으면 협의 내용의 이행을 주장할 수 있고 분쟁을 방지할 수 있습니다.

| 특약사항 작성 시 주의사항

특약사항에 넣는 항목들은 계약서를 작성하기 전에 미리 협의가 되어있어야 합니다.

사전에 합의하지 않은 내용을 계약서를 작성하는 자리에서 특약사항으로 넣고 싶다고 갑자기 이야기를 꺼낸다면 합의가 되지 않을 수도 있고, 특약의 내용에 따라서 집주인이 계약을 재고하게 되는 일이 생길 수 있습니다. 그러므로 넣고 싶은 특약이 있다면 사전에 집주인에게 필요성에 대해 잘 설명하고 협의하는 과정이 선행되어야 합니다.

범위를 구체화하고, 정확하고 상세하게 작성합니다.

예를 들어 집주인이 신발장을 교체해 주기로 했을 때 특약사항에 '신발장을 교체한다.'고만 작성하지 말고, '신발장을 새 것으로 교체한다.'라는 식으로 정확한 문구를 사용해서 적어두는 것이 좋습니다.

집에 누수 자국이 있어서 집주인이 도배를 해주기로 약속을 했을 때도 '집주인이 도배를 해주기로 한다.'라고 하지 말고, 정확하게 도배의 범위를 정하여 '집주인은 방 전체의 도배를 해주기로 한다.'라는 식으로 좀 더 상세하게 적어줄 필요가 있습니다.

| 특약사항으로 넣으면 좋은 항목들

계약서에 넣으면 좋은 특약사항 몇 가지를 소개합니다. 각자의 상황에 맞게 특약사항을 기재할 때 참고하시길 바랍니다.

⚙ 등기부등본상 권리사항과 관련된 특약사항

> 주택을 인도받은 임차인은 ____년 __월 __일까지 주민등록(전입신고)과 주택임대차계약서상 확정일자를 받기로 하고, 임대인은 ____년 __월 __일(최소한 임차인의 위 약정일자 이틀 후부터 가능)에 저당권 등 담보권을 설정할 수 있다. 위반 시 계약은 해제되며, 위약금은 ○○만 원으로 하고 임차보증금을 즉시 반환한다.

> 임대인은 계약 당시 등기부등본상의 권리관계 상태를 잔금일 다음 날까지 유지하며, 위반 시 계약은 해제되며, 위약금은 ○○만 원으로 하고 임차보증금을 즉시 반환한다.

임차인의 대항요건은 다음 날 0시부터 효력이 발생하는데, 대항요건의 효력이 발생하기 전에 계약 당시에 확인했던 권리관계 이외의 다른 새로운 권리가 설정되어 임차인의 권리를 침해하는 것을 막기 위해 적는 특약사항으로 위의 두 가지 문구 중에 하나를 적으면 됩니다.

첫 번째 특약사항의 경우 '____년 __월 __일까지 주민등록(전입신고)과 주택임대차계약서상 확정일자를 받는다.'고 했으므로 그 기한까지, 두 번째 특약사항의 경우 '등기부등본상에 있는 권리관계 상태를 잔금일 다음 날까지 유지하기로 한다.'고 적었으므로 잔금을 치르는 날에 이사와 전입신고를 하고 확정일자를 받아서 다른 권리사항이 들어오기 전에 빠르게 대항력을 갖추는 것은 필수라고 할 수 있겠습니다.

> ⚠ 특약사항은 강제력이 없어 집주인이 특약사항을 무시하고 잔금을 치른 날 근저당권을 설정한다고 해도 막지 못합니다. 만약 이런 상황이 발생한다면 위약에 관해 기재한 내용(예) 위반 시 계약은 해제되며 임차보증금을 즉시 반환한다 등)을 이행할 것을 요구해야 하며, 집주인이 이행하지 않으면 계약서 내용을 바탕으로 소송을 할 수 밖에 없습니다. 이때 일반 임대차 계약서라면 계약 내용 부분의 제7조, 표준 계약서라면 제6조의 '채무불이행과 손해배상' 조항을 근거로 하여 위약금을 별도로 청구할 수 있습니다.

> 임차인과 임대인은 잔금일에 ○○은행에 동행하여 잔금 지급과 동시에 계약 당시 열람한 등기부등본 을구의 근저당(접수번호 ◇◇호 채권최고액 금 ○○만 원 ○○은행)을 상환하고 근저당권 말소 등기를 접수하기로 하며 이에 따른 제반비용은 임대인이 부담하기로 한다. 위반 시 이 계약은 해제되며, 위약금은 ○○만 원으로 하고 임차보증금을 즉시 반환한다.

이 특약사항은 주택에 근저당권이 설정되어 있고, 임차인이 지불하는 임차보증금으로 선순위 근저당을 말소하는 조건으로 계약할 때 넣는 특약사항입니다. 이러한 계약을 할 때는 위와 같은 특약사항을 기재하는 것뿐만 아니라 잔금일에 집주인과 공인중개사와 함께 근저당권을 설정한 은행에 가서 집주인이 대출금을 상환하고 근저당권의 말소 절차를 밟는지 직접 확인해야 합니다.

⚙ 전세자금대출 관련 특약사항

> 임차인은 본 계약에 □□은행의 △△전세대출(대출상품명) ○○만 원(대출받을 금액)을 이용할 예정이다. 대출심사 부적격 및 대출한도 ○○만 원 미승인 시 임대차 계약을 무효로 하며, 임대인은 조건 없이 계약금 전액을 즉시 반환한다.

임차인이 이용하려고 하는 대출상품의 승인은 거절됐지만 임대인이 알아본 높은 금리의 대출상품의 이용이 가능할 경우 계약 해제를 가지고 임대인과 임차인 간에 다툼이 발생할 수 있습니다.

그러므로 대출 승인이 거절됐을 때 계약금을 회수할 수 있도록 특약사항에 임차인이 어떤 은행의 대출상품을 이용하려는 것인지, 얼마를 대출받을 것인지 명시하고, 계약금 반환 문구를 넣으면 좋습니다.

> 임대인은 임차인이 위 전세자금대출을 받는 것에 동의하고, 필요한 서류나 동의 절차가 있으면 적극 협조하기로 한다.

잔금일에 임차인이 신청한 전세자금대출이 실행될 때, 은행에서 대출금을 임차인의 계좌로 보내는 것이 아니라 임대인의 계좌로 보냅니다.

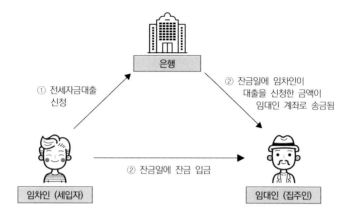

그리고 임차인이 이용한 대출상품에 '질권설정'이 들어가 있다면 임대인은 임대차 계약 만료 시 임차인의 전세자금대출을 실행한 은행에 전세보증금 전액을 반환해야 하며, 은행은 이 돈에서 임차인이 대출받은 부분을 제외한 나머지 금액(집주인에게 잔금으로 입금했던 금액)을 임차인에게 돌려주게 됩니다.

※ 질권설정이 있는 전세자금대출의 경우 전세보증금의 반환

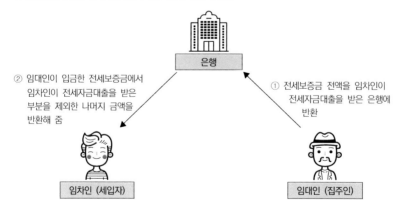

질권설정이 있는 대출상품은 은행에서 임대인에게 우편(내용증명)을 보내 방금 설명한 것과 같이 전세보증금을 상환할 책임이 임대인에게 있다는 내용을 설명하면서 질권설정에 동의하는지를 물어봅니다.

이때 임대인이 동의를 해야 대출이 진행되기 때문에 내가 이용할 대출상품에 질권설정이 들어간다면 계약 전에 집주인에게 전세자금대출을 받는 것과 질권설정에 대해 동의를 받고, 전세자금대출에 협조한다는 내용의 특약사항을 적는 것이 좋습니다. 이렇게 특약사항을 적어놓으면 계약 후 갑자기 집주인이 전세자금대출에 동의를 안 한다고 했을 때 이행을 주장할 수 있으며, 계약이 파기됐을 때 임차인이 피해 보상을 받을 수 있는 근거가 생깁니다. 혹시 집주인이 질권설정에 대해 잘 모른다면 공인중개사에게 설명을 부탁하면 됩니다.

⚙ 전세보증금 반환보증 관련 특약사항

> 임차인은 전세보증금 반환보증의 가입을 희망하며, 만약 계약 후 해당 주택이 보증조건에 해당되지 않거나 임대인의 귀책사유로 인해 전세보증금 반환보증의 가입이 불가능할 경우 본 계약을 무효로 하고, 임대인은 임차인이 지급한 임차보증금을 즉시 반환하기로 한다.

전세보증금 반환보증은 보증회사에서 해당 주택을 심사했을 때 보증조건에 해당되지 않거나 이전에 집주인이 보증상품에 가입한 임차인에게 전세보증금을 반환하지 않은 이력이 있어 보증회사의 블랙리스트에 올라가 있으면 가입이 거절됩니다.

위의 특약 사항은 계약 전에 해당 주택이 전세보증금 반환보증의 가입이 가능한지 확인하기 어려울 때나 계약 전에 보증상품에 가입이 가능하다는 것을 확인하고 잔금을 치르고 이사까지 했는데 보증상품에 가입하지 못하게 됐을 때를 대비하여 계약을 해지할 수 있도록 넣는 특약사항입니다.

전세보증금 반환보증은 집주인의 동의 없이 가입이 가능하지만 가입 후에 집주인에게 통보가 가기도 하므로 계약 전에 전세보증금 반환보증의 가입을 희망한다는 의사를 집주인에게 미리 알리고 협의하는 것이 좋습니다.

> 임대인은 임차인이 전세보증금 반환보증에 가입할 수 있도록 필요한 서류나 동의 절차가 있으면 적극 협조하기로 한다.

다가구주택의 임차인은 전세보증금 반환보증에 가입 시 HUG에서 제공하는 양식에 맞춰 '타 전세계약 체결 내역 확인서'를 작성하여 제출해야 하며, 제출이 불가능할 때는 '확정일자 부여현황'으로 대체하여 제출할 수 있습니다.

'타 전세계약 체결 내역 확인서'를 작성하여 제출할 경우 이 문서에 집주인 또는 전세 계약을 중개한 공인중개사의 도장이 찍혀있어야 하기 때문에 집주인의 협조가 필요한 상황이 생길 수 있습니다.

이때 집주인의 협조를 받을 수 있도록 계약 전에 전세보증금 반환보증의 가입을 희망한다는 의사를 집주인에게 미리 알리고 협의한 뒤 계약서에 위와 같은 특약을 넣는 것이 좋습니다.

⚙️ 전세권을 설정하는 조건으로 계약하는 경우 특약사항

> 임대인은 잔금 지급 시 전세권 설정 등기에 동의하고 필요한 서류나 절차가 있으면 적극 협조하기로 한다.

계약 시에는 전세권 설정에 동의를 했다가도 잔금을 치를 때는 집주인이 마음이 변해서 동의하지 않는 경우가 생길 수 있으므로 전세권을 설정하기로 했다면 특약사항으로 명시해 놓는 것이 좋습니다.

⚙ 대리인과 계약 시 특약사항

> 본 계약은 임대인 □□□의 대리인 ◇◇◇와의 계약이며, 위임서류를 임차인이 확인 후 첨부한 계약이다. 계약금을 포함한 일체 거래금액은 임대인 □□□의 계좌로 입금한다.

임대인에게 계약 체결을 위임받은 대리인과 계약한다는 사실과 계약금 및 잔금을 임대인의 계좌로 입금한다는 내용입니다.

> 본 계약은 임대인의 대리인 ◇◇◇와 계약함을 임대인 □□□와 통화 후 체결한다.

대리인과 계약할 때는 위임 여부 및 계약 내용에 관해 집주인과 통화하여 확인해야 합니다. 이때 집주인과 통화 내용을 녹취하고, 전화로 집주인에게 위임 여부를 확인했음을 특약사항으로 적습니다.

⚙ 월세 관련 특약사항

> 월세는 후불로 한다.

임차인과 임대인 사이에 차임(월세)의 지급시기에 관한 약정이 없는 경우에는 매월 말에 지급하면 되지만(「민법」 제633조), 나중에 분쟁을 막기 위해서 월세 지불이 선불인지 후불인지 임대인과 협의 후 특약사항에 기재하는 것이 좋습니다. 계약 시 월세를 선불로 지불하기로 협의했는데 임대차 계약이 만료했을 때 집주인이 기억을 못하거나 또는 고의로 월세를 후불로 지불하기로 했다고 주장하면서 계약 마지막 한 달 치 월세를 요구하여 분쟁이 생기는 경우도 있기 때문입니다.

⚙ 수리 관련 특약사항

> 보일러, 전기 시설, 곰팡이, 누수 발생 등 생활에 지장을 주는 수준의 목적물 보수나 임차인의 과실이 없는 시설 노후에 의한 고장은 임대인이 적극 수리한다.

계약 전에 수리가 필요한 시설이 있는지 확인하고, 수리가 필요한 시설이 있다면 수리 여부와 기한, 비용 부분을 협의하여 작성합니다.

특히 보일러, 배관, 전기 등의 시설은 수리비가 많이 들기 때문에 문제가 생겼을 때 임대인이 수리해줄 것을 특약사항으로 명시해 놓는 것이 좋습니다.

⚙ 관리비 관련 특약사항

관리비에 어떤 항목이 포함되는지 명확하게 하지 않으면 그 집에 사는 동안에 임대인이 관리비 항목을 추가하여 관리비를 더 요구하는 경우가 생길 수도 있기 때문에 어떤 항목들이 포함되는지 정확히 적고, '관리비를 인상하지 않는다.'는 문장도 추가하면 좋습니다.

월세 계약의 경우 계약서에 '관리비 포함 월세 ○○만 원'이라고 적으면 중개 수수료가 올라가기 때문에 월세와 관리비를 따로 적도록 합니다.

> 장기수선충당금은 임차인이 대납하고 추후 임대인이 임차인에게 정산해주기로 한다.

장기수선충당금은 아파트나 오피스텔 같은 공동주택에서 엘리베이터와 같은 공용시설을 수리하거나 건물을 유지, 관리하기 위해서 징수하는 특별 관리비로 전체 관리비에 포함돼서 나오기 때문에 임차인이 그 집에 사는 동안에 대신 납부를 하고, 임대차 계약이 끝났을 때 정산하여 임대인에게 돌려받는 것이 보통입니다.

위의 특약을 명시하지 않더라도 장기수선충당금은 원래 임대인의 부담이 맞지만 임차인의 부담으로 명시하면 임차인의 부담이 되므로 그러한 특약은 기재하지 않도록 유의합니다.

⚙ 기타 특약사항

> 임대차 계약 기간 중에 소유자 변경이나 담보 제공 시 임차인에게 사전 통보하기로 한다.

> 새로운 임대차 계약의 성사 여부에 관계없이 임대인은 임대차 계약 만료일에 임차인에게 보증금을 즉시 반환해주기로 한다.

계약 당사자와 공인중개사의 정보 및 날인

본 계약을 증명하기 위하여 계약 당사자가 이의 없음을 확인하고 각각 서명날인 후 임대인, 임차인, 개업공인중개사는 매 장마다 간인하여, 각각 1통씩 보관한다.　　　　　　　　　　　　　　　　　　년　　　　월　　　　일

임대인	주　　　소							서명 또는 날인⑪
	주민등록번호			전　화		성　명		
	대 리 인	주소		주민등록번호		성　명		
임차인	주　　　소							서명 또는 날인⑪
	주민등록번호			전　화		성　명		
	대 리 인	주소		주민등록번호		성　명		
중개업자	사무소재지			사무소재지				
	사 무 소 명칭			사 무 소 명칭				
	대　　표	서명 및 날인	⑪	대　　표	서명 및 날인			⑪
	등 록 번 호		전화	등 록 번 호			전화	
	소속공인중개사	서명 및 날인	⑪	소속 공인중개사	서명 및 날인			⑪

계약서 작성이 끝나면 계약 내용을 꼼꼼히 살펴보고, 이상이 없음을 확인합니다. 위의 그림을 보면 오른쪽 상단에 날짜를 적는 칸이 있는데 여기에는 계약서를 작성한 날짜를 적습니다.

| 계약 당사자와 공인중개사 정보 기입하기

임대인의 전화번호는 집 전화번호나 휴대전화 번호 중 하나만 적지 말고, 가능하면 2가지 모두 적어둡니다. 임대인의 이름과 주민등록번호가 등기부등본상 주택의 소유자의 이름과 주민등록번호와 일치하는지 확인하고, 대리인과 계약을 한다면 위임장에 있는 대리인의 인적사항과 일치하는지 확인합니다.

임대인과 임차인 칸의 '서명 또는 날인'에는 도장이나 지장을 찍어도 되고 사인을 해도 되지만, 사인은 할 때마다 조금씩 달라지기 때문에 가급적이면 도장이나 지장을 이용하는 것이 좋습니다.

공인중개사를 통해서 계약을 할 때는 중개업자란에 기재된 공인중개사 무소의 명칭, 소재지, 공인중개사의 이름이 해당 사무소의 벽에 걸려있는 사업자등록증과 공인중개사 자격증의 내용과 일치하는지 확인합니다. 소속공인중개사가 중개를 할 경우에는 계약서에 소속공인중개사와 개업공인중개사가 모두 서명, 날인해야 합니다. 공인중개사 없이 임대인과 임차인이 직접 계약을 할 때는 중개업자 부분은 빈칸으로 두거나 줄을 그어 놓거나 빈칸에 '쌍방 계약임'이라고 적으면 됩니다.

| 간인과 계인 찍기

계약서 작성이 완료되면 마지막으로 계약서에 간인과 계인을 찍습니다.

| 🗞️ 간인 | 함께 묶인 서류의 종잇장 사이에 걸쳐서 도장을 찍음. (출처: 표준국어대사전) |

| ⚖️ 주택임대차계약증서상의 확정일자 부여 및 임대차 정보제공에 관한 규칙 제3조 |
| 확정일자부여기관은 계약증서에 확정일자를 부여하기 전에 다음 각 호의 사항을 확인하여야 한다.
5. 계약증서(전자계약증서는 제외한다)가 두 장 이상인 경우에는 간인(間印)이 있을 것 |

임대차 계약서가 한 장인 경우도 있지만 두 장 이상이라면 여러 장의 계약서에서 앞장과 뒷장이 이어지는 문서인 것을 확인하기 위해 종잇장 사이에 걸쳐서 도장을 찍는데 이것을 '간인'이라고 합니다. 간인은 중간에 있는 서류의 조작을 방지하는 목적도 가지고 있습니다.

그리고 위의 '주택임대차계약증서상의 확정일자 부여 및 임대차 정보제공에 관한 규칙'의 제3조를 보면 계약서가 두 장 이상인 경우 확정일자 부여기관에서 확정일자를 부여하기 전에 간인이 있는지 확인하므로 계약서가 두 장 이상일 때는 각 장마다 간인을 꼭 찍도록 합니다.

예시1)

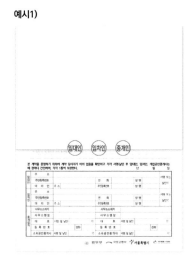

예시2)

간인을 찍는 방법은 '예시1'과 같이 계약서의 앞장을 접어 올려서 앞장의 뒷면과 뒷장의 앞면에 도장이 걸치게 찍는 방법이 있고, '예시2'와 같이 앞면이 보이는 상태로 뒷면의 3분의 1지점까지 그대로 올려서 서로 겹치게 찍는 방법이 있습니다.

> 📖 **계인**　두 장의 문서에 걸쳐서 찍어 서로 관련되어 있음을 증명하는 도장　(출처: 표준국어대사전)

계인은 계약서 간에 걸쳐서 찍어 서로 관련되어 있음을 증명하는 도장을 말합니다. 공인중개사를 통해서 계약을 할 때는 공인중개사가 임대차 계약서를 집주인과 임차인에게 각각 교부하고 공인중개사 사무실에서도 이 임대차 계약서를 5년 동안 보관해야 하므로 총 3부의 계약서가 나오게 되며 이 3부의 계약서에 계인을 찍습니다.

만약 집주인과 임차인이 공인중개사 없이 직접 계약을 한다면 집주인과 임차인이 각각 보관하게 될 계약서에 집주인과 임차인이 계인을 찍으면 됩니다. 계인이 없더라도 계약서의 효력에는 문제가 없지만 나중에 위조나 분쟁의 소지를 방지하기 위함이므로 계약서 작성 시 계인을 찍는 것을 추천합니다.

예시3)

예시4)

계인은 '예시3'과 같이 계약서를 양옆으로 나란히 붙여서 가운데에 찍는 방법이 있고, '예시4'와 같이 계약서를 조금씩 간격을 두어 겹치게 놓고 도장이 모든 계약서에 걸치게 찍는 방법이 있습니다. 계인은 보통 계약서의 맨 앞 장에 찍습니다.

임대차 계약 후 받아야 할 서류

| 주택임대차 계약서

공인중개사는 작성 완료한 주택임대차 계약서를 집주인과 임차인에게 각각 교부해야 합니다. 그리고 공인중개사 사무실에서도 임대차 계약서의 원본, 사본 또는 전자문서를 5년 동안 보존해야 합니다.

| 중개대상물 확인·설명서

공인중개사는 중개가 완성되어 임대차 계약서를 작성하는 때에 중개대상물 확인·설명서를 거래 당사자에게 발급해야 합니다.

| 공제증서

공제증서는 개업공인중개사의 중개사고에 대비하기 위한 손해배상책임 보장에 관한 증서로서, 공인중개사는 집주인과 임차인에게 공제증서를 교부해야 합니다.

계약금 입금하기

step 12-2

계약서를 다 작성했다면 계약금을 입금합니다. 계약금을 입금할 때 주의할 점을 알아봅시다.

계약금은 법적으로 명시되어 있지는 않지만 보통 임차보증금의 10%를 지불하게 됩니다. 반드시 10%를 지불해야 하는 것은 아니고, 협의를 통해서 조정할 수 있습니다. 전세자금대출을 받는다면 임차보증금의 5%를 지불하면 됩니다.

계약금을 입금할 때 주의할 사항

특약사항에 계약금과 잔금을 입금할 계좌번호를 기재하는데, 이 계좌의 명의자가 등기부등본상 주택의 소유자와 임대인(집주인)의 신분증에 있는 이름과 동일한지 확인하고, 꼭 임대인 명의의 계좌로 입금합니다.

또 하나 주의할 점은 현재는 위조 신분증으로 은행 계좌를 만들 수 없지만 증권사나 저축은행의 경우 위조 신분증으로 비대면 계좌를 개설하여 여러 금융사기에 이용된 사례가 있습니다.

따라서 집주인이 ⓘ제1금융이 아닌 제2, 3금융의 계좌로 입금을 원하면 의심해보고, 제1금융 계좌로 입금하겠다고 이야기합니다.

> **ⓘ 금융권의 구분**
> 제1금융권은 우리나라 금융기관 중 예금은행을 지칭하는 용어로 일반은행과 특수은행, 인터넷 전문은행을 포함합니다. 제1금융권에는 KB국민은행, KEB하나은행, 신한은행, 우리은행, NH농협은행, IBK기업은행, KDB산업은행, 한국씨티은행, SC제일은행, 부산은행, 경남은행, 광주은행, 전북은행, 제주은행, Sh수협은행 등이 있으며, 인터넷전문은행에는 카카오뱅크, 케이뱅크 등이 있습니다.
> 제2금융권은 예금은행이 아닌 금융기관을 말하며, 보험회사, 신탁회사, 증권회사, 종합금융회사, 여신금융회사(카드회사, 캐피탈 등), 상호저축은행, 새마을금고, 신용협동조합 등이 있습니다.
> 제3금융권은 제도 금융권이 아닌 사금융권을 지칭하며, 대부업체나 사채업체 등을 말합니다.

계약금은 현금으로 지불하기보다는 통장으로 이체하여 이체 내역과 같은 증빙서류가 남도록 하고, 계약금 입금 후 계약금 영수증을 챙기도록 합니다.

임대차 계약 신고하기
(확정일자 받기)

확정일자는 임대차 계약서가 특정한 날짜에 존재하고 있었다는 사실을 증명하기 위해 관할구역 주민센터나 등기소 등에서 계약서 여백에 찍어주는 날짜가 적힌 도장을 말합니다. 확정일자와 대항요건이 갖춰지면 우선변제권이 생기기 때문에 임차인이라면 꼭 갖춰야 하며, 전세자금대출을 신청할 경우에는 확정일자가 찍힌 임대차 계약서를 제출해야 하므로 임대차 계약 후 확정일자를 받도록 합니다.

2021년 6월 1일부터 주택임대차신고제가 시행됐는데, 신고 대상에 해당된다면 임대차 계약을 신고했을 때 확정일자가 자동으로 부여됩니다. 신고 대상이 아니라면 기존의 방식으로 확정일자를 받으면 됩니다.

Q) 아래 체크리스트에 해당하나요?
☐ 임대차 계약을 하는 지역이 수도권 전역(서울특별시, 인천광역시, 경기도), 광역시, 세종특별자치시, 제주특별자치도, 도(道) 지역의 시(市) 지역입니다.
☐ 2021년 6월 1일부터 체결되는 신규, 갱신 임대차 계약입니다.
☐ 임차보증금이 6천만 원 또는 월세 30만 원을 초과합니다.

예 ↙   아니요 ↘

주택임대차 신고 대상입니다.	주택임대차 신고 대상이 아닙니다.
⇓	⇓
[option A]의 내용으로 갑니다.	[option B]의 내용으로 갑니다.

option
A

주택임대차 신고하고 확정일자 받기

주택임대차신고제는 계약 당사자가 임대차 계약 체결일로부터 30일 이내에 임대기간, 임대료 등 계약 주요 내용을 신고하도록 의무화한 제도입니다.

주택임대차신고제의 내용은 다음과 같습니다.

신고지역	수도권 전역(서울특별시, 인천광역시, 경기도), 광역시, 세종특별자치시, 제주특별자치도, 도(道) 지역의 시(市) 지역		
신고대상	신고제 시행일인 2021년 6월 1일부터 체결되는 신규, 갱신 임대차 계약		
신고금액	임차보증금이 6천만 원 초과 또는 월세 30만 원을 초과하는 임대차 계약		
신고유형	· 신규신고: 신규 계약, 임대료 변동이 있는 갱신 계약 · 변경신고: 계약 체결 신고 후 임대기간 중 임대료 변경 · 해제신고: 계약 체결 신고 후 임대기간 개시 전 계약 해제		
신고주택	① 단독·다가구, ② 아파트·연립·다세대, ③ 주거용 오피스텔, ④ 기숙사·고시원, ⑤ 그 밖에 주거 목적으로 사용하는 건물		
신고 제외대상	· 2021년 6월 1일 이전에 체결된 계약 · 2021년 6월 1일 이후 묵시적 갱신 또는 계약 금액의 변동이 없는 갱신 계약 · 경기도를 제외한 도 지역의 군 지역의 모든 계약 · 신고제 시행지역의 임차보증금 6천만 원 이하 또는 월세 30만 원 이하의 임대차 계약		
신고방법	· 신고대상자(임대인, 임차인)는 임대차 계약 체결일로부터 30일 이내에 신고서를 작성하여 계약 당사자 공동으로 제출하는 것이 원칙이나, 신고인의 편의를 위해 임대인 또는 임차인 중 1명이 당사자가 공동 날인(서명)한 임대차 계약서를 제출하면 공동 신고한 것으로 간주함 · 공인중개사 등 신고인의 위임을 받은 대리인도 위임장을 첨부하면 신고 가능		
	온라인	· 부동산거래관리시스템 (https://rtms.molit.go.kr)에서 신고 · 휴일 상관없이 24시간 신고 가능	
	오프라인	· 임차 주택 소재지 관할 주민센터에 방문하여 신고 · 평일 09~18시에 신고 가능	
과태료	미신고(지연사례 포함) 또는 거짓 신고 시 100만 원 이하의 과태료		
확정일자 자동부여	임대차 신고를 할 때 계약서를 함께 제출하는 경우 '임대차계약신고필증' 교부 시 우측 상단에 확정일자 번호가 표기되며, 임대차 신고 접수가 완료된 날에 확정일자의 효력이 발생함		

option B

기존 방식으로 확정일자 받기

주택임대차신고제의 신고 대상이 아닌 경우, 기존 방식으로 임대차 계약서 원본을 가지고 확정일자를 받으면 됩니다.

온라인	발급처	대법원 인터넷등기소 http://www.iros.go.kr
	준비물	임대차 계약서 원본의 칼라 스캔본
	비용	500원
	기타	· 평일 16시 이후에 부여 신청 시 다음 업무일에 부여될 수 있음 · 임대차 계약서의 스캔이 제대로 되지 않으면 반려 처리되므로 유의
오프라인	발급처	· 내가 이사 갈 집의 관할 구역 주민센터 · 등기소 (등기소는 이사 갈 집의 관할 구역이 아니어도 됨)
	준비물	신청자 신분증, 임대차 계약서 원본
	비용	600원
	기타	· 확정일자 부여기관에 방문해서 부여 신청 시 당일 부여됨 · 꼭 임대차 계약의 당사자가 가지 않아도 됨 (제삼자도 가능)

대법원 인터넷등기소를 통해 온라인으로 확정일자 부여신청을 하는 것은 365일 24시간 가능하지만, 신청시간에 따라 실제 확정일자 부여일자는 다를 수 있습니다. 평일 업무시간 내에 신청한 경우 특별한 사정이 없는 한 당일 확정일자를 부여받을 수 있지만, 평일 16시 이후에 부여신청을 했을 때는 다음 업무일에 부여될 수 있습니다. 평일 18시 이후나 토요일 또는 공휴일에 신청한 경우에는 다음 업무일에 확정일자가 부여됩니다.

평일에 등기소나 주민센터 등 확정일자 부여기관의 업무시간 내에 직접 방문해서 확정일자를 받을 때는 즉시 부여됩니다.

온라인과 오프라인으로 확정일자를 받았을 때의 장단점을 고려하여 각자의 상황에 맞는 방법을 선택하여 확정일자를 받으면 됩니다.

전세자금대출 신청하기

※ 전세자금대출을 이용하지 않는 분은 이 단계를 건너뛰고 다음 단계 내용으로 가시면 됩니다.

대출 신청 시기

대출심사는 보통 2주 정도 걸리므로 잔금일에 맞춰서 대출이 실행될 수 있도록 잔금일 기준으로 약 한 달 전에 여유 있게 신청하는 것이 좋습니다.

대출 신청 시 필요 서류

이전에 은행에서 대출 상담을 받았을 때 대출 신청에 필요한 서류들을 안내받았을 것입니다. 그 서류들을 준비해서 은행에 가면 됩니다.

보통 대출 신청 시 필요한 서류에는 주민등록등본, 재직확인서류, 소득확인서류, 확정일자가 찍힌 임대차 계약서, 임차보증금의 5% 이상 납입한 계약금 영수증, 대상 주택의 등기부등본 및 건축물대장이 있습니다. 제출해야 할 서류들은 개인이나 대출상품에 따라 달라지거나 추가될 수 있습니다.

대출 신청 시 은행에 제출하는 모든 서류는 발급 일자가 한 달 이내여야 하고, 서류에 주민등록번호 전체가 노출되어야 합니다.

대출 신청 시 제출 서류들의 발급처는 다음과 같습니다.

| 본인확인서류

제출서류	발급처	
	온라인	오프라인
주민등록 초본, 등본	· 정부24 www.gov.kr (비용: 무료 / 5년 이내 변동이력 포함)	· 주민센터 (비용: 400원) · 무인발급기 (비용: 200원)
가족관계 증명서	· 대법원 전자가족관계등록시스템 http://efamily.scourt.go.kr (비용: 무료)	· 주민센터 (비용: 1,000원)
혼인관계 증명서 (기혼자)	· 대법원 전자가족관계등록시스템 http://efamily.scourt.go.kr (비용: 무료)	· 주민센터 (비용: 1,000원)

| 소득 · 재직서류 (직장인)

제출서류	발급처
연간소득확인서류 (근로소득원천 징수영수증 등)	· 회사에서 발급 (서류에 회사 직인 필요) ↳ 소득금액증명원으로 대체 가능 (홈택스 https://www.hometax.go.kr 에서 발급)
재직증명서	· 회사에서 발급 (서류에 회사 직인 필요) ↳ 건강보험자격득실확인서로 대체 가능 (국민건강보험 https://www.nhis.or.kr, 정부24 https://www.gov.kr 에서 발급)

| 임대차 계약 확인서류

제출서류	
확정일자부 임대차계약서	확정일자가 찍힌 임대차 계약서
계약금 지급 영수증	임대인에게 송금한 계좌이체내역서나 무통장입금증 등

| 부동산 관련 서류

제출서류	발급처	
	온라인	오프라인
부동산등기사항 전부증명서 (등기부등본)	· 대법원 인터넷등기소 http://www.iros.go.kr (열람 700원, 발급 1,000원)	· 등기소 (발급 1,200원) · 무인민원발급기 (발급 1,000원)
건축물 대장	· 정부24 https://www.gov.kr (열람, 발급 무료)	· 시·군·구청, 주민센터 (발급 500원, 열람 300원) · 무인민원발급기 (발급 500원)

PART
04

이사하기

PART 04
이사하기

STEP 15

#이사업체정하기
#전화인터넷tv이전신청
#도시가스전입전출

STEP 16

#이삿짐포장
#관리비공과금정산
#임차보증금회수

STEP 17

#집상태확인 #잔금지불
#전입신고 #이삿짐정리
#중개수수료지불

이사 준비하기

이사 업체 정하기

월말이나 손 없는 날은 사람들이 이삿날로 선호하는 날이므로 이사 서비스의 계약이 일찍 마감될 수 있습니다. 따라서 이삿날을 기준으로 약 한 달 전에 이사 업체를 결정하는 것이 좋습니다.

이사 과정에서 이삿짐 업체에 맡긴 물건이 손상 또는 분실되거나 이삿짐 업체의 일방적인 계약 취소, 과다한 비용 책정, 계약 사항의 불이행 등의 피해가 발생하기도 하는데, 무허가 이사 업체는 이사 화물 표준약관에 등록하지 않아 이러한 피해에 대한 보상을 받기 어렵습니다.

이사 과정에서의 피해나 손해를 최소화하기 위해 허가받은 이사 업체와 계약하는 것이 좋은데, 국토교통부 인가단체인 전국화물자동차운송주선사업연합회가 운영하는 '허가이사 종합정보' 사이트에서는 지역별로 정식으로 허가받은 이사 업체를 검색할 수 있는 서비스를 제공하고 있습니다.

 허가이사 종합정보 - http://www.허가이사.com

우리 지역에 있는 허가받은 이사업체를 찾을 때나 내가 따로 찾은 이사 업체가 정식으로 허가를 받은 곳인지 확인하는 용도로 이 사이트를 활용하면 되겠습니다.

'허가이사 종합정보' 사이트에서는 정식으로 허가받은 이사 업체의 정보뿐만 아니라 이사 서비스 이용 상식, 이사 시 점검해야 할 사항, 이사 피해 발생 시 대응 방법 등 이사에 관련된 여러 가지 정보도 제공하고 있습니다. 이사 준비와 관련하여 정보가 필요하신 분은 사이트를 방문해서 참고하시면 되겠습니다.

업체 선정은 두세 개 업체의 온라인 또는 방문 견적을 받은 후 견적 내용을 비교하여 적정한 금액을 제시하고 믿음이 가는 업체로 선택합니다. 계약은 서면으로 하고, 업체의 소재지, 연락 번호, 작업일시, 작업인원, 차량종류 및 대수, 추가요금 발생여부 등의 계약 내용을 꼼꼼히 확인합니다.

이사 갈 집의 청소 방법 정하기

이사 갈 집의 청소를 직접 하기도 하지만 개인의 상황이나 집의 상태 또는 청소 범위에 따라 직접 청소를 하는 것이 여의치 않을 수 있습니다. 그럴 때는 청소 대행업체의 도움을 받는 것도 하나의 방법이 될 수 있습니다.

인터넷 검색창에 '입주 청소' 또는 '이사 청소'라고 검색하면 많은 업체들이 나오는데, 업체를 결정할 때는 기본 비용뿐만 아니라 추가 비용이나 위약금, 청소 결과에 따른 A/S 신청 여부 등의 거래 조건을 확인한 후 결정하는 것이 좋습니다.

짐 정리하고 불필요한 물건 처리하기

미리 이삿짐을 조금씩 정리하면서 불필요한 물건들을 처리합니다. 냉장고 안의 음식물도 정리를 하고, 이사 당일 사용할 물건과 귀중품 등은 별도로 분리해 놓습니다. 대형 폐기물의 경우 각 지역별로 대형 폐기물을 수거하는 업체가 다르므로, 해당 업체를 찾아 전화 또는 인터넷으로 수거 신청을 합니다.

대형 폐기물 배출신고를 할 때는 수수료를 지불해야 하는데, 가전제품을 버릴 경우 '폐가전 방문수거 배출예약시스템'을 이용하면 수수료 없이 수거해가므로 이 서비스도 같이 이용하시면 좋습니다.

폐가전 방문수거 배출예약시스템 - https://www.15990903.or.kr/

폐가전 방문수거 배출예약시스템 전화 예약 - 1599-0903

폐가전제품 배출 예약은 전국 어디서나 가능하고, 인터넷이나 모바일, 또는 전화로도 가능하며, 예약이 되면 수거 희망일 전날 방문 기사의 인적사항을 문자로 전송받게 됩니다.

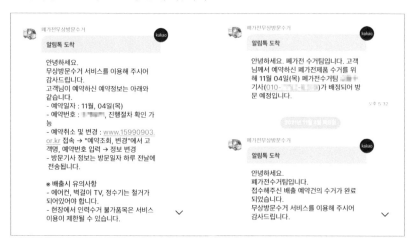

단일로 배출 가능한 가전제품이 있는가 하면, 소형가전의 경우는 5개 이상 동시에 배출해야 수거가 가능하므로 해당 사이트에 방문해서 무상방문 수거 대상 품목을 확인하고 배출 예약을 하면 됩니다.

수거 기사가 직접 가정을 방문하여 수거하지만, 신청자가 요청하면 현관문 앞이나 마당 등의 문전 수거도 가능합니다.

헌 옷의 경우 일정 무게 이상이면 가정에 방문해서 무료로 수거도 해주고 매입가를 지불하는 업체들이 있습니다. 이런 업체는 헌 옷뿐만 아니라 주방용품이나 식기, 아이들 장난감, 인형, 이불이나 커튼, 카펫, 중소형 가전 등도 같이 수거해가므로 인터넷에 '헌 옷 수거업체'를 검색해서 이용하시면 좋을 것 같습니다.

새로 이사 간 지역의 주민센터에서 전입신고를 한 후 '타 지역봉투 사용 확인증'을 신청하면 스티커를 발급해 주는데, 이 스티커를 현재 거주지에서 사용하던 종량제 봉투에 붙이면 새로 이사 간 곳에서도 계속 사용할 수 있으므로 남은 종량제 봉투가 있다면 잘 챙겨놓습니다.

지역마다 시행 여부나 받을 수 있는 스티커 수량이 다를 수 있으니 자세한 사항은 해당 주민센터에 문의하시길 바랍니다.

우편물, 전화, 인터넷, tv 등의 이전 신청 또는 해지하기

은행이나 보험, 신용카드 등의 우편물을 받고 있다면 주소 변경 신청을 하고, 공과금이나 관리비를 자동 이체로 납부하고 있었다면 자동 이체를 해지합니다. 이사 일주일 전에는 유선전화, 인터넷, 유선 및 위성방송의 이전 또는 해지 신청을 합니다.

이사한 날 새로 이사한 집에서 바로 tv나 인터넷을 이용하려면 이삿짐이 어느 정도 정리가 될 즈음인 오후 4~5시쯤 설치 기사가 방문할 수 있도록 이전 설치 신청을 해놓습니다.

도시가스 전출, 전입 신청하기

| 신청 방법

전출 신청은 이사를 나갈 때 신청하는 것으로 현재 거주지를 담당하는 도시가스 회사의 고객센터에 전화하거나 해당 회사의 웹사이트에 있는 전출 서비스를 이용하여 신청할 수 있습니다. 전출 신청을 하면 신청한 날짜와 시간에 직원이 방문하여 안전조치를 해주고, 그날까지 사용한 도시가스 비용을 정산해 줍니다.

전입 신청은 이사를 올 때 신청하는 것으로 새로 이사 갈 지역을 담당하는 도시가스 회사의 고객센터에 전화하거나 해당 회사의 웹사이트에 있는 전입 서비스를 이용하여 신청할 수 있습니다. 전입 신청을 하면 신청한 날짜와 시간에 직원이 방문하여 안전 점검 후 도시가스를 사용할 수 있도록 조치를 해줍니다.

도시가스 회사의 웹 사이트 주소 및 고객센터 전화번호는 납입 고지서 또는 아래 한국도시가스협회 사이트에서 확인할 수 있습니다.

한국도시가스협회 – http://www.citygas.or.kr

전체 메뉴 ▶ '도시가스회사' 메뉴 ▶ '도시가스 고객센터 찾기'메뉴 클릭

전입, 전출 신청은 당일 접수는 안 되므로 이사 가기 최소 3~4일 전에는 신청합니다.

이사 전날까지 금전적으로 준비할 부분

잔금을 치르기 위해 이체한도를 미리 늘려놓고, 부동산 중개 수수료와 이사 업체에 지불할 비용을 준비해 놓습니다.

전세자금대출을 받는 경우, 인지세와 보증료, 보증수수료 등이 이체될 수 있도록 계좌에 돈을 준비해 놓습니다.

이삿날 일정 간략하게 살펴보기

이삿날은 챙겨야 할 것들이 많아서 정신이 없을 수 있습니다. 이삿날 일정이 어떻게 되는지 간략하게 살펴보겠습니다.

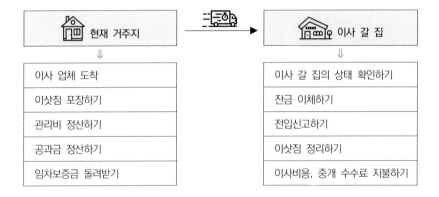

이제 위의 일정들을 자세하게 살펴보겠습니다.

현재 살고 있는 집에서의
이사 과정

이사 업체 도착, 이삿짐 포장하기

이사 업체가 도착하면 이삿짐을 포장하고 차로 옮깁니다. 귀중품이나 노트북, 별도로 가져갈 물건 등은 따로 챙겨서 개인적으로 옮깁니다.

관리비 정산하기

미납된 관리비가 없는지 확인합니다. 전월세로 살던 집이 아파트나 오피스텔이라면 장기수선충당금을 돌려받습니다. 장기수선충당금은 원칙적으로 집주인이 납부하는 것이기 때문에 임대차 기간 동안 세입자가 대신 납부했던 장기수선충당금은 임대차 계약이 끝났을 때 정산하여 집주인에게 돌려받습니다.

수도 요금 정산하기

지역별로 상하수도 회사가 다르기 때문에 현재 거주지의 지역을 담당하는 상수도사업본부 고객센터로 전화를 한 뒤에 주소를 알려주고, 수도 계량기에 적힌 숫자를 불러준 뒤 요금 정산을 요청합니다.

서울의 경우 다산 콜센터(서울 시내 유선 전화는 국번 없이 120번, 시외 및 휴대전화는 02-120번)에 전화하여 수도 요금 정산을 할 수도 있습니다. 정산한 수도 요금을 납부 계좌에 입금하면 완료됩니다.

도시가스 요금 정산하기

이사 전 미리 전출 신청을 하면 이삿날, 예약한 시간에 직원이 방문하여 안전조치와 함께 도시가스 요금을 정산해 주고 납부 계좌를 안내해 줍니다. 정산한 도시가스 요금을 납부 계좌에 입금하면 완료됩니다.

전기 요금 정산하기

먼저 계량기의 숫자를 확인합니다. 사진 촬영을 해 놓으면 숫자를 기억하는 수고를 덜 수 있습니다. 한전 고객센터(국번 없이 123번, 휴대전화는 지역번호 포함 123번)에 전화해서 현재 주소와 계량기 숫자를 알려주면 이사 당일까지 사용한 전기세를 정산해 줍니다. 안내받은 계좌번호로 정산한 전기 요금을 입금하면 완료됩니다.

| 주택용 전기 계량기 숫자 확인하는 법

① 우리 집 계량기를 찾습니다.

우리 집 계량기를 찾기 어렵다면 전기요금 청구서에 적혀있는 계기번호와 일치하는 제조번호를 가진 계량기를 찾으면 됩니다.

계량기가 여러 개 있어서 어느 것이 우리 집 계량기인지 찾기 어렵거나 전기 계량기 종류 및 지침 확인이 어려운 경우에는 한전 고객센터로 전화하면 안내받을 수 있습니다.

② 계량기의 외형으로 계량기 타입을 확인하고 계량기 숫자를 읽습니다.

ⓐ 표시되는 숫자를 그대로 읽어주면 되는 타입

표시되는 숫자의 소수점 아래 자리는 버리고 정수 부분만 읽습니다.

타입	계량기 외형 및 계량기 숫자 읽는 법
기계식	※ 이미지 출처: 한전 사이버지점 홈페이지 [숫자 읽기] 정수 부분만 읽으면 되므로 3,510KWh가 됩니다.
E타입	[외형] 계량기 상단에 '저압 전자식전력량계'라고 적혀있고, 계량기 왼쪽 상단이나 액정 오른쪽에 E-Type이라고 적혀 있습니다. 계량기 제조번호 중 3~4번째 숫자에 17이 적혀있습니다. [숫자 읽기] 정수 부분만 읽으면 되므로 3,672KWh가 됩니다.

ⓑ 왼쪽 상단의 작은 숫자가 특정 숫자일 때의 화면을 읽어야 하는 타입

일정한 시간 간격으로 화면에 표시되는 정보가 바뀌는 타입으로, 액정의 왼쪽 상단의 작은 숫자가 특정 숫자일 때의 화면을 읽어야 합니다. 표시되는 숫자에서 소수점 아래 자리는 버리고, 정수 부분만 읽습니다.

타입	계량기 외형 및 계량기 숫자 읽는 법
표준형 전자식	**전자식 전력량계** 03 036720 kWh [외형] 계량기 상단에 '전자식 전력량계'라고 적혀있습니다. [숫자 읽기] 액정의 왼쪽 상단의 작은 숫자가 03일 때의 화면의 숫자를 읽습니다. 정수 부분만 읽으면 되므로 3,672KWh가 됩니다.
Advanced E-Type	**Advanced E-Type 전자식전력량계** (단독계기) 07　kW h　036720 제조사　형식번호　제조번호　제조년월 ◇◇　-　19　-　◇◇◇◇◇◇　-　◇◇◇◇ [외형] 계량기 상단에 'Advanced E-Type 전자식전력량계'라고 적혀있고, 형식번호에 19가 적혀있습니다. [숫자 읽기] 액정의 왼쪽 상단의 작은 숫자가 07일 때 화면의 숫자를 읽습니다. 정수 부분만 읽으면 되므로 3,672KWh가 됩니다.
G-Type	**G-Type 전자식전력량계** (단독계기) 07　kW h　036720 제조사　형식번호　제조번호　제조년월 ◇◇　-　25　-　◇◇◇◇◇◇　-　◇◇◇◇ [외형] 계량기 상단에 'G-Type 전자식전력량계'라고 적혀있고, 형식번호에 25가 적혀있습니다. [숫자 읽기] 액정의 왼쪽 상단의 작은 숫자가 07일 때 화면의 숫자를 읽습니다. 정수 부분만 읽으면 되므로 3,672KWh가 됩니다.

임차보증금 돌려받기

집주인이 임차인에게 임차보증금을 돌려주는 것과 임차인이 집을 다 빼고 난 후 집주인에게 집을 인도하는 것(집 열쇠를 넘기거나 현관 번호키의 비밀번호를 알려주는 것)은 동시에 이루어져야 합니다.

임차보증금을 돌려받지 않았는데 집을 인도해 버리면 집은 집대로 비워주고 임차보증금은 제때 돌려받지 못하거나 돌려받는 것이 어려워질 수 있기 때문입니다.

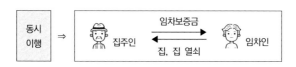

그리고 현재 거주지에서 나오면서 돌려받는 임차보증금으로 새로 이사하는 집의 잔금을 치를 예정인데 제때 돈을 돌려받지 못하는 상황이 발생하게 되면 잔금을 치르는 데 문제가 생기고, 이사에도 차질이 생기게 됩니다. 그러므로 이사하기 며칠 전에 약속한 날에 임차보증금을 돌려받을 수 있는지 집주인에게 확인해 두는 것이 좋습니다.

STEP 17

새로 이사 가는 집에서의
이사 과정

각자의 상황에 따라서 이사 과정은 달라질 수 있으므로 대략적인 과정이나 체크해야 할 부분 위주로 참고하시면 되겠습니다.

이사 갈 집의 상태 확인하기

step 17-1

이제 이전 집에서의 이사 과정이 마무리가 됐고, 새로 이사 갈 집에서의 이사 과정이 남았습니다. 먼저 내가 살게 될 집의 상태부터 확인합니다.

계약할 당시에 전 세입자가 거주하고 있는 상태에서 집을 봤다면 가구나 냉장고, 다른 살림살이 등에 가려져 보지 못한 곳에 문제가 있을 수 있고, 전 세입자가 이사하는 과정에서 집에 손상이 생겼을 수도 있습니다. 잔금을 치르기 30분에서 1시간 전에 공인중개사와 함께 전 세입자의 짐이 다 빠져 집이 비어있는 상태에서 다시 한 번 내부 상태를 확인합니다.

가구 등에 가려졌던 벽이나 천장에 곰팡이나 물이 샌 흔적이 없는지, 장판이나 벽지가 찢어진 곳은 없는지, 문이나 창틀에 손상이 있거나 기능적으로 문제가 생기지 않았는지, 벽에 못을 박은 자리나 심하게 파인 곳은 없는지, 타일이 깨진 곳은 없는지 등을 확인합니다.

집의 상태를 확인하는 과정에서 문제가 있는 부분을 발견하면 사진이나 영상으로 촬영을 해 놓습니다. 그러면 잔금을 치를 때 수리에 대해서 집주인과 조율할 수 있고, 나중에 임대차 계약 만료 후 집을 비워줄 때 원래 있던 하자에 대해 원상복구를 안 해도 되는 증거 자료로 쓸 수 있습니다.

잔금 치르기

step 17-2
이사 갈 집의 상태를 확인했다면 전 세입자의 공과금 정산 여부를 확인하고 임차보증금의 잔금을 집주인에게 이체합니다.

집을 다 확인했다면 부동산 사무실에서 집주인을 만납니다. 집 상태를 확인했을 때 하자가 있어 사진이나 동영상으로 촬영했다면 이것을 집주인에게 보여주고 수리 여부에 대해 조율합니다. 그리고 전 세입자가 이사를 가면서 관리비나 공과금을 모두 정산하고 납부했는지 확인합니다. 보통 공인중개사가 영수증을 보여주며 확인해줍니다.

집주인이 내가 지불하는 임차보증금으로 전 세입자의 임차보증금을 돌려줘야 하는 상황이라면 잔금을 치를 때 전 세입자도 함께 만나서 집주인이 내가 지불한 임차보증금으로 전 세입자의 임차보증금을 돌려주는지 확인하는 것이 좋습니다.

잔금을 이체하기 전에 꼭 등기부등본을 확인하여 소유자가 바뀌지 않았는지, 계약 당시와 달라진 권리관계는 없는지, 등기부등본에 '신청사건 처리 중'이라는 문구가 없는지 확인합니다. 이렇게 등기부등본을 확인하고 문제가 없다고 판단이 됐을 때 집주인(등기부등본상 주택의 소유자) 명의의 계좌로 잔금을 이체하고 집 열쇠를 받습니다.

전세자금대출을 이용하는 경우, 은행에서 잔금일 오전에 집주인에게 대출금을 보낸 후 임차인에게 문자나 전화로 대출이 실행됐음을 알리는 방식과 임차인이 은행에 전화를 하면 대출을 실행하는 방식 중 하나를 선택하게 되는데, 잔금일에 집주인을 직접 만나고 등기부등본의 내용이 계약 때와 달라진 부분이 없음을 다 확인한 후에 은행에 전화하여 대출을 실행하는 것이 좀 더 안전한 방법이라고 생각합니다.

💀 사기 수법	A씨는 잔금일에 집주인의 계좌로 잔금을 입금해달라는 공인중개사의 요청에 집주인을 대면하지 않았지만 잔금을 입금했습니다. 집주인이 A씨가 지불한 잔금으로 전 세입자에게 전세보증금을 돌려줘야 전 세입자가 집을 비워주고 A씨가 이사를 하는 상황이었는데, 집주인은 A씨에게 받은 전세보증금을 가지고 잠적해버렸습니다. 전 세입자는 전세보증금을 돌려받지 못했기 때문에 자신의 권리를 지키기 위해 집을 비우지 않고 점유를 유지했고(대항요건), A씨는 이사도 하지 못하고, 전세보증금을 날릴 위기에 처했습니다.
💀 사기 수법	전세자금대출을 이용하여 전셋집을 구한 B씨는 잔금일에 집주인과 대면한 후 잔금을 치르고 싶었지만, 굳이 집주인을 만날 필요는 없고 집주인 계좌로 잔금을 입금하면 입주가 가능하다는 얘기를 공인중개사로부터 듣게 됩니다. 잔금일 오전에 은행에서는 B씨가 신청한 전세자금대출을 실행하여 집주인의 계좌로 대출금을 이체했고, 집주인은 입금된 돈을 가지고 잠적해버렸습니다. 집주인의 잠적으로 B씨는 전세자금대출을 받은 부분을 제외한 나머지 잔금을 입금하지 못하는 상황이었지만 공인중개사는 잔금을 다 치르지 않았기 때문에 입주할 수 없으며, 자신에게는 과실이 없으니 공제증서를 통한 보상을 해줄 수 없으며 은행의 과실로 돌리라는 답변을 합니다. 은행에서는 정상적으로 실행된 대출이기 때문에 대출금은 B씨가 변제해야 하며, 공인중개사의 과실이니 민사소송을 통해서 손해배상을 받아내라는 답변을 합니다. B씨는 경찰에 신고도 하고, 여러 변호사와 상담을 해보고 구청에 민원도 넣는 등 전세보증금을 찾기 위한 노력들을 하고 있지만 뾰족한 수가 없어 고통 받고 있습니다.
🛡 방지법	☑ 잔금을 이체하기 전에 등기부등본을 확인하여 문제가 없는지 살펴봅니다. ☑ 집주인과 대면한 후 잔금을 입금하도록 합니다. ☑ 잔금을 입금할 때는 계좌의 명의가 집주인(등기부등본상 주택의 소유자)이 맞는지 다시 한번 확인합니다. ☑ 집주인이 내가 지불하는 임차보증금으로 전 세입자의 임차보증금을 돌려줘야 하는 상황이라면, 잔금을 치를 때 전 세입자도 함께 만나서 집주인이 내가 지불한 임차보증금으로 전 세입자의 임차보증금을 돌려주는지 확인합니다. ☑ 전세자금대출을 실행할 때, 집주인과 대면도 하고 등기부등본을 확인한 후 문제가 없다고 판단될 때 은행에 전화해서 대출을 실행하는 방법이 더 안전할 것으로 보입니다.

전입신고하기

전입신고는 하나의 세대에 속하는 전원 또는 그 일부가 새로운 거주지로 이동한 경우에 그 전입한 거주지의 시·군·구에 전입사실을 알리는 신고입니다.

전입신고를 하는 방법

전입신고는 새로운 거주지에 전입한 날로부터 14일 이내에 하도록 되어있지만 잔금을 치렀다면 미루지 말고 **이사하는 날 바로 하는 것을** 추천합니다.

온라인	발급처	정부24 https://www.gov.kr/	
	신청자	본인만 신청 가능	
	준비물	공동인증서 (세대주 본인이 신청)	
오프라인	발급처	내가 이사 갈 집의 관할구역 주민센터	
	신청자	본인 및 ①대리인도 신청 가능	
	신청자 별 준비물	세대주 본인이 신청 시	신분증
		대리인이 신청 시	세대주의 도장과 신분증, 신청자 신분증

> ① 세대주 대신 전입신고를 할 수 있는 대리인
> 세대주의 배우자, 세대주의 직계혈족, 세대주의 배우자의 직계혈족, 세대주의 직계혈족의 배우자

온라인으로 전입신고 시 접수 기관의 업무 종료 시각인 18시 이후나 토요일, 공휴일에 신청하는 경우 다음 업무일에 신청이 접수되어 담당자 확인 후 처리되므로 대항요건의 효력 발생이 늦어지게 됩니다.

그러므로 바쁘더라도 잔금일을 평일로 정하고, 잔금 지급 후 바로 임차 주택의 소재지에 있는 주민센터로 가서 전입신고를 하는 것이 더 확실한 방법이며, 직접 방문이 어려워 온라인으로 전입신고를 해야 한다면 평일, 접수 기관의 업무 시간 중에 신청하도록 합니다.

전입신고를 하러 갔을 때 같이 신청하면 좋은 것들

| 전입세대 열람 내역서

☑ 준비물: 신분증, 확정일자부 임대차 계약서
☑ 발급 비용: 300원

전입세대 열람 내역서는 전세보증금 반환보증에 가입할 때 제출해야 하는 서류입니다. 이 서류는 임차인 본인만 열람이 가능하며, 온라인에서는 발급이 불가능하므로 이 서류가 필요한 분은 전입신고를 하러 갔을 때 같이 발급받으면 나중에 두 번 걸음하지 않을 수 있습니다.

| 주거이전 우편물 전송서비스

신청 방법	전입신고 시 신청할 때	온라인	정부24 https://www.gov.kr
		오프라인	관할 주민센터
	개인적으로 신청할 때	온라인	인터넷 우체국 https://www.epost.go.kr ↳ 메뉴 ▶ 우편 ▶ 부가서비스 ▶ 주거이전서비스 신청/결제/취소
		오프라인	우체국 창구

전입신고로 주소지가 변경된 경우 이전 주소지가 기재된 우편물을 새로운 주소지로 배달해주는 서비스가 있는데, 주민센터나 정부24 웹사이트에서는 '우편물 전입지 전송서비스', 우체국에서는 '주거이전 우편물 전송서비스'라는 명칭으로 제공되고 있습니다.

이 서비스의 신청을 원하는 분은 전입신고서 양식에 신청란이 있으므로 전입신고 시 신청을 해도 되고, 전입신고 시 신청하지 않은 경우에는 우체국(구비서류는 우체국에 문의) 또는 인터넷우체국(본인인증 필요)에서도 신청 가능합니다.

이 서비스를 신청하면 전입신고일 3일 후부터 3개월간 서비스되는데, 동일 ㉠권역으로 이사했을 때만 3개월 무료이고, 타 권역으로 우편물 전송 신청을 하거나 서비스 기간을 3개월 단위로 연장하는 경우에는 ㉡서비스 이용 수수료가 부과됩니다.

서비스 종료일 3일 전까지 연장 신고가 없으면 우편물은 전송서비스 요청기간이 종료하는 날의 다음 날부터 보내는 분에게 반송됩니다.

㉠ 권역구분

수도권역	경기도, 서울특별시, 인천광역시	**강원권역**	강원도
충북권역	충청북도	**전북권역**	전라북도
충남권역	충청남도, 대전광역시, 세종특별자치시	**전남권역**	전라남도, 광주광역시
경북권역	경상북도, 대구광역시	**제주권역**	제주특별자치도
경남권역	경상남도, 부산광역시, 울산광역시		

㉡ 수수료 안내

구분	개인 (1인당)	
	3개월 이내	**3개월 연장**
동일 권역	무료	4,000원
타 권역	7,000원	7,000원

| 타 지역봉투 사용 확인증

주민센터에서 전입신고를 한 후 '타 지역봉투 사용 확인증'을 요청하면 타 지역봉투 사용 확인증 스티커를 받을 수 있습니다. 이 스티커를 이전 지역에서 사용하던 종량제 봉투에 붙이면 새로운 지역에서도 계속 사용할 수 있게 됩니다. 지역마다 시행여부나 지급하는 스티커 수량이 다를 수 있으니 자세한 사항은 주민센터에 문의합니다.

이삿짐 들이기

step 17-4

잔금을 이체하면 이사 갈 집의 열쇠나 도어록의 비밀번호를 받게 됩니다. 새로운 집에 이삿짐을 들이고 정리합니다.

집이 비어 있는 상태라면 집주인의 동의를 얻어 이사 전에 미리 입주청소를 해 놓은 후 이삿날 이삿짐을 들이기도 하고, 이삿날에 입주청소를 한 후에 이삿짐을 들이는 경우도 있습니다. 이러한 부분은 각자의 상황이나 계획에 맞춰서 진행하면 됩니다.

이삿짐을 정리하면서 파손된 물건은 없는지 확인하고, 현관문에 도어록을 사용한다면 도어록 비밀번호를 자신의 비밀번호로 변경합니다.

이사가 완료되면 이사업체에 비용을 지불합니다.

중개 수수료 지불하기

step 17-5

이삿짐 정리가 마무리 됐다면 공인중개사에게 이전에 협의했던 중개 수수료를 지불합니다.

중개 수수료를 지불할 때는 반드시 계좌이체를 하여 증빙을 남기고, 소득공제를 위해 현금영수증 발급 요청을 합니다.

만약 공인중개사가 현금영수증 발급을 거부하거나 법정 수수료를 초과하여 중개 수수료를 요구한다면 이 사실을 구청 또는 시청에 알리겠다고 하면 대부분 해결될 것입니다. 현금영수증 발급 요청 시 부가세 10%를 별도로 요구할 경우 중개사무소 벽에 걸려있는 사업자등록증에 '일반과세자'라고 적혀있는지 확인해봅니다. 일반과세자의 경우 10%이지만, 간이과세자인 경우는 4%이기 때문입니다.

step 17-6

입주 다음 날 확인할 사항

입주하면 이사 전에 미처 보지 못한 집의 하자가 있는지 살펴보고, 입주 다음 날이 되면 등기부등본을 다시 한 번 확인해봅니다.

입주 다음 날 등기부등본을 확인하여 입주한 날에 설정된 근저당권은 없는지, 변경된 권리 사항이 없는지 확인합니다.

입주 후 이틀 정도면 집에 있는 대부분의 하자를 알 수 있으므로 하자를 발견하면 사진으로 찍어 집주인한테 문자로 보내둡니다. 그래야 임대차 계약 만료 후 나의 과실로 인한 하자가 아님을 증명할 수 있기 때문입니다.

step 17-7

임대차 계약 기간 동안 주의할 사항

임대차 계약 기간 동안 내 임차보증금을 지키기 위해서 주의할 사항과 수리 비용의 책임에 대해서 알아봅시다.

| 임차한 집의 수리 비용 책임

세입자의 과실로 인한 고장이나 소규모의 파손, 소모품과 같은 부분은 세입자에게 수리의 책임이 있고, 입주 전에 있던 하자나 세입자의 과실이 아닌 고장, 보일러의 고장이나 누수가 발생했다면 일반적으로 집주인에게 수리의 책임이 있습니다. 집주인에게 수리의 책임이 있는 경우 집주인이 직접 수리업자를 불러 수리하는 경우도 있지만 세입자가 비용을 들여 수리를 하면 추후에 집주인이 수리 비용을 주겠다고 하는 경우도 있습니다. 이때는 수리업자에게 수리비를 지불한 후 영수증을 요청하고, 이 영수증을 가지고 집주인에게 청구하면 됩니다.

| 임대차 기간 동안에 절대 전입을 옮기지 않기

집주인이 여러 가지 이유를 대며 며칠 또는 단 하루만 집 주소를 옮겨 달라고(전출) 했을 때 이 요구를 들어주면 안 됩니다.

세입자가 전입신고와 확정일자를 갖춰서 대항력과 우선변제권을 취득한 후 다른 곳으로 전출을 하면 기존에 취득한 대항력을 상실하면서 우선변제권 또한 효력을 상실하게 됩니다.

그 후에 세입자가 다시 그 주택에 전입신고를 하면 전입신고의 효력이 발생하는 날짜에 우선변제권을 취득하게 되는데, 그 사이에 집주인이 대출을 받아 근저당권을 설정한다면 근저당권이 세입자의 우선변제권보다 순위가 앞서게 되고, 혹여나 임차한 집이 경매에 넘어가는 상황이 발생한다면 내 임차보증금을 온전히 보장받지 못하게 될 수도 있습니다.

또는 세입자가 전출한 사이 집주인이 세입자 몰래 집을 매매할 경우 세입자는 대항력을 상실했기 때문에 새로운 집주인에게 기존 임대차 계약의 내용이 자동 승계되지 않아 새로운 집주인에게 임차보증금의 반환을 주장할 수 없게 됩니다.

| 입주 후 살면서도 종종 등기부등본 확인하기

살면서도 종종 등기부등본을 열람하여 변경 사항이 없는지 확인하는 것이 좋습니다. 만약 등기부등본에 가압류, 가처분, 가등기, 근저당 등의 권리들이 늘어난다면 집주인의 경제 상황이 안 좋아지는 것이므로 사전에 대비를 하는 것이 좋습니다. 또는 집주인이 임차인에게 알리지 않고 집을 매매하여 집주인이 바뀌는 경우도 있으니 이런 부분도 잘 살펴보도록 합니다.